위대한 겨레의 홍익인세를 위하여

책머리에

인간 존재를 가능하게 하는 것은 시간과 공간이다.
그 시간이 틀렸다!
3시에 만나!
그런데 가지고 있는 시계가 서로 틀리다면 우리는 만날 수 있을까?
인간과 인간 사이도 그런데,
하느님과 인간은 어떨까?
우리 인류가 잃어버린 하늘의 시간!

『....해, 달, 별들, 바람, 비, 벼락..이들은 모습 있는 하늘이요, 보지 못하는 사물이 없고 듣지 못하는 소리가 없는 하늘은 모습 없는 하늘이라 하니, 모습 없는 하늘은 하늘의 하늘이요, 하늘의 하늘은 곧 하느님이시로다.

없는 물건을 보지 않음이 없으며 소리를 듣지 않음이 없음은 모습이 없는 하느님이니라.

사람이 하늘을 공경치 않으면 하늘도 사람에게 응답치 않으리니...풀, 나무가 비, 이슬, 서리, 눈을 받지 못함과 같음이로다.』

-우리겨레 성경 【참전계경】〈정성〉편 '경신'조

지금의 시간은 인간의 시간이다.
저 모습 있는 하늘과 맞지 않는다!
그렇다면 모습 없는 하늘, 하느님과는 만날 수 있을까?
....

인류가 잃어버린 하늘의 시간!
이 책은 그 인류가 잃어버린 하늘의 시간을 만나는 놀라운 이야기이다.

당신은 지금 우리가 쓰는 달력이 지구의 공전과 해의 운행에 맞는다고 생각하는가?
우리는 의심 없이 맞을 것이라고 생각한다. 그럴까?

이세돌 9단을 이긴 인공지능 컴퓨터 알파고를 만드는 오늘 날에도, 세슘시계를 만들어 어마어마하게 세밀한 시간을 잴 수 있는 현대의 과학으로도,
 현재 우리가 쓰고 있는 그레고리력은 3천년에 하루가 틀리는 달력이다.
 물론 틀리는 줄 안다. 하지만 달리 방도가 없어 어쩌지 못하고 쓰고 있다.

달력은 모든 학문의 결정판이라고 한다.
 인류는 해와 달, 지구의 공전에 맞는 달력을 만들고자 동, 서양을 막론하고 수천 년간 애썼다. 물론 그 달력은 수천 년간, 현재까지도 못 찾았다.

그런데 그 골치 아픈 오류를 말끔히 해결한 달력이 이미 반만년 전에 우리 겨레에게 있었다면 믿겠는가?
 반만년 전에 똑딱, 1초를 5만 7천여로 쪼개는 놀라운 과학을 가진 겨레가 있었다면 믿겠는가?
 그게 우리 겨레다! 당신도 벌써 그 달력을 알고 있다!
 왜냐하면 놀랍게도 우리 말 속에 이미 다 들어있다!

당신은 당신이 알고 있는 음력이 우리겨레의 달력이라고 알고 있다.
심지어 누구는 음력이 중국 것이라고 알고 있다.
둘 다 아니다!

엄밀히 말하면 **우리 겨레의 위대한 할아버지들이 음력을 만든 건 맞지만,** 삼월삼짓, 오월 단오, 칠월칠석..처럼 날짜로 되어 있는 기념일들이 음력의 날짜는 아니다. **그 날짜들은 양력이다!**

보라!
강남 갔던 제비가 돌아오는 삼월삼짓이 서양력으로 4월 21일이었다가, 4월 9일이라고? 개구리 겨울잠에서 나오는 경칩은 해마다 서양력 3월 5일인데?
아니다!
이 책은 그 놀라운 진리에 관한 얘기이다.

달력은 단지 지구의 공전, 자전이 아니라,
우주와 삶을 바라보는 철학이며,
과학이고,
우주 운행이라는 진리의 일단이다.

이제 우리는 달력을 둘러싼 철학을 만나고,
과학을 만나고,
위대한 할아버지들의 놀라운 사유를 만날 것이며,
그 사유들이 거세된 까닭을 만나고,
인류의 스승인 위대한 할아버지들의 자손인 당신과 나의

오늘과 미래를 만날 것이다.

하여, 이 책은 달력에 관한 책이기도 하고,
달력을 빙자하여 오늘을 얘기한 책이기도 하다.

지구상의 위대한 나라, 단군의 조선이 사라지며
인류는 진리의 많은 부분을 상실하고 수천 년을 미명 속에서 헤맸다.
그리고 위대한 할아버지들이 그렇게 중요하게 여겼던
그 분들의 력을 찾아냄으로써,
인류가 그렇게 찾아 헤매던 우주운행에 꼭 맞는 달력을 찾게 되었다.
인류가 잃어버린 하늘의 시간!
'열 달 만에 애 낳는다'는 말에 꼭 맞는 달력을!
이제 상식은, 당신과 나를 진리의 바다로 인도할 것이다.

인식의 틀이 산산이 깨어지는 즐거움을 만끽하며!

- 단기4349년(2016) 3월 삼짓날, 인왕산에서, 봄과 함께

차 례

책머리에

인간을 너머, 인간을 위해 ··· 11
: 현재 달력이 해결할 수 없다고? 우주에 맞는 진짜 력을 찾아라!

1. 상식으로 질문하라 ·· 13
  1) 초등학생 정도의 상식만 휴대할 것! ······························· 13
  2) 질문과 함께 깨어나는 진리 ··· 16
  3) 질문하라! 우리가 쓰는 달력이 지구공전에 맞는가? ··········· 20

2. 구전되어오는 력에 관한 우리말들 ···························· 24

3. 고유력의 이름과 열 세 개의 달 ································ 29

4. 우리가 쓰고 있는 력과 '력'에 대해 ···························· 34
  1) 절기! 우리 겨레는 양력을 잘 알고 있다 ·························· 34
  2) 음력이 우리 겨레 고유력이라고? 아니다! ······················· 36
  3) 달이 없어도 력은 존재한다 ··· 37

5. '〈달〉〈력〉'의 탄생 ··· 41
  1) 태초의 력은 '달의 력' ·· 41
  2) '해의 력'을 만든 겨레와, 한자라는 뜻글 ························· 43
  3) '삼태극'이라는 말과, 말 속의 진리 ································ 48
  4) '여호와는 나의 엘로힘(하느님)이시니'와 말속의 진리 ········ 51
  5) 진리를 깨달은 위대한 예수와 말 속의 진리 ···················· 52
  6) 달의 공전을, 지구 공전에 반영하다! ····························· 63

하늘을 궁구하다, 우주와 통하다 ·········· 65
: 당신도 이미 진리를 알고 있다! 우리 말 속에 숨은 지도를 찾아라!

6. 설! 어디를 시작점으로 할 것인가? ·········· 67
7. 하지와 백중, 삼짓날 ·········· 72
    1) 하지와 백중은 믿기 어렵겠지만 같은 날이다! ·········· 72
    2) 위대한 해의 새, 불새 ·········· 73
    3) 해를 기념한 무등의 인본주의 노동절, 백중 ·········· 75
    4) 앎을 의심하라! 삼월삼짓날은 3월 3일이 아니다! ·········· 77
    5) '하느님'을 회복하라! ·········· 81

8. 1월 1일과 세시풍속 ·········· 86
    1) 동지가 1월1일이다! ·········· 86
    2) 한가위! 고구려의 추수잔치 '동맹'을 찾아내다 ·········· 89
    3) 고유력의 증발과 혼란 ·········· 91

9. 문헌에 의한 검증 Ⅰ ·········· 93
    1) 〈부도지〉의 사유십삼기 祀有十三期. ·········· 93
    2) '끄트' '머리' 달, '종시'와 설 ·········· 96
    3) 음력의 국적 ·········· 103

10. 문헌에 의한 검증 Ⅱ - 우주운행을 중심으로 - ·········· 108

11. 검증과정에서 알게 된 것들 ·········· 113
    1) 연호와 시, 세종! 조선을 독립시키다 ·········· 113
    2) '절기'를 통해 본 력의 진실 ·········· 118
    3) '절분'의 콩과, 팥 ·········· 121
    4) 그레고리력의 춘분과 부활절 ·········· 125

12. 새롭게 살아나는 명절과 절기들 Ⅰ ························ 127
　　1) 설! 새롭게 찾은 부여의 '영고' ······························ 127
　　2) 동지 팥죽과, '갈 해 떡' ······································ 130
　　3) 위대한 어머니날 '삼월삼짓'과, 흥웅전 ······················ 133
　　4) 한식과 불, 중국의 동북공정은 옛날에도 있었다! ············ 139

13. 꿋꿋이 살아남은 단오 - 본래의 것에 후대의 것이 더해지다- ······ 146
　　1) 어린 쑥과 '말' 날 ·· 146
　　2) 단오는 하루가 아니다! ·· 149
　　3) '수리'의 날과 수레 ·· 151
　　4) 단오부채와, 흥웅 ··· 162

14. 새롭게 살아나는 명절과 절기들 Ⅱ ························ 168
　　1) 물맞이날, 유두 ·· 168
　　2) 칠성님께 비나이다, 칠월칠석 ································ 170
　　3) 극양의 하지, 백중 ·· 182
　　4) 귀신이 눈감는 날, 구월귀일 ·································· 184

땅 위에 서서, 우주를 재단하다 ···························· 189
　　: 시간의 기본 길이를 빈틈없이 정하다! 우주와 하나 되다!

15. 어떻게 이런 력이 가능했을까? ···························· 191
　　- 시지근! 시간의 길이를 정한 겨레 -

16. 항상시와 태양시 - 항성일 366일과 '종시' - ············ 200

17. 수와 력의 중요함 ··· 204
   1) 우주는 수에서 나오다 ································· 204
   2) 〈천부경〉과 플랭크, 중력의 비밀을 찾다 ············ 207

18. 시지근! 달의 공전 ······································· 221
   1) 시"각"의 '각'을 찾다! ································· 221
   2) 대삭의 판! 달의 공전이 지구 공전에 영향을 미치다 ········ 225
   3) 대회의 구! 시의 근본 길이를 정하다 ················· 228
   4) 시헌력의 '각' 15분, 고유력의 '각' 50초! ············ 233

19. 착안의 중요함, 달력을 찾아서! ····················· 238
   - 시지근, 그 '구'의 길이를 찾다 -

20. '천수'를 바로 잡아 ······································ 246
   1) 역이 바르면 복이 된다 - 력, '천수' 그 자체! ········ 246
   2) 〈천부경〉의 삼극과 어, 아, 이 ······················· 250
   3) 생활 속의 우주 이법, 력 ······························· 255
   4) 단군시대의 가르침 ···································· 260
   5) '천수'를 바로잡아 ····································· 269

21. 〈덤1〉 우주창조 비밀의 '춤셈' 법칙 ················ 272

22. 〈덤2〉 윷을 통해본 우주운행 ······················· 281

〈부록〉 신화노트 ··· 293

글을 마치고 ·· 321

2022년 단군마고력 ·· 324

인간을 너머, 인간을 위해

**현재 달력이 해결할 수 없다고?
우주에 맞는 진짜 력을 찾아라!**

01 상식으로 질문하라

1) 초등학생 정도의 상식만 휴대할 것!

　내가 알고 있는 많은 것을 지울수록 참에 가까워진다.
　선문답이 아니다.
　이유인즉 우리가 알고 있는 많은 것은 사실은 참이 아니요, 진리가 아니기 때문이다.
　대대로 독자적일 뿐 아니라, 인간의 무명을 깨쳐 문명의 하늘 이치를 가르쳤던 독보적인 우리 겨레는, 하늘 자손의 소임을 다했던 단군의 조선 이후 중국이라는 물이 깊이 들고, 불교라는 물이 깊이 들고, 유학이라는 물 또한 깊이 들고,.. 일본 강점의 물과 서양 중심의 물마저 그 위에 덧씌워져 그야말로 겹겹이 참 아닌 것들로 싸여있기 때문이다.
　그럼 왜 그 모든 것이 참이 아니냐고?
　그 얘기는 너무 길고 깊으니.. 마땅히 할 틈이 있으면 하기로 하고 력(曆)이야기를 하자.

지금 당신 책상 위의 달력을 보시라.
요일이 아마도 영어로 되어 있을 것이다.
그 글자들로 인해, 우리 마음 안에 무엇이 움직이는가?
그 글자들이 우리 삶과 철학과 관련 있는 무엇인가?
우리는 우리가 원했던 원치 않았던 그런 세상에 살고 있다.
예전엔 그게 중국의 무엇이었을 것이고, 얼마 전엔 일본이었을 것이다.
구한말 외국인이 책으로 우리나라를 접한 후, 실제 우리나라에 와서 한양을 찾아봤더니, 거리에서 물어본 누구도 한양을 모르고 다들 '서울'이라고 하더란다.
그리고 우리는 서울에 살고 있다!
그게 진짜 벌어지고 있는 삶이고, 현실이다.
우리가 글을 통해 알고 있는 지식은, 참고만 하고 버리시라!
글이란 대체로 식자들 차지고, 그들은 대체로 대의나 정체성 보다는 소아(小我)인 자기 이익을 위해 사대를 하기 때문이다.
그리고 다수인 우리가 깨어나지 않는 한,
소수가 점유할 수밖에 없는 권력을 가진 그들의 사대 세계는 점점 더 깊고 넓어진다.
그렇다면 영어로 씌어 있는 요일이 달, 화성, 수성, 목성, 금성, 토성, 해라고 쓰여 있다면 느낌이 어떨까?

나는 문왕 팔괘나 복희.. 운운을 하자는 것이 아니다.
혹여 그분들의 역법이야기와 섞이고 싶지 않아, 력, 력법이라고 했다.
그들이 누구의 조상인지?
왜 우리가 먼 옛날로 올라갈수록 알지도 못하는 남의 할아버지 이름을 외우며 마치 식자인 듯 많이 아는 척을 하는지?
물론 우리 조상이라고 말하는 이가 있을 것인데, 나는 조상인지 아닌지는 모르겠다. 다만 여와, 복희와 삼신할머니 중에 인류 시원을 택해야 한다면 삼신할머니라고 본다. 지금 중국 땅에 사는 종족은 여와, 복희라고 보는지 모르겠으나.

물론 내가 확인 안 했으니 이 부분은 책이나 사전을 믿을 것이 아니고, 직접 확인이 필요하다. 정말 현재 중국 대륙에 사는 그 종족이 우리가 단군할아버지를 조상이라고 생각하고 삼신할머니를 친근하게 여기듯 여와, 복희를 친근하게 여기는지.

'마고대성을 씻어내는 일-노아의 방주'처럼 인류 공통으로 벌어진 일들이 있고, 그것에 대해 서로 다른 이름으로 이야기 할 때, 마고대성이든, 노아의 방주든을 택해야 하는 것이지, 모두 끌어다 우리 조상이라고 하는 것은 아니라고 본다.

아는 척을 하는 것이지 아는 것이 아니다.
진리는 진리고, 진리 유사품은 유사품일 뿐이다.
무슨 말이냐고?
문왕..복희.. 그들이 하는 말을 이해했을지는 몰라도, 의심하지는 못한 것이다.

진리란 아는 것, 당연한 것을 의심하고 증명하는 끝없는 궁구 속에서 얻어지는 것이다.
그의 말이 아니라 나의 앎이어야 한다.

그렇다면 우리가 왜 그렇게 됐을까?
참이란 끝없이 질문하고, 진리를 궁구하는 데서 얻어지는데, '참 아닌 것'이 참의 자리를 차지하려면, 권력 또는 권위를 가지고 자기가 가르치는 것을 그냥 외우고, 따라하라고 하지, 질문을 금하기 때문이다.

우리가 왜 영어를 배워야 하나요? 내 안에서 솟구쳤던 질문을 우리 딸이 내게 한다.
왜 영어를 배워야 하냐고 질문하지 마시라. 그냥 외우고 따라하시라. 그 댓가는 돈을 벌고, 좋은 학교, 좋은 직장에 가고..출세의 기회다.
그 질문에 대한 우리의 답은 대체로 그렇다. 정확한 이유, 진리가 아니라 잘 포장된 실용이다.

대체의 우리 삶에는, 영어를 배우는 이유로 제시된 그런 기회가 실제로는 없다. 아닌가? 나의 삶만 그런가? 그런데도 영어를 배운다.

실은 그런 기회가 없다는 걸 잘 알면서도 영어를 배운다.

심지어 내 영어실력이 없어서 그런 기회가 나에게 오지 않는다는 생각마저 들고, 그래서 더 영어에 집착한다. 어느새 모든 건 영어를 못하는 '내 책임'이 돼버린다.

영어를 강요당한 내 책임. 강요당한 것도 억울한 데 내 책임. 강요한 사회 책임이 아니라. 근데 영어와 상관없는 대체의 우리가 왜 이렇게 영어를 배워야 할까?

왜 수능시험에서 영어가 필수일 뿐 아니라 그렇게 배점이 높을까. 영어를 해야 하는 직업군의 사람들-외교관, 번역가 등-만 하면 되는데, 왤까?

2) 질문과 함께 깨어나는 진리

그러나 다행히도 진리란 언제든 눈만 뜨면, 이성을 가진 인간이면 누구나 금방 알 수 있기 때문에 수천 년을 지나도 언제든 깨어난다.

어떻게? 질문과 함께.

진리 아닌 자들에겐 괴로운 일이다.

그게 인간의 무명 때문에 생긴 질곡의 삶을 걷어치운 예수고, 석가고, 수운이다.

우리 겨레는 무명에 빠지기 어려운 문명의 겨레였으나, 실용으로 무장한 시대의 시간이 길어지다 보니 무명이 드리웠고, 또한 한순간 깨어났다.

왜? 전사는 자신이 전사인지 몰라도 한 순간 깨달아지고 전사가 된다!

우리에게 미국은 우방이고 고통에서 해방시킨 구세주였다.

광복 후 그렇게 교육했고, 그래서 대체로 그렇게 생각했다.

그런데 어느 해, 광주에서 한두 명도 아니고 수천 명이 우리나라 군인에게 죽은 거였다.

아무리 쉬쉬하고, 말하면 죽인다고 하고, 빨갱이라고 했지만, 그 사실은 바뀌지 않았다.

근데 왜 죽였지?

누가 죽였지?

우리 군의 작전권은 미국에게 있다는데, 어떻게 된 거지?

질문하기를 거세당하고, 가르친 대로 외우라고만 했지만, 자기 형제자매, 친구가 죽은 상황에서 우리는 질문하고, 생각하지 않을 수 없게 된 것이었고, 결국 우리의 구세주로 교육받았던 미국이란 존재의 참모습을 인식할 수밖에 없었던 거였다.

거대한 어둠의 무명이 수천의 핏 값으로 걷어치워진 것이다.

무엇을 통해?

의구심..생각에서 출발한 질문!

질문이란.. 진리 아닌 자에겐, 예나 지금이나 괴롭고 귀찮은 것이며, 때론 무서운 것이다.

진리에서, 참에서 나온 권력이 아닌 경우는 더더욱.

성경 곳곳에서 사람들은 예수에게 묻는다.

예수님은 늘 막힘없이 대답하시고, 그 말이 늘 그 때에 맞아 진리를 만났을 때의 놀라운 기쁨과 생명을 주신다.

그러나 교회에 가서 질문?

당신이 무언가 물으면, 그게 누구든 대체로 성경의 어느 구절을 인용해 당신에게 답을 해줄지는 모르지만, 당신이 끈질기게 왜 여기서는 이렇게 말하고, 저기서는 저렇게 말하느냐고 계속해서 물으면, 결국 '믿음이 부족해서 성경말씀을 의심하는 것이지, 성경말씀은 진리'라며 '더욱 신실하게 기도하라'고 할 것이다.

실은 좀 더 깊이 들어가면, 그가 목사든, 전도사든, 그의 답이 명쾌하지 않았기 때문에 계속해서 질문하는 것이다. 그러니 질문하는 이의 잘못이 아니다.

그럼에도 질문자에게 책임을 전가하다니..많이 비겁하다. 목사님의 양심은 알겠지만.

그러나 그를 이해하시라.

자기도 아직 답을 찾지 못했다. 심지어 그런 질문조차 해보지 못했을 수도 있다.

그런데, 질문을 하고, 목사 자신은 질문하는 당신보다 소위 지도자급이라서, 아는 체 하며 당신에게 알려줘야 하는, 난처한 처지인 거다.

목사님은 양을 이끄는 목자가 아니라, 앞서가는 양 정도인데, 길 잃은 어린 양에게 목자가 무슨 생각인지, 무슨 말을 하는지, 그 양인들 어찌 알겠는가?

막무가내로 믿는 신자들 앞에, 스님 또한 똑같은 처지다.

그러나 질문하는 당신이야말로 하늘이 기뻐하는 하늘의 아들딸이다.

하늘은 참이시기 때문에, 참을 구하는 이들을 기뻐하신다.

예수 또한 그런 이였고, 그래서 자신이 깨달은 참으로 거짓에 갇혀있던, 무명에 가려 진리를 보지 못하고, 당시의 거짓에 고통 받던 이들을 구원한 것이다.

그러니 목사님에게 예수님이 되어, 진리의 말을 해달라고 요구하지 마시라. 그는 당신이 내민 '진리를 궁구하는 질문'-그런 요구가 심히 불편하고 무섭다. 당연히 알 것이라고 생각하고 묻는 신자들이 정말 부담스럽고, 잘 모르면서 아는 척해야 하는 자기 자신이 답답하다.

솔직히 진땀난다.

앞뒤 말이 안 맞는 건 자기도 안다. 그러니 그런 질문은 더 싫다.

당연히 알 거라고 철썩 같이 믿는 저 눈망울 앞에 '사실은 저도 잘 모르거든요..' 절망스럽게 고해성사할 수는 없는 고통이 있다.

엄마아빠는 뭐든지 할 수 있다고 믿는 아이 앞에, 그렇지 않다고 말할 순 없지 않는가. 그 아이가 자라면 어차피 알 것을.

그는 예수님의 말씀을 전할 뿐, 그 진리는 알지 못하는 것이 자연스러운 것이다.

예수님 살았을 당시의 제자들도 몰랐을 것인데, 이천 년이나 지나, 보지도 못한 제자가 어찌 알겠는가. 모르는 게 당연한 것이고, 아는 게 오히려 희안한 것이다.

누가 안다고 하면, 거짓일 확률이 높으니, 심히 주의하시라.

잠깐 눈을 돌려보면 확연하다.

석가의 말씀을 전할 뿐, 절마다 계신 스님이 다 깨쳤다고 생각하지 않지 않는가? 그런데 왜 교회마다 목사님은, 성경의 모든 진리를 깨쳐서 진리말씀을 설명할 수 있어야 된다고 생각하는가?

진리란 깨친 자에겐 쉽지만, 깨치기 전의 사람은 유사하게 가늠할 뿐이다.

누구는 조금 잘, 누구는 조금 덜.

다만 못 깨쳐도 살아야 하는 삶이니, 그 말씀을 기대어 길잡이 삼아 참 아닌 삶, 부질없는 삶을 살지 않으려고 노력할 뿐이다.

누구는 더 깊게, 누구는 조금 덜.

대체의 삶은 이 안에 있다. 그게 스님이든 목사님이든, 중생이든 신자든. 앞서거니 뒷 서거니.

예수..석가..그들은 수천 년에 한번 무명을 걷어내는 인물들이니, 그분들이 있었던 것, 길잡이 할 말씀의 등불이 있었던 것 자체에 감사하면 될 일이다.

다만 목사님 전도사님이 '믿음..' 운운하지 말고, 모르면 모른다고 대답하면 되는 것을!..아쉽다. 나도 아직은 당신 질문의 답을 모르니, 같이 궁구하자고 해도 되는데 말이다. 얼마나 아름다운가. 한계를 정확히 알고 인정하는 것은. 얼마나 하늘 앞에 참된 당당함인가. 솔직함보다 강한 무기는 없다.

하느님이 절대자이신 것이지, 목사님이 절대자일 필요는 없다.

절대자 앞에선 한 없이 낮은 자이니, 겸손한 것이, 모른다고 고백하는 것이, 나를 구원하는 것이고, 신자들을 구원하는 것이다. 믿음 운운하여 시험에 들게 하지 말고.

예수님조차 절대자의 대리자가 아니요, 나 또한 양치는 사람일뿐이라고 했는데. 절대자 앞에 겸손한 것.. 그것이 참이며, 이 겨레가 하느님을 대하던 자세다. 진리를 만나는 자는, 누구나 그리된다. 노력하지 않아도.

목사님의 겁박 속에서도 여전히 진리가 궁금하다면, 당신은 하늘의 아들딸이다. 전사는 전사의 피가 흐르고, 하늘의 아들딸들은 이유 없이 진리가 궁금한 까닭이다. 돈이 생기기는커녕 돈과 시간이 들어감에도.
아무도 관심 없는 진리에 목마른 자…….아름답다.

3) 질문하라! 우리가 쓰는 달력이 지구 공전에 맞는가?

다시 력 이야기로 돌아가서, 그렇다면 과거가 아닌, 과학이 발달했다는 요즘 우리가 쓰고 있는 음력과 양력, 즉 많은 나라에서 쓰고 있는 그레고리력..은 어떤가?
별 문제 없다.
2월이 28일이었다, 29일이었다가 하긴 하지만, 그레고리력.. 큰 불편 없다.
대체의 우리에게 력이란 그저 일요일이 몇 개냐, 며칠을 근무해야 되느냐 정도로 밖에 이용되지 않으므로.
그런데 왜 력.. 어쩌고 하느냐고?

력(曆)이란 우주를 바라보는 머릿속 시간의 틀이기 때문이다.
그러니까 약속.
커다란 암묵적 약속.
'미국은 우리나라의 구원주며, 우방이다' 같은.
아주 사회적인.
그러면서 우주의 운행법칙에 맞아야 하는.
그러니까 우주가 어떤 이치(약속)로 운행된다고 보느냐의 문제이다.
당신은 우주를 바라보는 것에 대해 누구와 약속을 했는가? 한 적이 있는가?
없다.
그리고 어느 날 안다.
어? 우리나라 시각이, 동경의 시각이었구나! 그래서 일본에 갈 땐, 시각을 안 바꿔도 됐었군! 근데 왜 그렇게 한 거지? 누가?
그리고 한 발짝 생각이 더 나간다.

그럼 우리 시각으로 바꾸면, 무슨 문제가 생겨나지?

참고로, 없다!
중국시각으로부터 독자적으로 우리 시각을 정립한, 세종 이래로 그렇게 썼으니.
광복이후, 이승만대통령 시절에도 그렇게 썼으니. 박정희 대통령 이전에는.
그럼 왜 지금은 안 쓰는 거야?
………
그 얘긴 또 길고, 긴 얘기다.

우리는 현재 이 땅에서 나서, 평생을 산 할머니 입에, 잘 붙이도 않는 그레고리력이라는 것을 쓰고 있다. 뭐 이유는 알 수 없지만, 별 불편 없으니 됐다.

그럴까?

말과 글 속에 얼이 들어있다.
우리 겨레는 일제강점이라는 경험이 있으니, 더 잘 안다.
정체성.
내가 누구라는 것. 내가 너와 어떻게 달라진다는 것.
내 아비는 누구며, 내 할아비는 누구라는 것.
너는 '가'를 꺼리지만, 나는 '가'가 왜 좋은지.
그렇다면 우주를 바라보는 틀 속엔, 무엇이 담겨 있겠는가?
바로 우주관이고, 세계관이며, 그 시기 과학의 집대성인 것이다.
천동설이라고 여기고 살아도, 사는 데는 별 지장 없지만, 진리는 해가 도는 것이 아니라, 지구가 해를 도는 것이다.
진리는 끝없이 진리의 진리로 이어져, 점점 더 많은 유용한 진리에 이어지고 활용할 수 있게 하지만, 진리 아닌 것은 그럴 수가 없는 것이다.

누군가 주는 대로, 아무 것이나 먹어도 된다. 입어도 된다.
그러나 잘 골라 좋은 것을 먹고, 좋은 것을 입는다면 어떨까?
나는 그렇다고 치고, 우리 자식들은 좋은 걸 줘야하지 않을까?
진리 아닌 것과 진리인 것, 진리 유사한 것이 있다면,
잘 가려서 우리 자손들에겐 참을, 진리를 줘야하지 않을까.

다행히 어렵지 않다.
참 다행히 어렵지 않다.
왜?

우리가 그 참의 자손, 진리를 알아 가르치고, 전파하던 이들의
자손이기 때문이다.

또 우리 민족 대단하다..는 류의 그렇고, 그런 얘기냐고?
"대단했다 쳐! 근데 그게 뭐 어쩌라고요..?"
난 우리 겨레가 대단했는지, 안 대단했는지 그건 모른다.
다만 전쟁보다는 평화를 사랑하고, 악에 대해선 단호했을 거 같다.
왜?
나와 내 주변 많은 사람들이 그러하므로. 실제 행동을 하던, 하지 않던 그 심성이. 그리고 그 사람들은 하늘에서 뚝 떨어진 사람들이 아니라, 누군가의 자식이고, 때문에 누군가의 유전자를 물려받았을 것이므로.
자식을 낳아보면 안다.
하늘에서 떨어진 자식은 없다.
자식을 보면 그 부모가 보이고, 그 어머니 아버지의 어머니 아버지..어머니 아버지.. 그렇게 연산하면 우리 겨레의 먼먼 어머니아버지가 보인다는 거다.
대단했던, 대단하지 않았던, 아름다운 심성의 사람들이었을 것이다.
만물을 사랑하고 대화하던.

영화〈아바타〉의 그 판도라 행성의 이들. 만물과 함께 온전한 그들처럼.

다 좋지만, 우리가 본적도 없는 수천 년 전의 력을, 어떻게 알 수 있냐고?
다행히 우리에겐 나침반이 있다.
예나 지금이나 돌고 있는 해와 달, 지구가 있으므로.
진리와 진리 유사품을 가늠해줄.
그리고 우리가 별 의미 없이 흘려들었던 말들 속에, 우리가 찾고자 하는 진리의 파편들이, 힘들이지 않고 사방에 널려있다!

02
구전되어오는 력에 관한 우리말들

많이 배웠던, 배운 게 없던 상관없다.
그 동안 우리가 들었던, 력과 관련된 말들을 기억해보자.

1) 우리가 쇠는 설은 작은 설이고, 큰 설은 정월 대보름이다.
2) 삼월 삼짓날은 강남갔던 제비가 돌아온다.
3) 우수에는 대동강물이 풀리고, 경칩에는 겨울잠 자던 개구리가 나온다.
4) 백중(7월15일)은 머슴 노는 날이다.
   백중은 1년의 정 가운데.
5) 동지 팥죽 먹어야, 진짜 한 살 먹는다.
6) 단오에 나오는 풀은 다 먹어도 된다.
7) 제주도에선 한해의 마지막 달은 신이 한 해 일을 다 보고, 하늘로 올라가기 때문에, 무얼 해도 괜찮다.
   그래서 제주도 사람들은 지금도 1년의 마지막 달에 이사를 가느라 이삿짐센터의 성수기이다.

8) 애는 '열 달'만에 나온다.
9) 부여의 영고, 고구려의 동맹 예의 무천..등등 동이족은, 몇 날 며칠이고 춤추고 노래하며 논다. (한漢족의 삼국지 위지 동이전)
10) 예전의 개천절은 하루만 한 게 아니고, 씨름도 하고, 말도 타고, 죄수도 풀어주며, 여러 날을 잔치하며 놀았다.

우리 겨레는 잔치의 민족이다.
파티는 비슷한 부류의 사람들이 하는 거라면, 잔치는 임금부터 거지까지 다 있어야 하는 것이다.
인간 또한 만물 중 하나라고 생각하는 겨레가, 사람에게 차별이 있을 수 없다. 예전에 우리 고향에서 잔치를 하면, 탁구(거지 이름)까지 와야 다 된 것이다. 잘 생각해보라. 거지가 모르는 잔치란, 잔치가 아닌 집안 행사인 것이다. 거지도 알고 올 정도 되어야, 잔치인 것이다. 그러니 거지도 당당한 잔치의 한 구성원이다.
인내천(人乃天)이란 것은 동학, 지금의 천도교 교파의 사상이 아니라, 우리 겨레의 본래 생각, 심성을 문자화한 것이다. 그래서 한순간에 왕조를 뒤엎을 정도의 엄청난 폭발력을 가졌던 것이고.
예수님께서 '진리가 너희를 자유케 하리라'고 한 것은 만고의 진리다.
왜냐. 진리란, 진리를 보는 순간, 진리 이전으로 갈 수 없기 때문이다.

무언가 안다는 것은, 알기 이전으로 갈 수 없다!

그래서 진리란 힘이 세다.
모든 참 아닌 것을, 단숨에 갈아엎는다.
수천 년 내려오던 여호와를 갈아엎었고, '인내천'은 수백 년 내려오던 지배, 피지배의 왕조구조를 갈아엎었다.
그래서 진리 아닌 자들에겐 진리가 싫고, 누군가 생각하는 게 싫고, 질문하는 게 싫고, 헛된 것에 끄달리며, 헛된 것을 쫓기 바란다.

때문에 체제를 위협하는 신앙은 허락할 수 없고, 자기 삶을 내어놓는 진리의 신앙은 어느 순간 진리와 멀어지며, 체제안의 종교로 탈바꿈한다. 체제를 위협하는 것이 아니라 체제와 그 이익을 나누며.

'이스라엘 민족에게 하신 새로운 하느님의 약속'이라는 뜻의 신약(新約)을 보라.
여호와가 없다.
그러나 지금 이스라엘 민족에게 그 신약은 이단의 경전일 뿐, 이스라엘 민족은, 예수 이전처럼 여전히 유대교다.
석가는 이단이고, 인도는 여전히 힌두교다.
그만큼 기존에 가진 자들은, 모든 사회문화적 무기로, 자기 이익을 지켜낸다. 먹어야 사는 인간에게, 남들보다 내가 더 잘 먹고, 더 잘 살고 싶은 인간 욕망 앞에, 실용을 앞세운 거짓이란 얼마나 강고한가.

잔치를 되살려야 한다.
즐겁게 이웃과 나누며, 잘 놀아야 한다.
요즘의 모든 문제는 우리가 일을 열심히 하지 않아서 생기는 게 아니라, 행복하게 잘 놀지 못해서 생기는 거다.
즐겁지 않아서. 기쁘지 않아서.
몸은 마음과 떨어져 있지 않기 때문이다.
거지까지 함께 한 잔치란 거대한 사교장이고, 부담 없이 남녀가 즐기며 짝을 찾는 대규모 소개팅인 것이다.
다음 달에 대규모 쌍쌍 파티가 있다면, 얼마나 설레겠는가?
한 달 내내 기대되고, 삶에 즐거운 긴장이 흐를 것이다.
다음 달에 못 만나도, 그 다음 달이 있다! 짝 찾는 거 걱정할 게 없다.
오죽하면 '돌베개 베는 날'이라고 잔치 이름을 지었으랴.
하늘에 대한 감사와 이웃에 대한 감사와 나눔,
덤으로 짝 찾기까지.

달마다 잔치가 있었던 우리 겨레에게서 그것을 잊으라 하니, 빼빼로 데이라도 만들어서 잔치를 해야 하는 거다. 나누기 좋아하는 유전인자가 어디 가겠느냐 말이다.

빈 종이와 연필을 들라.
그리고 해와 달과 지구가 있으니, 력을 만들자.
시중에 파는 게 아직 없으므로 직접.
누구나 단 10분이면 만들 정도로 쉽다.
아마 우리가 새로 창조해서 만들려면, 우리 생에 못 만들었을지 모른다. 달에 인간이 착륙하는 지금의 과학과 천문학에서도, 그레고리력에 대한 불만이 비등하지만, 지구상 어느 겨레도 대안을 만들지 못한 걸 보면.
그러나 우리는 잠시 잊은 것이니, 우리의 먼먼 어머니 아버지들이 썼던, 그 고유의 력을 만들면 된다.

가. 아이는 정말 열 달 만에 낳을 것이고,
나. 제비는 삼월 삼짓날에 올 것이며,
다. 노래처럼 동지섣달 긴긴밤이 될 것이고,
라. 동지에 새해가 시작될 것이며,
마. 우리가 쇠고 있는 설이 작은 설이 되고, 정월 대보름이 큰 설이 될 것이며,
바. 7월 15일은 백중이 될 것이고, 머슴이 놀아도 될 것이며,
사. 개천절이 왜 상달인지, 몇날 며칠을 어떻게 왜 놀았는지 알게 될 것이고,
아. 마지막달은 신이 하늘로 가서, 동티가 안 나는 달이 될 것이다.

놀랍지 않은가?
우리가 알고 있는 모든 것에 맞는 력이 있다는 것이!
그리고 그 력을 썼던 때의 지구와 달이, 해가 여전히 돌고 있으므로 지금도 꼭 맞는다.

우리 몸에 꼭 맞는 옷이 있는데, 안 입을 이유가 있는가?

꼭 맞는 력이 있는데, 안 쓸 이유가 있는가?

더더구나 그 력은 요즘처럼 토요일, 일요일만 따지자면, 1년에 12장의 종이가 필요한 게 아니라, 두 장이면 족하다. 놀랄 만큼 단순하다!

다만 시중에는 아직 없으므로 직접 그려야 하는 수고로움이 따른다.

03 고유력의 이름과 열 세 개의 달

우리 겨레 고유력에 대해 나는 '단군마고력'이라고 칭할 것이다.
최소한 단군시대까지는 썼던 우리 겨레의 력일 테니 말이다.
아니 그럼 단군 위에 또 있단 말이야?
있다.
그 또한 긴긴 얘기니, 기회 있으면 하고.
그럼 왜 단군마고력이냐?
복본의 서약을 알고 행하셨던 단군할아버지 때까지는, 그 력이 제대로 왔을 것이니, 우리가 삼신할머니라고 부르는 인류의 시원 마고할매부터, 최소 단군까지는 썼다고 보기 때문이다.

칠십이 넘으신 할머니들은 그의 어머니, 할머니로부터 마고란 이름을 책이 아닌 생활 속에서 들으셨으므로, 서구 교육을 받은 우리에겐 멀고 먼 '마고'지만, 이 땅에서 나고 자란 할머니들에겐 친숙한 이다.

왜 마고단군력이라고 하지 않느냐고 물으신다면

일단 발음이 안 좋고,
현재는 마고를 모르는 이도 많으며,
우리말은 앞의 말이, 뒤의 말을 꾸미는 까닭이고,
그러니까 즉 뒤의 말이 주인인 까닭이고,
단군의 중심에 마고가 있기 때문이다.
그래서 더 줄이면, 단군력이 아니라 마고력이다.
 무슨 말이냐, 행여 단군시기에 이 력이 만들어졌다 하더라도, 단군까지는 인간 시원시대, 그 인류 본연의 본성을 회복하고자 하는 복본의 정신이 잘 살아있던 시대일 것이므로, 인간이 돌아가고자 하는 이상향으로 보는 그 본성의 시대에 마고 삼신할매가 있기 때문이다.

 물론 단군 이전부터 내려왔을 확률이 높다.
 흔웅시대에 력법을 정리했다는 기록이 신라시대 〈부도지〉에 정확히 나와 있다.
 단군시대에 건국인 개천이 있으므로, 아무리 늦춰서 만들어졌다 하더라도 단군시대에는 만들어졌을 것이고, 단군이란 이름으로 통치되던 시대에는 썼을 것이니, 그것만도 이천년이 넘는 기간을 사용한 력이다.
 단군이 신화라고?
 신화다. 그리고 조상이다. 역사다.
 전설을 들여다보자. 반드시 연고 있는 무엇이 있다. 물건 같은. 없는 이야기가 아니고.
 신화란 없는 얘기가 아니고, 그런 있었던 이야기 중에 사람들이 신성하게 여기는 이야기인 것이다.
 그리고 같은 신화라도, 말 속에 들어있듯이 단군할아버지는 '조상'인 '할아버지'고, 삼'신'할머니는 신이다.
 신이 있네, 없네는 인간 이성을 너머서는 것이며, 있다면 있는 것이고, 없다면 없는 것이다. 여호와가 있네, 없네를 따지는 것과 같이.

그러나 단군할아버지는 없다고 해도 '있다'! 조상이기에. 일제는 단군을 지우고 싶어 했지만.

무슨 말이냐, '나'라는 존재가 있는 한, 나를 낳은 어머니 아버지는 있다. 그 어머니 아버지 또한 그 어머니, 아버지가 있을 수밖에 없다. 그렇게 조상이란, 신과 달리 있을 수밖에 없는 존재다.

여호와가 있는지 없는지는 모르지만, 아브라함은 존재할 수밖에 없다. 다만 현재도 우리 겨레에겐 '엄마 뱃속에서 얼른 나가라'고 엉덩이를 두드려서, 아이 엉덩이에 퍼런 점이 있도록 하는 게 삼신할매다. 단군할아버지는 하실 수 없다.

왜? 단군은 우리의 조상이지, 신이 아니기 때문이다!

우리의 말 속에 진리의 일단들이 정확히 들어있다!

현재 유대는 여호와엘로힘–여호와하느님–을 믿지만,

우리에게 하느님은 모든 것 위에, 모든 것 안에 늘 계실 뿐, 누구도 하느님 자리를 대신 할 수 없다.

그것이 마고든, 여호와든, 단군이든.

참고로 '여호와는 나의 하느님이시니'라는 지금의 기독교 성경 말을 그네들 말로 하면 '여호와는 나의 엘로힘이시니'라고 하며, 엘로힘은 단수가 아닌 복수다.

유일신을 강조하여 기독교에서, 우리 고유의 '하느님'이라는 말 대신 '하나님'이라는 말이 만들어졌고, 어느덧 자리 잡았는데, 그 원어는 단수가 아니라 복수라니, 좀 묘하다.

우리의 하느님과 엘로힘은 다르다. 유사하지만 다르다. 그들의 휴머니즘, 즉 인간주의와 우리의 인본주의가 다르듯.

일단 우리에게 하느님은 한 분이지, 복수일 수 없다.

우리가 생각하는 하느님과 가장 가까운 것은 '하늘이 무섭지도 않느냐'의 그 '하늘'이다.

하긴, 그 하늘에 높임말 '님'자를 붙인 것이 하느님이니, 당연한 것이겠지만.

예수님은 그 하느님을 사람들에게 돌려준 것이다. 예수를 통하지 않으면 참의 그 하느님, 진리의 그 하느님께 갈 수 없는 것이다. 예수가 살던 나라에서 예수가 살던 시기엔, 당연하지 않는가.

그리고 그 하느님은 '나의 하느님, 곧 너희의 하느님'이라고 말씀하신 것처럼 이미 누구나 알 수 있고, 이미 누구나 갈 수 있는 하느님인 것이다. 여호와엘로힘(하느님) 운운하는 자들의 거짓 엘로힘(하느님)이 아닌 것이다.

그리고 그것이 진리의 하느님, 참의 하느님이기 때문에 듣는 순간 '아 저 말이 맞구나, 저 하느님이 맞구나' 금방 진리를 알게 되고, 그 복된 소리에 기뻤던 것이다. 생명이 되었던 것이다.

예수의 위대함이다.

'진리가 너희를 자유케 하리라'는 것은 예수 자신의 체험적 고백이며, 참 하느님을 깨달은 자의 사자후인 것이다.

그렇다면 그렇게 유대인들이 깨치기 어려웠던 참 하느님을 누구나 알고 있고, 누구나 하느님의 가르침대로 살려고 노력했으며, 집집마다 참 하느님과 교신하며, 이미 '이웃을 사랑'한 우리 겨레의 참 력은 무엇일까?

간단하다.

빈 종이에 1부터 28까지 쓰라! 그럼 땡!

그러면 누군가는 그럴 거다. '그럼 365일은 12달이 넘는데!'

맞다. 13달과 하루다.

그러니 12개월은 28일을, 한 달은 29일까지 쓰라. 그럼 끝!

그럼 당신 안에서 꽥 소리를 지를 것이다!

뭔 말이야? 1년이 13달이란 말야? 미친 거 아냐? 장난해?

그래서 력이 중요한 거다!

12달은 되고, 왜 13달은 안 된다고 엄청난 저항감이 들까?

왜 뭔가 잘못 될 거 같고, 큰 일 날 것 같은 느낌이 들까?
그냥 1년은 365일일 뿐인데.
그것이 보이지 않는 인식의 무서움이다!
저 흔해서 신경도 쓰지 않은 달력 때문에, 내 안에 나도 모르게 박히게 된 인식!
1년이 13개월? 된다!

사실 이 부분이 가장 머리에 지진 나는 부분이고, 천동설이 지동설이 되는 순간이다. 어떻게 12달이, 13달이 되느냐 말이다.
지금 우리가 이러 하니 거꾸로 생각하면, 13개의 달을 쓰던 사람들은 12달로 바꾸라면 얼마나 황당했겠는가? 13달 것들을 12달로 우겨넣으려니, 얼마나 혼란스럽고 말이 안 되느냐 말이다.
동지도 새해 처음인데, 설날도 새해 첫날이고..
어느 시기에 있었을, 그네들의 고통이 이해되시는지?
13달을 12달로 바꾸려니, 동지부터 해가 길어져 한 해의 시작이 되어야 하는데, 새배하는 설도 있어야 하고!
('세'배란 말도 있지만, 우리말의 '묵은'배와 짝되는 '새'배란 말을 쓰겠다.)
그들로서는 이치(진리)에 맞지 않으나, 필요에 의해 12달로 맞추었을 것이고, 잘 맞지 않는 옷처럼 불편하였기에, 그 력을 쓰지 않은지 천년이 지났을지 모르는 지금도, 그런 말들이 전해져 내려오고 있는 거다.

이치(진리)가 아니라 필요, 영어처럼 실용에 의해 썼을 것이라고 생각하는 이유는, 우리 겨레의 참 력은 너무나 간명하고 좋으니, 굳이 바꿀 이유가 없다면, 지속적으로 쓰였을 것인데, 바뀌었기 때문이다.
우리가 일제강점기라는 이유 때문에, 일본말을 배웠던 것처럼.

우리 고유력, 13개월이다!

04
우리가 쓰고 있는 력과 '력'에 대해

1) 절기! 우리 겨레는 양력을 잘 알고 있다

   우리는 대략 지금 쓰는 음력은 우리 것이고, 양력은 서양에서 온 것이다..이렇게 알고 있다.
   심지어 '음력은 중국 것 아닌가?' 그렇게 알고 있다.
   정말 그럴까?
   당신이 막연히 알고 있는 것을 의심하시라!
   농사지을 때 중요한 건 절기인데, 알다시피 절기는 서양 것이 아닌데, 음력이 아니라 양력이다!
   우리 겨레가 양력을 몰랐을 것이라고 생각하는 건, 당연히 착각이다.

   가끔 이 말을 이해 못해서 한참 설명해야 하는 경우가 더러 있는데, 그런 분들을 위해 간단한 방법이 있다.
   핸드폰을 여시고 2016, 2015, 2014…달력을 열어보시길.

그러면 해마다 입추와 춘분과 하지와...많은 절기들이 양력의 거의 같은 날짜에 오는 것을 보게 될 것이다.

물론 음력은 확연히 다르고.

절기가 양력이라면...그럼 옛날 우리 겨레는 해..즉 지구의 공전을 알고 있었다는 건데...?

물론 당연히 알고 있었다!

그래서 저 절기들이 있는 것이고.

누군가 반문할 것이다. 어떻게 당신은 '그들이 아는 걸' 아냐고?

숱한 말 속에 알고 있음이 증명된다.

'경칩'에 개구리가 나온다..'우수'에는 대동강이 녹는다..

더구나 지구의 1년이 달과의 관계가 아니라 해와의 관계라는 것이 '새해'라는 말 속에 버젓이 있지 않은가? '새' '해'!

육안으로 보면 매일 뜨는 똑같은 해인데, 새롭게 공전을 시작한 첫날임을 알아 '새' '해'라고 이미 다 밝혀놨고, 우리가 무지하여 공전이라는 말로, 또다시 낯선 것인 양 배우고 있을 뿐이다.

아 그렇네! 그럼 태양력이네! 그럼 우리가 지금 쓰고 있는 양력은 서양의 양력이고..왜 같은 양력인데 우리 태양력에서 서양의 양력으로 바꿨지? 어디가 다른 거지? 어떻게 다를 수 있는 거지? 그럼 우리가 써왔던 그 양력은 어디 있지?

아니지!

혹시 태양에 대한 표시가 따로 력으로 있는 것이 아니라..혹시 지금처럼, 그냥 음력 위에 절기만 표시했을 수도 있겠네! 해는 맨날 똑같이 생겼는데, 그래도 되네, 그랬겠네 지금처럼!

단도직입적으로 말해, 우리 력은 따로 있고, 그 우리 력은 음력을 기본으로 해서 절기만 표시한 력이 아니다!

우리 겨레의 참 력을 살피면, 아니라는 게 나온다.

2) 음력이 우리 겨레 고유력이라고? 아니다!

지금의 음력이 정말 우리가 찾는 우리 겨레의 고유력이라면, 맞는지 안 맞는지는 맞춰보면 안다. 진리의 좋은 점은 천 년 전에도 맞고, 지금도 맞는다는 것이고, 진리 아닌 것은, 역시 맞지 않는다는 것이다.

간단하게 삼월 삼짓을 보자.

삼월 삼짓날에는 '봄의 전령'의 의미로 강남 갔던 제비가 돌아온다.

그런데 막연히 우리 고유의 '삼월삼짓날'일 것이라고 생각하는 음력 3월 3일을 보시라!

2016년은 양력 4월 9일이고, 2015년은 양력 4월 21인데, 봄의 전령이라고 보기에는 너무 늦지 않는가?

봄이라고 생각하면 대체로 양력 3월쯤을 생각하고, 실제 개구리가 나온다는 경칩이 3월 5일쯤인데, 그로부터 한 달이나 훨씬 지나 제비가 온다면, 그런 제비라면 봄의 전령과 무슨 연관이 있느냐 말이다.

옛날엔 더 추웠을 수 있고.. 누군가 지구 온난화 운운..한다면.. 아니다! 지금도 경칩에 개구리 나오고, 우수에 대동강 풀리고 있다.

물론 제비 잘못도 아니다.

제비는 개구리가 나올 때쯤 때맞춰 잘 오나, 우리가 막연히 생각하는 력이 참을 구현하지 못할 뿐이다.

삼월삼짓에 강남 갔던 제비가 여전히 돌아오는데, 그 삼월삼짓이 지금 음력의 3월3일이 아닐 뿐이다.

그렇구나!.. 그래? 그럼 삼월 삼짓은 어디야?

그런데 이건 조금만 더 생각하면, 단지 삼월 삼짓만의 문제가 아니다!

간단하게 지금 우리가 쓰는, 맞을 거라고 쓰고 있는 음력의 모든 날짜들이 틀리다는 얘기가 된다. 오월 단오 5월 5일, 유월 유두 6월 15일, 칠월칠석 7월7일..의 음력이 우리가 말하는 날짜들이 아니게 된다! 잘 생각해보라. 하나가 참이 아니라는 것은 다 참이 아니라는 거다. 앞의 것이 참이 아닌데, 어떻게 그 다음은 참이 되는가? 가만, 그럼 한가위도..?

혼란을 야기할 마음은 없다.

그러니 현실에서의 설, 추석, 그대로 두자. 그냥 지금의 음력이라고 하자. 더 시급한 일도 많은데.

3) 달이 없어도 력은 존재한다

절기가 양력이라는 걸 이해 못하는 사람도 더러 있지만, 력이라는 것 자체에 대한 이해가 부족한 사람들은 더욱 많으니, 혹 누구는 이 글을 읽으며 왜 달력이라고 하지 않고 계속 력이라고 하는 거야, 달력 말하는 거 맞는 거 같은데..하는 이도 있을지 모르겠다.

달력 얘기 맞다.

그러나 력과 달력은 엄밀한 의미에서 다르기 때문에 굳이 구분하여 쓰고 있다.

한마디로 력이란 '달'이 아니라 '해'다!

더 정확하게는 지구가 해를 한 바퀴 도는 기간이다.

력(曆)이라는 표의자 자체에도 이미 달이 아니라 해가 들어있다.

당신이 '달력'이란 말을 〈'해를 공전하는 지구〉를 도는 달의 공전'과 '〈해를 도는 지구〉의 공전'으로 이해한다면 달력이라는 말에 동의하며, 우리겨레 고유력은 그렇게 되어져 있다!

그러니까, 〈'달이 공전하는 지구'와 해의 관계〉라고 안다면, 맞다. 대체로 생각하듯 단순하게 달이나, 지구의 공전이 아니라면.

그러나 달이 없어도 력은 온전히 존재한다!

달이 오늘 당장 없어져 버려도 력은 존재하고, 지구도 존재한다!

음양 운운하며 달이 없으면 지구가 없어질 것처럼 말하는데, 아주 오래 전엔 달이 두 개였다는 과학 발표가 4년 전쯤 있었다. 그럼 음음양이 되어야 하는가?

음음양이든, 음양이든 명확한 건 그땐 공전주기가 지금과 달랐을 것이다. 그리고 한 개 남은 저 달마저 없어진다면, 지구의 공전주기는 지금과 또 달라지겠지.

시간의 길이만 달라질까? 그건 또 궁구할 일이지만.

그러니 〈력〉과 엄밀한 의미의 "〈달〉〈력〉"은 다르다.

(해와 달이 된 오누이는, 실은 두 개의 달이 된 오누이일 수 있다. 왜? 그 모든 이야기가 컴컴한 밤에 일어난 일들이 아니므로, 이미 해는 있었다. 해가 두개가 아니므로, 달이 두 개인 이유를 그렇게 이야기로 했을 수 있다. 달이 두 개였었다는 과학 발표처럼)

해가 없어지면?

물론 지구는 없다. 있을 수도 있겠지. 그러나 인류는 곧 없다!

그래서 매일 뜨는 저 동그란 물체의 이름이 '해'다!

수학에서 봤을 것이다. 다음 문제의 해를 구하라. 그 '해를 구하라'의 그 '해'!

인류 생명의 근원. 답.

이미 그 모든 우주와의 철학적, 과학적 고찰을 끝낸 우리 먼 어머니 아버지들의 탁월한 식견이다.

인류 생명 근원의 답이란 의미의 '해'.

그러니 우주의 근원을 알고 있었던 우리 겨레의 말을, 보통 한자어라고 불리는 표의자, 뜻글로 환치하지 마시라. 진리에서 멀어진다!

매일 보는 동그란 밝은 물체에 대해 '태양'이라는 말을 쓰는 겨레와 '해'라는 말을 쓰는 겨레의 인식 수준은, 뺏거나 훔치지 않는 한 정말 수수만년이 지나도 같아지기 어렵다.

정리하면, 지금 우리가 쓰는 음력은 우리 고유의 력이 아니며,
'력'이란 지구와 해, 해를 도는 지구의 공전을 말하는 것이다.
지구공전 주기를 아는 요즘은 그것에 맞추어 양력 날짜를 계산한다.
물론 단순한 지구의 공전주기다.
그러나 우리 겨레는 달의 공전이, 지구의 공전에 영향을 미쳤다는 걸 분명하게 알고 있었고, 그 미세한 차이까지 력에 반영했다.
달이 없어도 력이 존재한다.
그러나 문제는 실제로는 달이 존재한다는 거다!
그러나 현재 서구 과학도 그런 것에 대해 이론적으로 설명한 것을 들어본 적이 없다. 그런데 상식적으로 생각하면 그 말이 맞을 것 같지 않은가?
해가 있고, 그냥 그 주위를 지구가 도는 것과
애 딸린 엄마처럼 달이 도는 지구가 해를 도는 것은 왠지 미세할지라도 차이가 날 것 같지 않은가?
우리 조상은 최소 반만년 전에 그 달이 지구의 공전에 어떤 영향을 미치는지 거의 믿겨지지 않는 수학적 단위를 동원해 정확히 그 값을 구했다.
헐.. 정말? 어떻게?
서구 과학은 애 딸린 엄마처럼, 달이 딸린 지구의 공전 값만 구했지 어떻게 그런 공전 값이 나오게 되었는지 그 이유를 모른다.
단순 공전주기만 구했지, 왜 그런 공전주기가 나오는지 모른다.
'과'학만 있고, '인'학을 모른다.
원'인'이 있어 결'과'가 있는데, 현상적 '과'만 구하고, 그 '인'은 없다.
수많은 그물코를 다 조사하고 있고,
그래서 코끼리 뒷다리 만지기식의 유추와 가설이 가능 내지 난무하고,
우리 겨레는 그 수많은 그물코를 움직이는 벼리를 찾아
분명하게 이치를 밝힌다. 유추와 가설이 설자리가 없는 이치다.
우주 운행이고 원리다.

그렇다면 제비 오는 삼월삼짓에 맞는 그 력은 어디 있는가? 찾았다면 어떻게 생겼는가?

어느 집 가보로 내려오는 물건으로 찾은 게 아니라, 진리로 찾았다!

언젠가는 물건으로 찾는 일도 벌어지겠지. 그날이 속히 오기를!

그리고 그 참과 참 아님을 검증하는 잣대는

우리 겨레의 말 속에 있다. 아무도 모르고 몇몇 식자만 아는 책 속에 있는 것이 아니고.

우리는 한양을 찾는 것이 아니고, 서울을 찾는 것이다.

한양이란 실제 사람들 속에서는 존재하지 않았으므로.

05
'〈달〉〈력〉'의 탄생

1) 태초의 력은 '달의 력'

   명상이 필요할 지도 모르겠다.
   마음수련을 한 이들이 유리할지도 모르겠다.
   참선을 통해 모든 것으로부터 차원 이동하듯 우리는 지금 우리가 누리고 있는 이 시공간으로부터 멀어져야 한다. 만 년 이상이라도 좋고 최소 백년, 이 백 년 이상 과거로.
   누구나 쉽게 접할 수 있는 시계와, 어디나 흔하게 걸려있는 달력으로부터 멀어져야 한다.
   지금도 가능하다.
   당신과 내가 시계와 달력을 다 치우고 산속에 집을 짓고 살면 된다.
   더 많은 무리가 그렇게 산다면 더 좋고.
   그렇다면 우리는 무엇으로 때(하루의 시각)가 바뀌고, 철(계절)이 바뀌는지 알 것인가?

누구나 겪으니 주관적으로 느끼고 알 것이다. 그러나 그걸 어떻게 남과 공유할 수 있을 것인가.

인간의 '말'이다.

언어의 탄생 또한 그래서 만들어졌겠지만, '말'이다.

귀농처럼 공동체 구현이라는 소박한 이상실현이 아니라, 핵폭탄으로 지구 대부분의 생명이 사라지거나, 메르스, 코로나 같은 재앙적 질병이 대대적으로 창궐하거나, 또는 쓰나미와 지진이 벌어지는 지축이 바로 선다..류의 미래에 의해, 모든 문명의 이기는 한순간에 사라지고, 목숨만 부지한 몇몇 인간만 살아남았다면, 우리는 때가 가고 철이 바뀌는 걸 알지만, 어떻게 공유할 수 있을 것인가.

어떻게 공유하고 남겨서 후대에 물려줄 것인가?

시행착오를 줄이고, 자기가 도달한 그 지식 다음부터를 내 아들이 하게 할 것인가 말이다.

그래서 집단지성이 인간의 '말' 속에 있는 것이다.

그게 불가능할 때를 대비해서 돌에 글자를 새기고, 그림을 그려 넣고.. 달나라에 가는 지금도, 변치 않을 사랑을 표시하고 싶어 바위에, 나무에, '철수♥영희'를 새겨 넣지 않는가?

암각화..우리에게 너무 먼 과거 같지만, 바로 우리에게 곧 닥칠 미래일지도 모른다. 한 오년 뒤쯤. 또는 이십년 뒤쯤.

그렇다면 우리는 갑자기 미개하게 되는가? 미개해서 돌에 그리고 쓰게 되었는가?

우리는 돌에 그린 고래 암각화를 볼 때, 암사동 선사유적지를 찾아서 움집과 돌무지를 볼 때, 서구 교육에 의해 음부를 가린 미개할 거라고 생각하는 원시인을 떠올린다. 그 생각이야말로 미개하고 유치한 발상이다.

소위 '원시인' 모습..그 모습은 우리의 미래일 수 있다.

우리는 문명의 이기를 떠나면 미개해지는가? 갑자기 사유력이 떨어지고, 아이큐가 떨어지고, 이십년 뒤에는 있지도 않던 털이 몸에 숭숭 자라서 원숭이 비슷하게 생각하고, 걷게 될 거 같은가?

아니라는 걸 쉽게 알 것이다.

그렇게 계속되어지면 천년 뒤에는 미개해질 것 같은가?

현대라는 미개한 인간지성의 오류다!

아니 서구 상상력의 오류다.

우리 겨레는 인간의 시원을 원시인으로 생각한 것이 아니라, 이상향으로 여겼다. 기독교 성경적 에덴동산이 아니라, 모든 지성과 이성, 본성에 합치된 사회로 여겼으며, 분명 존재했을 수 있다.

서로 다른 문명인 우리 겨레와 유대 겨레가 인류 시원의 시기를 마고성과 에덴동산이라는 이상향의 시대로 보는 데는 이유가 있을 것이다.

깊이 궁구해볼 일이다.

그 시원의 시기에, 그냥 육안으로도 누구나 알 수 있는 게 달이다.

밤에 어떤 달이 뜨는가는 밤 활동이나 뱃일, 나들이, 전쟁..등 인간 생활에 참으로 중요하다.

그리고 우리 겨레에겐 그 기간이 아주 아주 아주 길다. 그래서 월력이나 음력이라는 말이 '달'력이라는 말을 밀어내지 못한 것이다. 월, 음, 그런 표의자, 뜻글이 생겨나기 전부터 달을 가늠하여 살고 있었기 때문이다.

2) '해의 력'을 만든 겨레와, 한자라는 뜻글

그런데 하루해가 길고 짧은 것 외에, 왜 일 년을 구분할 필요가 생겼을까?

그건 우리가 열대나 한대같이 1년 내내 거의 날씨가 같은 어느 곳이 아닌 지역에 살기 때문이고, 더 정확한 해의 관측은 '찾아 돌아다니기보다 씨를 심어' 그 열매를 따는 것이 더 유용해지면서 일 것이다.

결론부터 말하자면,

시간이 가고 옴을 그렇게 달을 먼저 인식한 시대에서

해와 지구의 공전 주기가 필요한 시기가 있었고,

우리 겨레는 놀랍게도, 단지 지구와 해의 관계, 즉 지구의 공전이 아니라, 지구 공전에 달의 공전이 중대한 영향을 미친다는 것을 발견하고, 그것을 력에 반영시켰기 때문에, 단지 력이 아니라 달이 작용하는 력을 정확하게, 입이 딱 벌어질 정도로 알아냈다.

이 부분은 어느 책을 궁구하다가 몇 년 만에 알아낸 것으로, 우리 겨레의 놀라운 과학은 단군시대에 이미 완벽하게 이루어져있었다. 그레고리력이 아직도 해결 못하는 것을 최소 반만년 전에.

나는 한자를 우리 겨레가 만들었다는 말에 대해, 처음엔 '완존 미친 사람들이군'..했고, 더 지나서는 지나친 우월주의군..했고, 더 지나서는 엄밀하게 말하면 내가 아니라는 증거를 못 내놓으니 모르겠다..하는 불가지론자가 됐고, 더 지나서는 그들의 그럴싸한 이론을 듣고, 그럴지도 모르겠군..했고, 그리고 궁구 중이었다.

그와 똑같이 유관순이 거짓이라는 누군가의 말에 미쳤군, 누가 악의적으로 저런 말을 퍼뜨리는 거야..했고, 어느 날 그 장본인을 만나 무릎을 쳤다. 아니네! 그는 정확한, 상식에 부합하여 무릎을 칠 수밖에 없는 증거를 내보였기 때문이다.

그래서 나는 그의 말을 마음으로 들었고, 그와 토의했으며, 그의 그 진실은 받아들였으나 한계를 지적했다.

결론! 현재까지의 나의 결론은 '이화여고를 나온' 우리가 아는 얼굴의 '쪽진' 유관순은 없다는 거다.

그리고 그 사진의 여자 분의 재판기록에 '잡범'이고, '몇 년 후 감옥을 살고 나왔다'는 건데, 그 연구자의 연구는 거기까지 였고, 내가 지적한 것은, 그러나 그 사진의 여자 분은 도둑질을 할 잡범이 아니요, 반드시 일제가 싫어하는 독립운동에 관여한 분일 것이라는 거다. '다만 이화여고'가 아니요, 그 결기로 보아 일제가 싫어하는 독립운동을 한 여자 분이니, 그 여자 분의 행적을 찾아봐야 한다는 것이었다.

나의 가설은 이거다.

비이화인과 이화여고에 다니는 똑같은 이름의 여자가 있다고 치자.

아니면 비슷한 연령대 여자라는 공통점 정도의 사람.

이화여고에 다니던 여자는 뭘 했는지 모르겠지만, 비이화인인 동명이인의 젊은 여자가 독립운동에 가담했고, 일제가 싫어해 잡혔고 잡범처리 되었는데, 그 뒤는 어찌되었는지 모르나, 그 비이화인의 기록이 '이화여고생' 유관순으로 둔갑하는 일이 벌어졌다는 거다.

이유가 있겠지.

그러나 이화여고 졸업자 명단을 찾아보면 금방 알아질 일이다. 그것을 조작하지 않는다면. 졸업을 했는지. 졸업을 못하고 중간에 사라졌고, 그것이 우리가 아는 유관순의 행적과 얼추 맞는지.(그 연구자의 말에 의하면 여화여고 측에서 적극적 자료제시가 없었다고 한다)

그리고 옥살이한 비이화인의 그 당시 주소가 있으니, 그 주소를 추적하여 그 자손을 찾아내면 실제 옥살이를 한 '비이화인의 진짜 이야기'가 나올 것이다.

그러니까 실제 독립운동을 한 젊은 여성은 있었을 수 있고, 그 분이 '이화여고생'은 아닐 것이라는 거다.

왜? 내가 학교 다니던 '현대'에도 이화여고는 고사하고, 이화여대는 학교 다니다 결혼하면 퇴학처분 했다. 더구나 여고라니.

(혹시 애초에 나이 많은 사람이 학교에 늦게 들어갈 수도 있겠지.

이화여고 자료를 확인해보면 알겠지. 옥살이 하고 나간 이가 그 학교학생인지, 남의 공을 가로챈 건지)

그리고 얼마 전, 한자가 현재 대륙에 사는 한(漢)족이 만든 게 아니군! 하는 결정적 이유를 궁구 끝에 찾았다.

이런 거다.

'누가' 만들었는지는 모르지만,

최소한 지금의 한(漢)자라고 불리는 '표의자를 쓴 나라'가 한(漢)나라라고 해서 한(漢)자라고 한다면, 그 표의자의 원형을 만든 이들은 최소한 한(漢)나라를 세운 족속이 아니라는 거다.

왜? 간단하다.

말을 보면 알 수 있다.

우리의 말을 들여다보자. '년놈'이지 남녀가 아니다. '어머니아버지'지 '부' '모'가 아니다. 그렇듯 여자가 앞에 온다. 즉 인류학적으로 모계사회가 있었다는 것이고, 모계사회 특성상 아주 오랫동안 있었을 것이고, '부모'라는 말을 쓰는 나라는 부계사회부터 존재했다는 것이다.

즉 소위 한(漢)족이라는 겨레는 부계사회부터 존재했을 가능성이 크다. 인간이 어떤 이유에서든 국가라는 것을 창안해낸 어디쯤이겠지.

단군이야 무기가 아닌 설득으로 국가를 세웠지만, 국가라는 체제는 대체로 어쩔 수 없이 지배, 피지배의 구조이기 때문에 무기가 필요하고, 무기에는 수렵생활을 오래한 남자가 여자보다 유리하기 때문이다.

거기까지는 일찍이 알았으나 궁구한 끝에 내가 개명한 이유는 이거다.

누구나 아는 남(男), 녀(女), 자(子)라는 글자 때문이다!

여기까지 말하면 눈치 빠른 사람은 무슨 말인지 알아챘을 것이다.

이 글자들을 들여다보면, 이 글자가 만들어지던 때는 모계사회다!

이 문자들을 보면, 이 표의자는 녀(女)와 자(子)가 일차적으로 인식되는 사회에서 이루어진 글자며, 녀(女)와 대별되는 것이 남(男)임에도 불구하고, 남(男)이라는 글자자체가 일차적이 아닌, 인류사에서 아주 아주 아주 오랜 시기가 흐른 후에 생긴 밭이라는 정착농이 벌어진 이후의 일이며, 밭이 생기고, '밭에서 힘써 일하는 이'(男자의 뜻)가 '아이를 낳아 젖을 먹이는 사람이 아닌 사람'(女)이라는 것이 공유된 어느 시기에 만들어진 글자라는 것이다.

그러니 남(男)이라는 글자가 생긴 시기는 부계사회인지, 모계사회인지 모르겠으나, 정착농이 발생한 이후며, 이 문자들을 애초에 만든 표의자 자체가 만들어진 시기는 모계사회라는 것이다.

즉 한(漢)족의 말을 들여다보면, 남녀, 부모 등 따로이 모계사회가 없던 겨레기 때문에, '모계사회'에서 만들어진 표의자, 즉 소위 한자를 만든 겨레가 아니라는 거다!

그래서 한漢족이 만들었다는 뜻으로 쓰는 한자라는 말이나, 표의문자라는 기존의 용어 대신 표의자, 뜻글이라는 용어를 쓰겠다.

만약 그들이 오랜 시간 모계사회를 경험한 겨레였다면, 남(男)이라는 글자는 후대에 만들었더라도 그들이 사용하는 말은 남녀가 아니라, 녀남이어야 맞다.

녀(女)자와 자(子)자를 만들었을 때는 모계사회였는데, 남(男)자를 만들 때는 부계사회가 됐기 때문에 그렇게 됐다고?

그렇지가 않다.

말이란 국가에 앞서 모어, 즉 엄마에게서 아기에게로 전해지기 때문에 국가체계의 교육 이전에 생명을 가진 인간 근본의 체계이다.

우리를 보면 극명하지 않은가?

우리는 최소 몇 천 년의 부계사회를 경험하고 있으나, 아직도 년놈이라고 하지, 놈년이라고 하지 않는다.

왜?

인류사에서 부계사회란 정말 새발의 피..정도의 극히 짧은 시간이다.

우리는 통상 어머니아버지라고 하지 아버지어머니라고 하지 않는다.

구체적 상황에선 바뀔 수 있지만.

긴긴 모계사회가 있었기 때문이다.

남과 녀는 그나마 독립적이나, 맨과 우먼이라는 말을 보면, 이 말을 쓰는 겨레가 여자를 남자보다 나중에 인식했다는 것일 뿐 아니라, 맨의 부차적 존재로서 우먼을 인식했다는 것이, 언어 속에 화석처럼 그대로 들어있다. 이는 인류역사상 부계사회 이후라는 것을 알게 하는 것이며, 즉 인간의 시간에서 아주 후대에 벌어진 겨레이며, 그 겨레의 말인 것이다.

3) '삼태극'이라는 말과, 말 속의 진리

　이런 측면에서 삼태극이라는 말을 쓰는 이들에게 이야기하고 싶다.
　이들의 주장을 보면, '삼태극'이 '태극'보다 근본적이라는 거다.
　말은 인식이며, 인식이 말로 표현되는 것인데, 그들은 '삼태극이 더 원류이다, 더 근원이다'라고 말하면서 '삼태극'이라는 말을 쓰니, 앞뒤가 맞지 않는다.
　우리는 소위 한(漢)족이라고 불리는 겨레가 우리 겨레에게 씌워놓은 인식의 틀을 벗는 것이 무엇보다 중요하다!
　그것은 일제 36년의 역사보다 훨씬 길고 뿌리 깊으므로.
　'삼태극'이라는 말은 이미 그들의 인식 틀 위에서 우리 것을 인식한 결과로 빚어진 오류인 것이다.
　이 말은 이렇게 바뀌어져야 한다.
　삼극과 양극이 짝으로 쓰여져야 하고, 삼태극이라는 말을 쓰려면 양태극이라는 말과 짝하여 써야한다.
　이 말을 쓰는 순간 인식이 명쾌해질 것이다.
　삼태극이라는 말을 쓰는 이들의 의도가 정확히 구현되어 오류가 없는 것이다. 삼태극과 태극을 짝지어 쓰는 순간, 그들의 의도는 무색하다.
　양변이 참이 되려면, 양쪽에 같은 수를 더하거나, 빼거나, 곱하거나 나눠야지, 한 변에만 적용해서는 참이 될 수 없다.
　남이 쓰는 말을 안다고 해서, 그대로 가져다쓰지 마라!
　말을 가져오는 순간, 인식을 가져오는 것이니, 자기 인식이 새로운 것이라면, 모든 것을 새롭게 놓고, 자기 인식에 맞는 말을 찾아서 하라!
　그렇지 않으면 '삼태극'과 같은 오류가 생기는 것이다.
　양태극이라는 말을 쓰려면 삼태극이라는 말을 쓰라! 그럴 것이 아니라 태극이라는 말과 쓰려거든 차라리 삼극이라는 말을 쓰라!
　그렇지 않은 채 '삼태극이 먼저다, 근원이다'라고 하면 그 말 자체가 오류에 빠진다. '삼극이 먼저다'라고 하면 당신이 생각하는 그 인식의 참, 오류를 따져야 할 것이지만, '삼태극'이라는 말을 쓰는 순간, 우리 인식 속에 이미 태극이 있기 때문에 당신 생각은 거짓이 된다.

  태극이라는 인식이 없어도, 삼태극이라는 말자체가 '삼+태극'의 구조이지 더 쪼갤 수 없는 무엇이 아니기 때문에 '태극'이 국기에 들어있는 이 나라에 사는 당신은, 당신이 말하는 인식을 '삼태극'이라는 말로는 전할 수 없다.

  '나 이외의 다른 신을 믿지 마라'는 말 자체가 다른 신이 있음을 증명하듯, '여호와는 나의 엘로힘(하느님)이시니'라는 말 자체가 여호와가 엘로힘이 아니라는 말을 증명하는 것과 같은 오류다.

  이건 그냥 논리학으로 굳이 학문이 필요 없으며, 누구든 잘 따져 생각해보면, 그 문장에서 참이 도출되는 것이다.

  똘똘 뭉쳐 여호와를 찬양하던 시대의 나라에서 예수가 여호와를 벗어버릴 수 있었던 것은, '여호와는 나의 엘로힘(하느님)이시니'라는 그 말 안에서 여호와가 엘로힘이 아니라는 참을 찾아냈기 때문이며, 그렇기 때문에 진정한 엘로힘을 찾아내고, 그 엘로힘이 어디에 계시다는 것을 사람들에게 설파하여 여호와라는 거짓 굴레로부터 엘로힘(하느님)의 자식들을 자유케 한 것이다. 나의 엘로힘(하느님), 곧 너희의 엘로힘(하느님)이라고.

  즉 나의 엘로힘(하느님)이 저들이 말하는 여호와처럼 너희가 모르는 따로 있는 무엇이 아니요, 너희 마음 안에, 너희가 생각하고 느껴지는 엘로힘(하느님)이라는 것이다.

  사람 안에 하느님이 계시다는 우리 겨레의 오랜 생각처럼.

  바로 인내천이라는 말처럼.

  우리 겨레는 일찍이 이 참을 알기에 다른 무엇이 그것을 바꿀 수 없었다. 어둠이 빛을 이기는 법은 없기 때문이다.

  다만 깨어나지 못한 어둠이 있을 뿐.

  진리를 안 순간

  진리를 알지 못하던 시간으로 돌아갈 수 없는 것이다.

우리 겨레 대부분이 아는 이 상식이 그들에게는 충격적인 진리인 것이다. 자기 삶을 걷어차고, 교회를 뒤엎어도, 아니 뒤엎어야 할 만큼.

예수가 유대인의 오랜 역사에서 유대인을 무명에서 깨어나게 하기까지 얼마나 많은 세월이 걸렸는가.

그리고도 그가 죽고 이천년이 지난 지금도 유대 지배층의 카르텔로 그 유대인들은 아직도 '여호와가 엘로힘(하느님)'이라고 잘못 알고 있으며, 그래서 같은 인식에서 나온 유대교 및 기독교와, 형제 뻘인 이슬람교, 이 교들이 끝없이 전 세계에 전쟁을 일으키는 것이다.

진리를 잘못 알고 있기에.

성경의 구약과 신약은 전혀 다른 것임에도, 우리나라를 포함하여 구약의 경험이 없는 유대 이외의 대다수 나라에서는 같은 것인 줄 알고, 구약의 말씀을 잘못 알아 인용한다.

신약을 따르는 이들은, 예수를 따르던 이들은 구약을 버린 것이다. 폐기된 옛날 약속인 거다.

그것은 진리가 아니며, 여호와가 엘로힘(하느님)이 아니기에.

그런데 왜 신약에는 '여호와가 엘로힘이 아니다'라는 말이 없을까.

오히려 왜 구약의 여러 가지를 인용했을까.

신약을 잘 보시라.

구약을 인용한 것은 예수가 특별한 사람이라는 것을 증명하는 용도다. 왜? 구약을 믿는 사람들에게 예수의 참 말씀을 전해야 했기 때문이다.

그러니 그들이 믿는 말로 예수를 설명할 수밖에.

그러나 예수는 여호와엘로힘(하느님)을 이야기한 적이 단 한 번도 없다. 왜?

여호와는 엘로힘(하느님)이 아니기 때문이다!

4) '여호와는 나의 엘로힘(하느님)이시니'와 말 속의 진리

　신약에서 예수가 여호와엘로힘(하느님)을 이야기한 적이 단 한 번도 없다.
　어, 맞다! 그렇다고 여호와가 엘로힘(하느님)이 아니라고..?
　왜 그 말을 명시적으로 하지 않을까?

　신약을 보자.
　나의 엘로힘(하느님), 곧 너희의 엘로힘(하느님)이라고 말한다.
　왜? 그것이 진리이기도 하거니와, 자기 제자들이 예수 자신이 깨달은 진리에 도달하지 못했다는 것도, 예수는 알고 있기 때문이다.
　더하여, 진리를 깨닫지 못했으므로 종국에는 자기 제자들이 예수를 팔아먹을 것을 알았기 때문이다. 나쁜 뜻에서 그랬다기보다, 진리에 도달한 것이 아니라, '유사하게' 알고 있을 뿐이기 때문에 어쩔 수 없는 결말인 것이다.
　진리와 진리 유사품은 그렇게 다르다.
　100과 99.999..는 결국 다른 것이다.
　무시할 정도의 아주 미세한 각도 차이도 결국 우주 멀리까지 날아가면 전혀 다른 곳에 도달하는 것이고, 결국 전혀 다른 얘기를 한다.
　그래서 석가는 나를 따르지 말고, 나와 같이 깨달으라고 한 것이다. 진리유사품이 되지 않고 진리가 되는 방법은, 그 말씀대로 사는 것이 아니라, 그 말씀같이 진리를 궁구하여 진리에 이르는 것이다.
　물론 어렵다.
　석가 이후에 석가만큼 깨달은 이가 얼마나 되겠는가.
　예수가 자기 제자들의 수준을 몰랐겠는가.
　알았다. 그래서 자기가 깨달아 알게 된 '참'인 '여호와가 엘로힘(하느님)이 아니다'라는 진리는 명시적으로 하지 않는다.
　성경을 보시라.
　'왜 여호와엘로힘(하느님)이라고 단 한 번도 하지 않느냐'고 예수에게 묻는 제자가 있던가? 묻지도 않는 제자들인데, 그걸 설명한들 알겠는가? 아마 예수가 얘기 했으면, 예수는 십자가에 갈 것도 없이 그 제자들 손에 단박에 죽었을 것이다.

진리를 깨달은 자의 고독이다.

그리고 예수의 환희고, 누구와도 나눠질 수 없는 사명이다!

나를 통하지 않고는 내 아버지에게 이르는 자가 없는 이유는 그가 잘 난 척하는 교만한 사람이라 그런 것이 아니고, 그의 고독이고, 환희며, 그 제자들 상태를 알므로, 그 제자들에게 들어서는 코끼리 뒷다리 만지기 식의 이야기이니, 그들이 말하는 엘로힘(하느님)은 참이 아닐 수 있으니, 현혹되지 말라는 소리다.

왜냐. 모르는 이들이 들으면 같은 거 같고, 제자들 또한 그렇게 생각하지만, 예수가 보면 너무나 확연히 다른 얘기이기 때문이다. '여호와 엘로힘(하느님)'이 묻어있는.

비슷한 무엇으로 이해하지, 완전히 다른 얘기임을 모르기 때문이다.

저 제사장들이 가짜고, 이 예수님이 진짜라는 것만 말하지, 여호와 자체가 엘로힘(하느님)이 아니라는 것은 그 제자들 자체가 받아들이지 못할 말이다.

그 강압적인 여호와도, 엘로힘도 전혀 경험해보지 않은 아주 먼 곳의, 먼 시간이 흐른 후의 우리나라 목사님도, 장로님도, 기독교, 천주교 신자 대부분도, 이 말을 받아들이기 어려울 것이다.

지금도 그렇다.

하물며 예수님 시대에는 오죽했으랴!

그러니 온통 여호와라는 물 속에서 살던 시대의 나라에서, 물을 떠나서는 살 수 없는 물고기들에게 여호와가 물이 아니라고 말하는 것은 진리이나, 죽음이다.

5) 진리를 깨달은 위대한 예수와 말 속의 진리

약간 비낀 얘기이긴 하지만,

신학대학을 나온 4명에게 내가 이 얘기를 했을 때, 2명은 1시간 만에 이 말을 이해했고, 2명은 한 시간이 지나도 이해 못한 채로 끝났으며, 나중에 머리 좋은 1명을 만나 설명했더니 5분 만에 이해했고, 더 나중에 만난 머리 아주 좋은 한명은 1분 만에 '여호와는 엘로힘(하느님)이 아니네요'라고 설명 없이 자기가 답했다.

우리들 대체로는 앞의 4명에 해당하니, 혹 이해가 안 되더라도 자신을 탓할 필요가 없다.

나는 이것을 깨닫는 데까지 4년이나 걸렸으므로.

이런 거다.

일종의 언어수학이라고 보면 된다.

〈"가"는 "나"이다.〉

1. 〈'가'는 '나'다〉라는 말 속에서 '나'는 '가'보다 앞선 인식이다.

    무슨 말이냐 하면, 이 말을 쓰는 사람들은 '나'를 이미 사회 공통적으로 알거나 느끼고 있으며, '가'는 '나'보다 나중에 아는 사실인 것이다.

    가. "이정효는 '나의 아버지'다"

    이정효는 누군지 모르지만, '나'나, '아버지'의 개념은 안다.

    나. 잠바는 옷이다.

    '잠바'를 잘 모르는 할머니도 '옷'이라는 개념은 안다.

    만약 옷이라는 개념을 모르는 이에게는 다른 말로 설명했겠지.

    즉, 여호와는 누군지 잘 모르는 새로운 개념일지 몰라도, 엘로힘(하느님)이라는 것은 그 유대인들이 다 잘 알고 있는 개념이다.

    그래서 예수는 거침없이 엘로힘과 여호와가 같지 않음을 알고 여호와를 지울 수 있었던 것이다.

    구약은 유대인들이 알던 엘로힘(하느님)이 여호와라고 하니, 모세의 이적을 보아 모세가 말하는 여호와가 엘로힘인가..했다가, 아닌가 했다가..를 반복하는 것이다.

그리고 어느 시기가 지나면서 여호와가 엘로힘(하느님)의 자리를 차지하게 되어 거의 동의어처럼 쓰이게 된다.

어느 순간,

엘로힘(하느님)을 말한 예수 자신이 엘로힘(하느님)의 자리를 차지하듯이. 물론 진리의 예수는 그런 적이 없고, 후대 사람들에 의해.

그리고 태생적으로 사람들 안에 느껴지는 엘로힘(하느님)에다 여호와를 얹어 엘로힘(하느님)을 독점하는 유대 권력이 생겨났듯, 그리고 지금도 지속하듯, 예수를 엘로힘(하느님)의 자리에 앉힌 이들이, 사람들 안에 태생적으로 느껴지는 엘로힘(하느님)을 독점하는 천주교 권력으로 생겨났고, 진저리치도록 인간을 억압하며 너무나 진리에서 멀어지자 기독 이단이 나왔고, 또 시간이 흐르자 기독교 권력이 되었으며, 지금도 숱한 이단이 나온다. 모두 예수가 말한 원래의 엘로힘(하느님), 내안에 느껴지는 하느님, 곧 너희 마음 안에 느껴지는 하느님으로부터 멀어졌기 때문이다.

진리는 천년이 가도 오천년이 가도 진리이나, 약간 진리 아닌 것은 결국은 점점 더 진리로부터 멀어져, 어느 순간 완전히 진리 아닌 쪽으로 가게 마련이기 때문이다.

2. 〈'가'는 '나'다〉라는 말은 '가'는 '나'가 '아니다'라는 것을 전제한다.

〈'가'는 '가'다〉라는 말은 특별한 경우가 아니면 쓸 필요가 없는 말이다. '가'는 '가'인 것은 굳이 설명이 필요치 않으니까.

가와 나는 다르기 때문에, 그래서 가는 나라고 하는 말이 필요한 거다.

그러니까 그들 말로 '여호와는 나의 여호와시니' 하면 여호와가 우리말의 하느님이지만, '여호와는 나의 엘로힘(하느님)이시니' 했으므로, 여호와는 엘로힘(하느님)이 아니라는 거다.

모세가 '당신은 누구시니이까?' 묻는다. 그러니까 '나는 나다'라고 답하는 이가 있다.

모세가 만난 것이 여호와든, 하느님이든 그가 다른 어떤 말로도 설명할 수 없는 누군가를 만난 것은 사실인 것이다.

 그가 여호와를 만나고 하느님을 만났다고 착각할 수는 있겠지만. 신에는 하느님만 있는 게 아니다. 여호와도 힘이 센 신인 것이다. 우리의 단군만큼.

 그러나 '여호와는 나의 엘로힘(하느님)'이라는 말에서 보건대, 엘로힘(하느님)이라고 인지 할 수는 있으나, 엘로힘은 아닌 것이다.

 예수는 그것을 깨달은 것이고.

 어떤 이들은 단군이 하느님이라고 하는 이들이 있다.

 그 소리를 듣는 우리 겨레는 마음에서 자기도 모르게 소리친다. 그렇다면, 우리 모두 하느님이다!

 우리 안에는 하느님의 씨앗이 있으므로. 이미 상식처럼 진리 안에 있는 우리 겨레에게, 예수가 벗긴 유대인들의 무명을 드리우게 할 수는 없다.

 똑같이 '단군은 나의 하느님이다'..라는 말은 누구에게는 성립할 수 있지만, 실제 단군이 하느님이거나, 우리의 하느님일 수는 없다.

 이정효가 누군가의 아버지일 수는 있지만 모두의 아버지가 될 수는 없듯이.

 단군이 우리 조상이고, 사람들에게 마음 깊이 우러르는 조상으로 모셔지기를 바라는 것은 알지만 단군=하느님은 참이 아니다.

 단군은 분명 하느님께 제를 올렸다!

 하느님의 가르침을 사람들에게 알려서 따르도록 했고, 그 하느님 말씀대로 사람들이 행하도록 신발이 닳도록 천하를 순수했다.

 누구나 알듯이 단군이 하느님께 예를 올린 증거가 강화 마니산 참성단이다. 자기가 자기에게 제를 지내지는 않는다. 자기를 우상 숭배하길 바라는 거짓된 인간이 아니라면.

 잊지 마시라.

 하느님은 우리의 절대자지, 유대인의 절대자가 아니다!

 그들의 절대자는 '엘로힘'이며, 사실 우리는 그가 누군지 모른다!

유대인들에게 예수를 알려야하기에 숱한 유대 선지자의 예언들을 가져왔듯, 우리 겨레에게 그들의 엘로힘을 알려야 하기에 유사한 우리의 하느님을 엘로힘의 번역어로 채택했을 뿐이다.

그리고 진리의 하느님에서 유사 진리인 〈엘로힘의 번역어 하느님〉과 맞닥뜨리며, 교회에 다니는 이들은 자기가 느끼는 하느님과 다른, 기독교 성경의 하느님(엘로힘) 때문에 누구나 혼란을 느끼는 것이다.

예수님 말씀을 길잡이 삼으시라!

하느님은 저 여호와 운운하는 저들의 성경 속에 있지 아니하고, 내 마음 안에, 이미 느끼는 너희 마음 안에 있다고, 이미 이천 년 전에 설파하셨으니.

예수의 진리로부터 멀어져 예수란 이름으로 진리를 독점하고 싶은 이들이, 그래야 예수 운운하며 밥을 먹을 수 있고 행세할 수 있는 이들이 예수가 모든 이들과 달라지기를 바래서 〈엘로힘(하느님)의 '외아들'〉을 창안해낸다. 증산을 선생님으로 부르던 이들이, 증산이 돌아가시자, 선생님으로는 행세할 수 없어서 증산을 상제로 만들었듯이.

진리로부터 멀어진 서양 사람들처럼, 어떤 이들은 '단군이 우리가 생각하는 하느님'이라고 해서 사람들에게 단군의 힘이 세어지기를 바라지만, 그들은 자기 의도와는 다르게 단군을 욕되게 하며, 진리로부터 멀어지는 것이다.

마치 '예수를 엘로힘(하느님)의 외아들'이라고 해서 어떤 의미에선 예수를 거짓 십자가에 못 박은 후대의 예수 제자들처럼.

계시라고 해서 무조건 따르라고?

모르는지 모르겠지만, 하늘은 여러 차원이 있다.

어느 하늘? 어느 하늘의 계시인가?

숱한 사람이 숱한 계시를 받는다. 그들은 서로 모순되는 계시를 받기도 하는데, 어찌된 일인가? 설명할 수 있는가?

바로 여러 차원의 하늘이 있기 때문이다. 여러 높이의 산이 있듯.

당신이 말하는 단군께서 말씀하신 것이 '이화세계'이다.

즉 이치에 맞는 세계. 진리의 세계.
계시의 세계가 아니고.
당신이 받은 계시를, 계시라는 이유로 좇지 말고 단군께서 지침 주신대로 이치에 맞는지 궁구하라!
진정 참인 하늘에서, 하느님께서 빌려주신 것이면 이치에 맞을 것이로되, 인간 이성이나 지혜에 맞을 뿐 아니라, 그것을 넘어서기에 아하! 하고 감탄이 나올 것이나,
참이 아닌, 참과 근접한 유사 하늘에서 온 계시라면 이치가 아니라서, 어느 것에는 맞고 어느 것에는 맞지 않을 것이다.
이(理)치란 기본적으로 이(理)성에 맞기 때문에 이(理)성을 가진 인간이면 누구나 다행히 계시를 받지 않아도 참임을 알 수 있다.
참은 천년이 지나도 참이다. 계시를 받든 안 받든 참이다.
거꾸로 하면, 참 아닌 것은 천년이 지나도 참이 아닐 뿐, 참이 될 수 없다.
늙고 늙은 간디가 유명한 말을 했다.

"나는 신이 진리인 줄 알았다.
그런데 진리가 신이었다!"

그러니 계시를 받지 않아도 걱정 마시라.
하느님은 누군가 신이라고, 계시라고 들이대는 '보이지 않는 무엇'에 있지 아니하고, 예수님이 말한 대로 나와 당신 안에 있으며, 단군께서 말씀하신대로 진리로써, 이치로서 계시기 때문이다.
당신이 모르고 느껴지지 않는 무엇이거든, 걷어치워라!
보기에 앞뒤 안 맞는 말을 하거든 참을 궁구하라.
참 안에 하느님이 계시지, 하느님이라는 이름의 거짓을 파는 이들에게는 하느님이 계시지 아니한다. 그런 하느님이라면 그들만의 하느님이며, 우리 겨레가 생각하는 하느님이 아니다!

그런 의미에서 유대인의 여호와 엘로힘은 그들에겐 우리 겨레의 하느님과 유사할지 모르나, 우리가 생각하는 온전하고 완전한 하느님은 아니다.

그래서 우리 겨레는 교회에 가면 그 하느님과 '하느님이라고 번역된 엘로힘' 사이에서 혼란스러워하는 것이다. 온전한 하느님에서 온전치 못한 엘로힘을 하느님으로 받아들이느라고.

그래서 끝없이 이단이라는 교들이 나오는 것이다. 기성의 천주교나 기독교가 그 말이 앞뒤가 안 맞음으로 해서, 이치에 맞게 해주는 누군가가 나오면, 진리에 갈급한 절대 하느님을 만나고 싶은 이들이 그리로 몰리는 것이다.

앞으로도 끝없이 기성교에서 볼 때 이단이 나올 것이다. 왜?

예수는 진리를 말했으나, 예수를 운운하는 자들은 예수가 때려 부수었던 여호와엘로힘(하느님) 운운하는 자들과 같아졌으므로, 예수를 '엘로힘(하느님)의 외아들'이라는 거짓 십자가에 못 박아버렸기 때문이다. 예수가 그렇게 나의 엘로힘, 곧 너희의 엘로힘이 같다고 했음에도.

하긴 그들은 그 말이 무슨 뜻인지도 몰랐을 것이니 어쩌겠는가.

다만, 자기가 바라는 것-예수가 엘로힘(하느님)의 진리를 독차지하는 외아들이었으면 좋겠다는 그 바램을, 상상임신처럼 사실인 냥 모든 걸 거기에 맞추는 일이 벌어졌으니, 그 과정에서 여러 거짓들을 꾸며댔고, 예수의 진리로부터 이미 신약에서, 아니 예수의 죽음으로부터 진리에서 멀어졌기 때문이다.

무엇을 믿으나, 믿는 건 인간의 본성 때문에 자연스러운 일이나,

진리를 궁구하는 인간의 본성 때문에,

진리를 독점하고 싶은 거짓 권력 앞에 이단은 잉태될 수밖에 없다.

독재는 반독재를 잉태하듯이.

교회에 다니는가? 그래도 걱정 마시라. 그런 속에서도 '신실'한 이들에겐 당신도 나도 못 느끼는 엘로힘이 아니라, 당신과 내가 알고 느낄 수 있는 참

하느님이 함께 하신다.
　어떻게?
　하느님은 언어 너머에 계시기 때문이다!
　성경을 모르는 아프리카의 어떤 이들에게도 우리가 생각하는 그 하느님이 계시듯.
　다만 혼란스러워 신실하기 어려운 여건일 뿐.

3. 〈'가'는 '나'다〉라는 문장구조를 언어 수학적으로 보면,
　　'가'는 '나'일 수 있지만, '나'는 '가'가 아니다.
　　즉 '가' < '나'이다.
　　이정효는 나의 아버지라는 것이 누구에게는 참이겠지만,
　　누구에게나 나의 아버지가 이정효인 것은 아니다.
　　잠바가 옷이긴 해도, 옷이 다 잠바는 아니다.
　　거꾸로는 되지 않는다.
　　즉 【'가'는 '나'이다】라는 말 속에서
　　이미 '가'와 '나'는 '가'='나'가 아니라, '가' < '나'이다.
　　즉 【'가'는 '나'이다】라는 말에서 이미
　　'가' ≠ '나', '가' < '나'로, 여호와는 엘로힘(하느님)이 아니다.

　누구에게는 이정효가 나의 아버지듯, 누구에게는 여호와가 나의 엘로힘인 것이 참이겠지만, 누구에게나 나의 아버지가 이정효는 아니듯, 누구에게나 나의 하느님이 여호와는 아닌 것이 당연한 참이다.
　유대인들은, 또는 천주교인이나 기독교인, 이슬람교인들은 그들의 엘로힘이나 알라가 왜 모두의 하느님이 아닌지 이 단순한 진리를 모른다.
　그저 자신들의 하느님을 사람들이 몰라주어 답답하고 억울하고 그들의 여호와나 알라만이 하느님이라며 알리려고 한다.
　거기까지도 좋은데, 하느님이 자기네 편일 것이라고 생각하고 그들만을

위한다는 잘못된 생각으로 전쟁을 벌이고 테러를 한다.

교회 다니지 않는 사람을 적대시하거나, 산소에 절하는 것을 우상숭배라고 하고, 심지어 다른 교회에 다녀도 이단이라고 몬다.

소위 말하는 미신수준이다. 나만을 구원하기 위해 존재하는 하느님인 냥.

비 진리란 인간을 이렇게 잘못된 길로 이끈다.

영화 '아바타'에서 남자주인공이 전쟁에서 이기게 해달라고 신에게 빌자, 미개할 것 같은 옷을 걸친 판도라행성의 여자가 주인공에게 말한다.

그분은 누구의 편을 드는 분이 아니라고.

그렇다. 교회에 간다고 봐주고, 단군을 모신다고 봐주고, 부처님께 불공을 잘 드린다고 봐주는 그런 분이 아닌 것이다.

동양의 천지무애와 같은 것이다.

하늘은, 하느님은 누구 하나를 치우쳐 사랑하는 것이 아니라는 것. 편들어 사랑하지 않는다는 것.

오직 널리 사랑하고, 널리 사랑하기를 바라며, 이치에 맞는 것을 어여삐여기신다는 것을 인류 시원 마고삼신할머니 이래로 단군까지 누누이 가르치고 따랐으며, 그래서 콩 반쪽도 나눠 먹으며 하느님 가르침대로, 이미 예수의 가르침처럼 이웃을 사랑하며 살던 겨레에게, 더하여 의롭게 충효한 겨레에게 달리 무엇이 필요하겠는가?

그런 겨레를 분열되게 하고, 분란하게 만든 것은 자기 이익을 위하여 대체로 외래 사상이나 외래 세력과 결탁하여 잘 모르는 소리를 하며 그 외래 권력의 앞잡이로, 그 권력을 나눠 가지려는 자들에게서 비롯되었다.

학문도, 사상도, 종교도 권력이다.

정보란 예나 지금이나 돈이고 권력이다. 그 접근성이 지금은 넓어지고 좋아졌을 뿐.

우리가 〈'가'는 '나'다〉라는 문장구조에서 실은 여호와도 엘로힘도 잘 모르는 남의 나라이야기이기 때문에 잘 느껴지지 않아서, 감이 오지 않아,

'가'가 '나'인가보다 하지만, 엘로힘이 우리말의 하느님과 유사하기 때문에 이 말이 참이 아닌 것은 쉽게 증명된다.

즉 우리가 잘 아는 것을 넣으면 금방 이해된다.

'가'에 단군을 '나'의 엘로힘 대신 하느님을 넣어보시라!

어떻게 되는지!

단군이 하느님이다?

우리가 알듯이 단군은 단군이고, 하느님은 하느님이다!

즉 소수의 누군가에게는 단군이 하느님일 수 있겠지만, 단군하느님이라는 이 말은 내가 알기로는 우리 겨레는 절대 용납하지 않는다.

아마 그렇게 불려지는 단군할아버지부터 용납 못하실 것이다!

유대에게 엘로힘은 어땠는지 모르지만, 우리 겨레에게 하느님은 절대인지라, 유대 겨레는 어느 시기가 지나자 그 인식구조를 받아들였는지 모르지만, 우리 겨레는 절대 인정하지 않는다.

단군하느님 운운하면 당장 내 안에서, 우리 마음 안에서 소리칠 것이다. 미친 거 아냐?

단군이 하느님이라면, 나도 하느님이다. 너도 하느님이다.

모두 하느님의 자손이고, 내 안에 하느님의 씨알이 들어있으므로.

나는 천도교도 모르고, 인내천도 모르지만, 그냥 우리 겨레는 태생적으로 그렇게 생각되어지기에 이렇게 소리칠 것이다.

"우리 조상인 단군할아버지를 당신 신앙 때문에 욕 먹이지 말고 그런 미친 소리 당장 집어치우시지!"

진리란 궁구할수록 진리임이 드러나지만,

진리 유사품은 어딘가 맞지 않는 구석이 나오고, 그러면 그것으로 먹고 살던 이들이 그것이 맞지 않는다고 고백하는 것이 아니라, 그것을 거짓으로 더욱 덧칠

하기에 진리에서 멀어지며 거짓이 점점 심해진다.

진리란 진리를 만나는 순간 새 힘이 주어지고, 새사람이 되지만, 진리 근사치는 그게 안 되고 헷갈릴 뿐이다.

잘 생각해보라.

예수가 한 말이 진리이기에 그 당시 사람들을 거짓 엘로힘(하느님)으로부터 자유롭게 한 것이지, 십자가에 못 박혔기에 사람들을 자유롭게 한 것이 아니다.

근래에 밝혀지듯 못 박힌 후 그가 80여세까지 살았다는 것이 사실이라고 해도 그가 말한 진리-나의 엘로힘(하느님), 곧 너희의 엘로힘(하느님)은 진리인 것이다.

그가 80여세까지 살았다는 것이 문제가 되는 것은 십자가에 죽었든, 80여세까지 살았든 그 진리를 알린 예수가 아니라, 예수가 부활해야만 되는 사람들이고, 예수가 엘로힘(하느님)의 '외아들'이여야 하는 사람들이고, 예수가 재림해야 되는 사람들이며, 예수의 말씀을 전하는 것으로 예수를 빗대어 사람들을 가르치며 먹고살아야 하는 사람들이다.

그를 알았다는 것으로 먹고 살았을 그의 제자들이고, 제자의 제자들이고, 제자의 제자의 제자들이고…

예수는 '나의 엘로힘(하느님), 곧 의심할 필요 없이 너희가 느낄 수 있는 너희의 엘로힘(하느님)'이라고 진리를 말했다.

예수의 엘로힘(하느님)과 사람들 마음 안의 엘로힘(하느님)이 같아지면 안 되겠기에, 급기야는 예수를 엘로힘(하느님)의 '외아들'로 만드는 거짓으로 사람들 마음 안의 엘로힘(하느님)을 다시금 빼앗고, 드디어 여호와가 엘로힘(하느님)이 됨으로써 자기 부와 권력을 누렸던 거짓 선지자와 제사장처럼, 그들은 예수를 높이 치켜들고 방패막이 삼아 예수 뒤에 숨어서 신앙의 길을 버리고 거짓의 길, 종교의 길을 걷게 되는 것이다.

6) 달의 공전을, 지구 공전에 반영하다!

　우리 겨레는 지구와 해의 관계, 즉 지구의 공전이 아니라, 지구 공전에 달의 공전이 중대한 영향을 미친다는 것을 발견하고, 그것을 력에 반영했다. 당연히 력(曆)이라는 말 속에 이미 해라는 개념이 있다.
　그리고 우리가 찾는 고유의 력은 음력이 아니다.

　1-28일까지 12장, 29일까지 1장, 13장을 쓰셨는가? 다 됐다.
　그리고 우리는 한 달을 28일로 하는 순간,
　"애는 '열 달'만에 나온다."는 명제를 충족시킨다!
　흥, 왜 이땐 한 달을 28일로 계산 해?
　그래서 아버지께 여쭸더니 그냥 그렇게 계산한단다. 나중에 육아책 보니 거기도 그냥 그렇게 나와 있다. 이유 설명? 없다.
　원래 우리 력이 그 날짜여서 그랬다는 걸 아무도 몰랐으므로.
　무엇도 대신할 수 없을 정도로 너무나 합리적이고 유용한 날짜였으므로, 그냥 계속 내려온 거다.

　자 그럼, 지구와 해와 달이 있는 한, 반만년 전에도 유효했고,
　앞으로도 수 만년을 유효할 우리 겨레의 고유력, 단군마고력을 만들자.
　애 열 달 만에 쑤욱 낳는다!

하늘을 궁구하다, 우주와 통하다!

당신도 이미 진리를 알고 있다!
우리 말 속에 숨은 지도를 찾아라!

06 설! 어디를 시작점으로 할 것인가?

어떤 이가 여차저차 한 이유로 력을 만들어 가져왔다.
그는 1월 1일을 입춘으로 잡았다.
자, 그대가 이 우주의 시간적 세계를 설계한다면 어디를 기준으로 잡을 것인가?

도대체 우리에게 전해지는 저 파편화된 진리의 조각들을 어떻게 하면 다 만족하는 력이 만들어 질 것인가?

참고로, 입춘을 1월1일로 잡은 그 달력은 삼월삼짓이 또 4월달이었다.
제비가 너무 늦게 돌아왔고, 우리에게 내려오는 력에 관한 말들을 검증하고 만족시킬 어떤 것도 없었다.

절기는 태양이니, 어느 절기를 기준으로 날짜를 배열하느냐?
당신은 어디로 잡았는가?
바로 '소설'이다!

소설을 1월1일에 놓으면 '동지팥죽을 먹어야 진짜 한 살을 먹는다'는 말을 충족시키지 못한다. 그런 측면에서 입춘을 양력 1월1일로 잡은 력도 저 말을 충족시키지 못한다.

그러나저러나 근데 웬 '소설'? '소설'이 그렇게 중요한 절기였나?

1) 우리가 쇠는 설은 '작은 설'이고, 큰 설은 정월 대보름이다.

'작은' 설! '소(小)' 설!
그러니까 소설은 눈과 관련 있는 말이 아니고, 우리말의 '작은 설'을 그대로 표의자, 뜻글로 음차 하여 옮긴 말이다!
그리고 그 '작은' '설', '소''설'이 놓이는 자리는 1월1일 아니고,
바로 13번째 달의 첫날이다!

자, 그럼 2016년은 소설이 11월 22일이다. (늘 소설은 양력 11월21-23일 사이다)
단군마고력 13월의 1월1일 아래 '소설'이라고 절기를 적고, 지금 우리가 쓰고 있는 그레고리력의 소설 날짜인 11월 22일을 써 넣으시라.
그렇게 하면 놀랍도록 과학적인 반만년 전 달력과
현대의 범세계적 달력을 같이 쓰게 된다!

 달력1

2016년			4349년 (단군기원)		5914년 (환웅기원)	
			13월			
1일 소설 11.22	2일 11.23	3일 11.24	4일 11.25	5일 11.26	6일 11.28	7일 11.28
8일 11.29	9일 11.30	10일 12.1	11일 12.2	12일 12.3	13일 12.4	14일 12.5
15일 12.6	…	29일 12.20				

지금 이 순간 세상에 없던 새로운 세계가 펼쳐진다!

우주를 새롭게 바라보는 시간의 틀이 창조되고 있는 것이다.

그런데 왜 13월의 첫날이냐고?

설이라는 말 때문이다.

나는 '해'라는 말의 놀라운 통찰력을 발견하는 순간, 다른 나라 사람들은 알 수 없는 엄청난 세계관과 정보가 우리말에 들어있다는 걸 알게 됐고, 틈만 나면 우리말을 나도 모르게 궁구하고 있었다. 왜? 우리가 잊어버리고 잃어버린 엄청난 정보와 세계관이라는 보물이 말속에는 남아있기 때문이다.

얼굴이라는 말이 얼마나 대단한가.

얼굴. 얼골. 얼이 있는 골.

얼굴에는 인간에게 중요한 많은 것이 있지만, 눈에는 보이지 않는 얼이, 인간에게 가장 중요하기에 본질적 이름 얼골, 얼굴이 된 것이다. 다른 모든 것을 재껴두고. 죽으면 심지어 '해골'. 얼이 있던 뇌는 사라졌기에 얼골은 될 수 없으나, 인간의 '해'인 얼이 있던 골, '해골'!
 그걸 인지했던 겨레다!
 심장이라는 말을 쓰는 겨레는 심(心)이 얼굴의 뇌에 있다는 걸 모르고, 가슴에 있는 심장, 우리말의 염통에 있다고 봤다.
 얼마나 대단한 과학이며, 정확한 표현인가.
 보라. 염통!
 뇌의 얼이 모든 걸 지시하는 듯하지만, 생명은 염통에 있는 것이다.
 생명. 염. 염이 있는 통. 염통.
 뇌가 죽어도 염통이 끊어지지 않으면, 죽은 게 아니다.
 즉 뇌사자란 뇌는 죽었으되, 염통이 살아 있는 것이다. 그 반대는 없다. 즉 염통이 죽었는데, 뇌가 사는 경우는 없다.
 우리말을 살려내는 것이 인류가 쌓아온 인류 지성을 누리는 길이다.
 설이란 뭘까.
 설. 바로 인간이다. 서얼. 서 얼. 서 있는 얼. 서서 다니는 얼.
 직립보행의 인간을, 핵심적으로 간단하게 설명했다.
 그 '서 얼'이 주인 되는 달. 인간이 주인 되는 달, 13월!

5) 제주도에선 한해의 마지막 달은 신이 한 해 일을 다 보고 하늘로 올라가기 때문에 무얼해도 괜찮다.
 그래서 제주도 사람들은 지금도 1년의 마지막 달에 이사를 가느라 이삿짐센터가 성수기이다.

 이 말을 이렇게 충족시키게 되는 것이다!
 참고로 나는 설이 그런 말인지 몰랐고 궁구하다 보니, 알아진 말이고, 쾌재를 불렀다!
 1년 12달 신의 노여움을 탈까, 행여 동티가 날까 이사조차 맘대로 할 수 없는 인간이, 신으로부터 해방되어 자유롭게 주인 되는 달.

절대적 신 안에서 살지만, 인간의 존엄을 인정하여, 시간에 있어 인간의 해방구를 준 13월!
얼마나 멋진가?
대등할 순 없지만, 존재 자체로서는 하늘과 같음을 인정하는 이 멋진 세계관!
그 13월의 첫날을 역산하여 12월을 만들고, 11월을 만든다.
10월..9월..8월..!

07
하지와 백중, 삼짓날

1) 하지와 백중은 믿기 어렵겠지만 같은 날이다!

 달력을 만들다 보면 거의 한 달에 두 번 정도의 절기가 있으며,
 대략 보름 간격으로 절기가 놓이는 걸 알게 되고, '아아 해가 이렇게 달라지는 구나!' 해의 움직임, 정확하게는 지구 공전이 느껴질 것이다.
 그러다가 7월 15일이 되면 감탄이 절로 나올 것이다!
 백중이라는 7월15일이 어디에 놓이는가?
 바로 하지다!
 하지!
 2016년 달력으로는 하지는 6월21일(음5.17)이고, 백중은 음력 7월15일인 8월 17일이다.
 두 달 가까운 날짜 차이로 도저히 같아질 수 없는 날이다.
 그러나 13개월, 1년의 정확한 반, 7월 15일에 하지가 놓이는 달력!
 백중이란 이름이 왜 붙었는지 바로 알게 되고 느껴지는 달력!

1년 중 해가 가장 긴 날이고, 그래서 백중이며, 그래서 1년의 딱 반에 그 날짜가 있는 달력!

얼마나 대단한가? 얼마나 과학적이며, 놀라운 력법인가?

우리는 어떤 연유이든 이 력법을 잃어버렸고, 잃어버리는 바람에 백중은 그 이름의 연유를 잊어버리고 말았고, 다른 용도로 용도변경 되었다.

아마도 그 백중, 하지.. 저 위대한 해가 가장 긴 날을 신성하게 기념하여 머슴까지 놀리며, 여름 농한기를 잔치로 기뻐했던 우리 겨레는 바로 무엇으로 보거나 해의 겨레다!

2) 위대한 해의 새, 불새

여기서 잠깐, 삼족오에 대해 언급하고 싶다.

모든 아는 것을 걷어치우라.

그리고 당신에게 아기가 있다면, 삼족오를 아이에게 주고 '뭐 같이 생겼냐'고 물어보시라. 모르긴 해도 어떤 아이도 까마귀를 얘기하지는 않을 것이다. 까마귀라고 보기엔 몸집이 좀 있는 것 같고, 날개나 꼬리가 위엄차고 길다. 까마귀라는데 꼬불꼬불한 저것은 또 뭐란 말인가?

둥근 것이 태양이라고 하고, 검은 것이 태양의 흑점이라고 하자.

태양의 흑점을 인지할 만큼 우리 선조의 과학이 뛰어났다는 것에는 동의하지만, 그렇다고 거기 사는 새가 까마귀일까? 까마귀가 하늘의 전령이라는 생각에는 동의하지만.

한漢족이 우리문명과 충돌하고 있었기에 까마귀를 꺼리고 싫어한 것에는 동의하고, 그 문화가 후대 우리 겨레에게 유입되어 우리 또한 까마귀를 꺼리게 된 것에는 동의하지만.

서구가 드래곤, 즉 용을 싫어하고 꺼리는 것도 같은 맥락이고.

저 찬란한 육안의 밝은 해를 상징하는 것이 까만 까마귀라고?

나는 내 머리 속에서 숱한 날을 '삼족오'라는 말을 지우고, 그냥 아무 선입견 없이 왕관에서 불타는 듯한 모양의 위엄찬 새를 보았고, 어느 날 꼭 맞는 이름을 찾아냈다. 불새구나!

아 해를 상징한 거였구나! 흑점이 중요할 수는 있겠지만, 그 이름은 불새구나!

그래서 해를 '해'라고 인식한 우리 겨레에게, 그 문양이 인간의 '해'라고 생각한 왕을 상징하고, 그 상서로움을 상징하는 거였구나!

해가 단지 그저 태양이 아니고, 만물을 살리는 불덩어리라는 걸 알았던 우리 겨레가 불타는 듯한 불길 속에 장엄하게 살고 있을 새를 생각한 것은 얼마나 숭고하고 아름다운가?

불 속에 사는 새이기에 환하게 빛나지 않을까?

고분의 벽화에 검게 그려진 것들은 뭘까. 흑점과 새를 동시에 표현하려고 해서 그럴까. 그 불새가 사는 곳은 태양의 흑점이라서 그랬을까. 아니면 누군가 흰색으로 밝게 표현되어 있던 것을 검은 색으로 덧칠했을까? 일제강점기 발견되었거나, 한반도를 벗어난 땅에서 발견되었다면 그럴 수도 있을 테니. 궁구할 일이다.

불을 차고 날아오르는 새.

나는 어렸을 적, 막연히 불새가 '불'새이니, 용암에서 날아오르는 불사조라고 생각했는데, 용암정도가 아니라 저 엄청난 불덩어리 해 속에 사는 새였다!

참으로 아름답지 않은가?

저 뜨거운 해 속에 장엄한 새가 살 거라고 생각하는 그 생각이.

왜 새인지는 아직 모르겠다. 이유가 있으시겠지. 우리가 아직은 모르는.

우리 겨레가 들어 금방 알 수 있는 친근한 말로 진리의 일단이 전해진다. 가방 끈 긴 사람들의 한양에 속지 마라. 사람들은 서울에 산다.

'삼족오'라는 그럴싸한 말을 아는 이가 그 이름을 붙였겠지.

아니면, 애초에 그 새의 근원을 모르는 한(漢)족이 붙였던가.

보통사람인 우리는 별 감흥 없이 그렇다고 하니 그런가 보다 넘어간다. 먹고 살 일도 아닌데. 그러나 느낌은 없다. 어렵다.

그러나 불새라고 생각하면 느낌이 올 것이다.

그 왕관의 휘황한 문양들이 불길처럼 느껴지며, 이글거리는 해 속에 도도하고 장엄하게 영원히 사는 찬란한 새의 그 존귀함이, 상서로움이.

바로 인간과 뭇 생명의 근원인 불덩어리 해의 주인, 불새가 이 왕이라는 것이.

가장 핵심적 요체, 불! 새!

불새를 잘 모르기에 불새라는 말에서 붕새가 나왔을까? 불새를 기리기에 우리는 용과 함께 봉황이라는 새를 높이는 걸까? 바로 불새의 암수를 그렇게 표현한 걸까. 여의주를 갖지 않은 용은 봉황이 몇 번 쪼면 그냥 죽어버린다는데, 그 대단한 용이 땅의 불, 마그마 정도의 뜨거운 불을 뿜는다면, 불새는 차원이 다른 불, 해에서 살기 때문일까. 궁구할 일이다.

3) 해를 기념한 무등의 인본주의 노동절, 백중

해가 가장 긴 날, 백중.

백중은 '머슴 놀리는 날'로 기억하는 할머니들에서, 머슴이 없어진 오늘날은 돈벌이에 나선 불교가 천도재 지내는 날로 느껴지는 백중.

가장 긴 해의 날을 기념해 노동절이었던 백중.

문명인이라는 오만 속의 서양은 노동절을 만들기까지 몇 천 년의 시간과 피 흘리는 투쟁의 역사가 있었지만, 우리 겨레는 누 천 년 전에 이미 힘쓴 이를 쉬게 할 뿐 아니라 돈 두둑이 줘서 놀리는 백중이라는 노동절이 있었고, 수천 년을 그렇게 내려온 겨레다.

자신의 과거를 잊고, 자기를 잃으니, 자기가 누군지도 모르는 안타까운 지경에 이르렀지만.

우리 겨레에게 노비는 있어도 노예는 없다.

돈 없고 가난하고 힘없는 자는 있어도, 사람 위에 사람 없고, 사람 아래 사람 없다는 위대한 정신이 보편적 상식처럼 퍼져있는 겨레다.

그것은 편협한 평등주의를 넘어선 인간근본주의, 바로 무등의 인본주의며, 그 인본이란 인간이 만물의 영장이란 둥, 자연을 지배한다는 둥의 미숙하고 미천한, 배타적이고 소아적인 서구의 휴머니즘적 인간주의가 아니라, 만물과 더불어 '한 생명'인 인간, 이미 자연일 뿐인 인간이기에 자연을 젖줄 삼아 살고, 자연으로 '돌아가는' 그런 인간본성을 알아, 살아가는 인간이다.

인간을 존귀하게 여기되, 어느 뭇 생명의 목숨도 다 존귀하게 알고 존귀하게 여기는 '생명'으로서의 인간의 근본을 밝힌 인간근본주의다.

사람이 죽었을 때, '돌아가신다'는 말이 일상일 만큼 인간이 어디서 와서 어디로 가는지 명확하고 정확하게 알고 있었던 겨레.

하늘나라를 찾아, 천국을 찾아, 자기와 자기 가족, 자기와 같은 믿음의 형제만 가는 엘로힘의 천국이 아니라, 이미 목숨 가진 모든 뭇 생명이 하나의 가족임을 알아 이승으로 왔고, 생명의 저편, 저승으로 '돌아갈' 뿐인 겨레.

나와 남이 따로 없기에, 이승에서도 저승에서도 그저 나누고 돕고 함께 기뻐하고 슬퍼하며, 하늘 백성으로 살아가는 것을 지극히 상식적으로 알던 겨레.

그런 겨레가 누구와 '뺏기' 위해 전쟁을 하겠는가?

다만 선을 지키기 위해 최소로 싸울 뿐.

늘 하느님과 함께하며 이미 이승이 천국인 그런 겨레에게, 따로 찾아야 할 천국이 어디 있겠는가. 그것은 찾는 것이 아니라, 그렇게 사는 것, 구현하는 것일 뿐이기에.

북두칠성이 있는 자미원에는 자미수가 죽 둘러쳐 있다.

배롱나무.

미끄러워서 원숭이도 올라가지 못한다는 자미수, 배롱 나무.

인간 아닌 인간, 인간성을 잃은 인간이 털이 길어져 퇴화했다는 원숭이. (진화론과는 정반대 얘기지만 이 또한 궁구할 일이다)

자미수로 자미원을 둘렀다는 것은 바로 인간 아닌 인간은 자미원에 들어갈 수 없다는 것이다.

태어나면서부터 인간 아닌 인간이 되지 않기 위해, 배우고 익히고 삶으로 체화한 겨레. 착하고 의로운 것을 기뻐하기에 화랑과 조의가 당연하던 겨레.

백중은 가진 자의 오만에서 베풀어지던 시혜가 아니라, 머슴의 노동력에 빚진 자의 고마움이다.

내 소유이긴 하지만, 삶이란 실은 내 것이 없이 다만 잠시 빌린 것뿐이라는 걸 아는 겨레가, 소 돼지도 고마운 겨레가 하물며 사람은 오죽하겠는가.

그래서 노동절인 백중은 당연한 것이다. 사람에 대한 예의.

서로 빚지고 사는, 또 다른 나에 대한 예의.

우주의 이치와 아무 상관없던 것 같은 '백' '중'은 실은 이렇게 놀랍도록 우주 이치와 일치하는 날, 백白중中한 '하지'인 것이다.

당연히 지금의 음력 7월 15일이 아니고, 지금의 서양력의 하지가 아니고, 우리 겨레의 고유 해력에서 1년의 정중앙, 7월 15일!

신나지 않는가?

진리를 알아간다는 것은 참으로 기운찬 일이다. 진리자체가 힘이요 생명이기에, 진리를 사랑하고 진리를 궁구하는 이는 그 기쁨의 기운으로 나이보다 훨씬 젊은 것이다.

4) 앎을 의심하라! 삼월 삼짓날은 3월 3일이 아니다!

자, 그럼 계속 역산하여 단군마고력으로 3월까지 오셨는지?

3월에 가장 큰 잔치 삼월 삼짓은 찾았는가? 고유력의 3월 3일을 찾고 계시다면, 지금 그레고리력의 우수 하루 전이다.

 달력2

2016년			4349년 (단군기원)			5914년 (환웅기원)
			3월			
1일 2.16	2일 2.17	○3일○ 2.18	4일 우수 2.19	5일 2.20	6일 2.21	7일 2.22
8일 2.23	9일 2.24	10일 2.25	11일 2.26	12일 2.27	13일 2.28	14일 2.29
15일 3월1일	16일 3월2일	17일 3월3일	18일 3월4일	19일 경칩 3월5일	20일 3월6일	21일 3월7일

그럼 지금 달력으로 2월 18일이 삼월 삼짓..?

아니다.

왠지 좀 춥게 느껴지지 않는가?

우리가 대충 봄이라고 느끼는 것은 3월 초순이고, 아이들의 입학 무렵인데 대동강도 녹기 전인 우수 전날이 삼월 삼짓일 리가 없지 않은가?

우리는 삼월 삼짓날이 3월3일로 아는데, 아니다!

나 또한 그렇게 알았다. 달리 배울 데가 없었으므로.

그리고 력을 만들며 그 참 의미를 깨달았다.

결론부터 말하자면 삼월 삼짓은 양력의 3월3일이다.

왜 갑자기 서양력의 3월3일?

그게 아니고, 삼월삼짓은 바로 단군마고력으로 3월17일이며, 여기서 17일은, 17일로서 기능하는 것이 아니고, 삼을 세 번 겹친 날로서 기능한다.

즉 세 번째 달에, 세 번째 주에, 세 번째 날!

삼을 세 번 '제곱'한 날! 삼월 삼젯날! 삼월 삼짓날!

아하! 무슨 말인지, 우리 겨레면 모를 수 없는 말이다!

그래서 경칩의 개구리보다 이틀 앞서 제비가 오기에, 경칩의 개구리보다 삼짓날의 제비가 봄의 전령이 된 것이다.

놀랍지 않은가?

만약 삼짓날이 3월3일이면, 옛 사람들이 칠월칠석처럼 삼월삼일이라고 하지, 왜 삼월 삼'짓'날이라고 했겠는가? 바로 세 번을 '제'곱한 날이기 때문이다. 우리 말에는 보물지도가 들어있다!

얼마나 놀랍게 잘 맞는가?

정확하게 강남 갔던 제비는 삼월 삼짓에 돌아왔고, 봄의 전령이다!

음력 3월3일에 오느라고, 어느 해는 양력 4월 9일에 돌아왔다, 어느 해는 4월 21일에 돌아오지 않고, 해마다 경칩 전인 고유 해력의 삼월 삼짓날, 서양력 3월 3일날 돌아온다!

삼월 삼짓이 음력3월3일이라고 막연하게 생각했던 것처럼, 이쯤 해서 그저 무감각하게 하고 있는 것에 대해 한마디 하고 싶다.

바로 어천절이다.

어천절? 그게 뭐지?

어천절을 잘 모르는 분이 혹 있을지도 몰라서 먼저 말씀드리면, 박달임금인 단군할아버지께서 세상 사람들을 다 돌보시고, 사람들이 보는 가운데 하늘로 살아서 어천하신 날이다. 그러니까 죽어서 하늘에 오르는 것은 승천이고, 살아서 오르시는 건 어천이다.

이렇게 말하면 혹 누군가 '헐.. 왠 전설의 고향?' 내지 '완존 미신이군'이라고 말하는 이가 있을 수 있다.

비행기를 타고 갔는지, 구름을 타고 갔는지, 대형 풍선인지, 신발인지, 아니면 이도저도 없이 맨몸으로 오르셨는지는 몰라도, 죽은 몸이 아니고 산몸으로 갔다니, 더 상식적인 일이고, 죽은 자가 부활했고, 엄마 뱃속이 아니라 하늘에서 다시 살아 내려온다는 말보다는 훨씬 있을 법한 일이다. 아닌가?

그 어천절을 요즘은 막연히 음력 3월15일로 알고 기념한다.

근데 〈한단고기〉를 보시라.

사람들이 삼월 삼짓이라고 하지 않고, 정확하게 날짜로 3월16일을 기념하여 잔치를 벌인다. 이유는 따로 나와 있지 않다.

나는 한 때, 도대체 3월 16일이 무슨 날일까 오래 궁구했는데, 바로 어천절인 것이다!

(삶과 죽음을 음양으로 본다면 죽음은 음에 해당한다. 3월16일이 음력인지 마고력의 양력인지는 모르겠지만, 죽음은 음적인 일이니 음력으로 헤아린 날짜가 아닐까 한다)

그럼 왜 3월15일이 되었을까?

난 유교의 영향이라고 본다.

분명 16일 하늘로 돌아가신 어른을 16일 기념하여 잔치했다는 기록이 〈한단고기〉에 번연히 있는데, 이성계의 조선을 지나 태어난 우리들은 그걸 알 리 없기에, '정치 권력화'한 유교의 시대를 통과해 조상제사의 개념을 거치게 되었고, 기쁜 잔치의 의미보다 돌아가신 날을 기념해 0시에 지내던 제사는 이제 그 시간이 점점 산사람 중심으로 당겨져서 전날 저녁 9시쯤으로 옮겨졌고, 아예 제사는 전날 밤 지내는 것으로 변해버렸다.

어천은 경사다. 슬픈 일이 아니다. 잔치할 일이고 그래서 잔치했던 것이다. 그러니까 제사가 아니고 차례.

단군을 조상으로 받들어 제사는 지냈으되, 명나라의 눈치를 보느라 우리 겨레가 수 천 년 이어오던 기념일들을 그 이유는 지우고, 세시풍속 정도로 다루며 조상을 지우던 이성계의 조선은 어천의 기쁨을 잔치하지는 못하고 제사로 받들었으니, 일제까지 겪고 난 우리는 그도 저도 따질 틈 없이 여기까지 달려왔고, 전날 지내던 제사일이 아예 어천절로 대체되어버렸나 보다. 그저 잘 살펴서 바로잡게 되길!

5) '하느님'을 회복하라!

그렇듯 어천절 같은 것들이 한 둘이 아니로되, '대종교'라는 이름과 대종교에서 이르는 '한배검'이라는 말도 예외가 아니다. 물론 천도교의 '한울님'도.

대궐 같은 집을 잃었다가 다시 찾았으면 그 대궐집에 살면 된다.
대궐집을 찾고도 판자집에 살며 대궐집을 구경만할 필요는 없다.

우리는 말과 글을 뺐겼었다. 일제강점기엔 '단군'하면 죽였다.
왜? 그건 일제와 '다른' 나와 우리를 인식하게 하는 강력한 매개체이기 때문이고, 그런 의미에서 우리 겨레에게 절대적인 '하느님'이라는 말도 빼앗았다.
그래서 최수운이 직접 '하느님'이라고 썼던 글의 글자도 후대에는 '한울님'이 되어버린 것이다.
일제강점기 단군교는 1년 만에 신도수가 수만이 되었다.
그렇듯 나철이 중광한 단군교도 '단군'하면 죽이는 일제 때문에 그 이름을 단군교에서 1년 만에 '대종교'로 바꿨으나, 일제가 떠난 지 70년이 지났는데도, 아직도 '대종교'이다. 단군교 그러면 누구나 알지만, 대종교는 단군 모시는 사람들도 잘 모른다. 일제와 무장투쟁으로 싸워 10만이 죽은 종교임에도.

한울님에 대한 설명을 아무리 해보시라!
우리나라 사람은 모르는 이다.
한울님, 한얼님 다 마찬가지다. 우리 겨레는 모른다.
하느님이라는 말을 뺐겼으므로 고육지책으로 그런 말들을 만들고, 우리가 아는 하느님이라는 말의 내용을 그 말에 붙어넣었을 뿐인데, 우리말을 찾은 지 70년이 지났는데도 아직도 그 말을 쓰느라 애쓴다.
겁낼 일제가 없음에도, 하느님이라는 말을 찾은 지금도 말이다.
그냥 하느님이라는 말을 쓰면 되는데 한울님, 한얼님 하느라, 우리 겨레 누구도 설명 듣지 않고는 모르는 말을 하고 있다. 설명 들어도 잘 모른다. 가슴에 와 닿지 않는다.

상제라는 말처럼. 엘로힘이라는 말처럼.

상제란 하느님이라는 말이다. 설명은 들어 아나, 느껴지지 않는다.

한울님, 한얼님,.. 애쓰지 말고, 원래 우리 겨레가 생래적으로 아는 하느님이라는 말을 쓰시라.

내가 판자집에서 태어나 판자집에 살았으니, 우리 할아버지의 대궐집을 찾았어도 판자집에서 살아야지, 대궐집에서 살면 안 된다고 강변할 필요는 없다.

생래적으로 아는 모어를 떠나는 순간, 실은 잘 느껴지지 않는다.

한울이나, 한얼은 가방끈 긴 말이며, 눈에 보이지도 않는 형이상학적 용어로, 우리가 언제나 쉽게 접할 수 없다. 눈만 뜨면 보이는 저 하늘을 두고.

저 하늘이 하느님이냐?

아니다. 아니기도 하고, 아닌 것이 아니기도 하다.

저 하늘과 하느님의 관계는, 우리 겨레의 3대 성경 중 하나인 【참전계경】〈정성〉편 '경신'조에 잘 설명되어 있다.

『....해, 달, 별들, 바람, 비, 벼락..이들은 모습 있는 하늘이요,
보지 못하는 사물이 없고, 듣지 못하는 소리가 없는 하늘은
모습 없는 하늘이라 하니,
모습 없는 하늘은 하늘의 하늘이요,
하늘의 하늘은 곧 하느님이시로다.
없는 물건을 보지 않음이 없으며 소리를 듣지 않음이 없음은
모습이 없는 하느님이니라.
사람이 하늘을 공경치 않으면 하늘도 사람에게 응답치 않으리니
...풀, 나무가 비, 이슬, 서리, 눈을 받지 못함과 같음이로다.』

우리 겨레가 생각하는 그대로의 하늘, 하느님이다.

이것처럼 대종교(단군교)는 광복 후 단군할아버지라는 말을 찾았음에도 여전히 한배검이라는 용어를 쓰느라 아무도 모르는 말을 하고 있다. 한배검이라는 용어는 단군할아버지를 부르면 일제 때는 죽이는 사태가 벌어졌기에, 그것을 대신할 용어를 몇 번 거치다 찾아낸 말로, 일제강점기, 단군할아버지를 대신했던 말이다.

그런데 아직도 그 말을 쓰며 어려운 설명을 하느라 애쓴다! 그저 안타까운 일이다.

혹시 일제강점기가 가능하게 한 '가스라-태프트 밀약'을 아시는지?
우리는 그때도 미국과 친구관계였다.
그리고 그 친구인 미국은 우리 몰래 일본과 밀약을 맺는다.
'난 필리핀 가질 테니, 넌 조선 가져!'
일명 '가스라-태프트 밀약'이고, 그로부터 일제는 강제로 조선을 겁박해 을사늑약을 맺었고, 결국 우리는 경술국치로 일본에 나라를 빼앗기는 일이 벌어졌다.
대단한 우리 겨레는 물론, 십년이 채 안된 9년째 3월 1일에 '우리는 일제의 국민이 아니다!'라고 '대한독립 만세!'를 외치며 독립을 선언했고, 바로 정부를 세워 약 30년을 싸웠다.
친구의 웃는 얼굴로 들어와 집을 강탈한 일본과, 강탈해도 좋다고 한, 다른 친구 미국.
그리고 광복과 동시에 우리 겨레의 의사와 상관없이 우리는 분단이 됐고,
아직도 분단중인 우리 겨레.
일제강점기가 없었다면 반만년 우리 겨레가 분단 됐겠는가?
그러므로 미국과 일본은 우리나라 분단의 원죄가 있는 나라고, 사과와 함께 통일비용을 대야 옳다! 교통사고를 냈으면 교통사고를 낸 사람이 사과도 하고, 치료비도 대는 게 당연한 거다. 아닌가?
일제강점기가 지나 성경의 엘로힘은 '천주'보다 더 정확한 우리말, 하느님이라는 번역어로 교세를 확장했고, 기독교는 유대교인 이스라엘 땅에까지 전도를 보

낼 만큼 맹위를 떨치고 있다. 하느님이라는 말을 뺏긴 대종교(단군교)와 천도교는 항일투쟁에 앞장섰는데, 우상숭배 운운하며 조상 무덤에게도 절을 않는 기독교는 어땠을까?

신사참배를 우상이라며 안 했을까?

알아보시라.

아니면 조상인 단군은 우상이고, 힘 센 일본조상인 신사는 우상이 아닌 것일까?

우리 민족에게 절대적인 하느님이라는 말을 뺏긴 대종교(단군교)와 천도교는, 일제 탄압으로 하느님이라는 말을 잃은 까닭에, 지금까지도 헤맨다. 맹렬한 기독교 덕분에 하느님이라는 말을 찾아오지도 못하고.

또, 우리 겨레는 어찌 되었는가?

기독교에 하느님이라는 말을 뺏긴 우리 겨레는, 기독교의 하느님은 자기가 생각하는 하느님이 아니니, 교회도 못 가고, 혹 그 하느님으로 알까봐 하느님이라는 말도 못 부르고, 기도도 못하고, 어쩔 줄 모르게 되었다. 우리가 원할 때, '엄마!'라는 말을 못 부르면, 얼마나 답답한가.

보라. 하느님이라는 말은 우리말이다! 갓이나 엘로힘이 아니다!

당신이 생각하는 하느님을 부르라. 계속 부르라. 계속 불러 온전한 하느님을 만들라. 그러면 그 하느님이 우리에게 오시리라.

기독교의 하느님? 그들은 엘로힘으로 회귀하거나 '하나'님이라는 말을 얻었으니, 그 말을 쓰겠지.

엘로힘이 유사 하느님이니, '하나님'이라는 말도 '하느님'과 유사하고.. 그들에게 적합하다!

그 배타성과 독선성에.

우리 겨레는 '하나'를 중시하고 높이 보는데, 그것은 모든 것의 모태 '흔'에서 출발해서 그런 것이요, 하나, 크다, 높다, 넓다, 중앙이다, 가히 없다..등등 그중 한 개만을 선택한 '하나'님이라는 말은 우리 겨레의 '하늘' '하늘님' '하느님'과는 내포가 다르다.

유사하지만 다르다.
딱 엘로힘이다.
'흔'의 내포를 그대로 담고 있는 말은, 우리의 하느님이다. 숭고함까지.
'하나'님이라! 그런 의미에서 우리 겨레는 정말 창조적이고 정확한 겨레다. 대단하다.
하느님이라는 말을 빌려줘서, 유사 하느님인 엘로힘에 맞는 '하나님'이라는 말을 갖게 해줬으니. 그러니 하느님이라는 말을 찾아와도 이젠 괜찮다.
실컷 부르자. 우리의 하느님. 내 마음 속의 하느님.
'하나'를 높이지만, 그 정도는 양보하자. 예수도 사해동포요, 한 형제이니.

삼월 '삼짓'의 참 의미를 알게 하는 우리 력.
백중의 참 의미를 알게 하는 우리 력.
진리를 만나는 순간의 희열! 진리란 만나는 순간 명쾌해진다!

08
1월 1일과 세시풍속

1) 동지가 1월1일이다!

그럼 문제의 1월 1일은 무엇이 될까?
지금의 달력처럼 절기 없이 그저 1월1일인가?
입춘의 2월을 지나 날짜를 채우다 보면, 화들짝 놀랄 것이다.
1월1일은 바로 동지다!
아하! 해가 가장 짧은 날에서 시작해서, 해가 가장 긴 날이 달력의 정 중앙에 오고, 그리고 다시 해가 짧아지는..정말 해의 움직임이 그대로 느껴지는 력이구나! 감탄이 나오지 않을 수 없다.
'양력'임에도 절기와 전혀 상관없는 지금의 그레고리력과는 차원이 다르다!

5) 동지 팥죽 먹어야 진짜 한살 먹는다.

그렇구나! 그래서 동지팥죽을 먹어야 정말 한 살을 먹는다고 했고, 새해라 새

해의 자기 나이만큼, 새알을 만들어 팥죽을 먹은 거구나! 그래서 예전엔 새해 달력은 동지에 나눠줬었구나.

모든 것이 명쾌해지고 머릿속이 맑아진다. 참으로 대단하지 않은가!
자 그럼 우리가 알고 있는 진리의 조각들은 보자.

1) 우리가 쇠는 설은 작은 설이고, 큰 설은 정월 대보름이다.
2) 삼월 삼짓날은 강남갔던 제비가 돌아온다.
3) 우수에는 대동강물이 풀리고, 경칩에는 겨울잠 자던 개구리가 나온다.
4) 백중(7월15일)은 머슴 노는 날이다.
   백중은 1년의 정 가운데.
6) 단오에 나오는 풀은 다 먹어도 된다.
7) 제주도에선 한해의 마지막 달은 신이 한 해 일을 다 보고, 하늘로 올라가기 때문에, 무얼 해도 괜찮다.
   그래서 제주도 사람들은 지금도 1년의 마지막 달에 이사를 가느라 이삿짐센터의 성수기이다.
8) 애는 '열 달'만에 나온다.

단군마고력은 이 모두를 다 만족시킨다!
'동지섣달 긴긴밤을..'이란 노래는 음력으로 하면 대략 맞을 뿐이지만, 우리 고유력은 달이 아닌 해의 움직임이기에, 정말 딱 동짓달과 설이 있는 섣달, 섣달이 1년 중 움직일 수 없이 밤이 가장 긴 달이다.

단군마고력을 다시 훑어보시라. 참으로 놀라운 일이 벌어진다.

1월 동지
2월 입춘
3월 삼월 삼짓
4월 한식

5월 단오

6월 물맞이날 (유두)

7월 칠석, 백중

8월 초복, 중복

9월 말복, 9일(귀일)

10월 3일 개천절 (상달 상날), 모날

11월

12월

13월 설날, 대보름

매달 한 개씩 들어있는 잔치!

  10월까지 매달 기념하는 잔치일이 한 개 이상 있고, 11월, 12월은 쉬다가 서얼, 즉 사람의 달인 13월에 다시 잔치가 있다. (농사를 요일 맞춰 쉴 수는 없다. 그러나 한 달에 한번은 쉬어야 그 효율이 높을 것이다. 농사가 끝나고는 농한기로 쉬는 날이 많으니, 잔치날을 정해 쉬는 날을 따로 정할 필요가 없었을 것! 잔치란 교육과 효율이란 할아버지들의 지혜가 그대로 드러나는 일이다. 삶에 즐거움이 없다면 어떻게 효율을 높일 것인가?)

  10은 완성 수며, 추수 후에 하늘에 예를 올리는 가장 풍성한 달이고, 그래서 상달인 것이다.

  이 력을 만들며 세시풍속을 살펴보니, 우리 본래의 잔치날 했을 법한 오래된 것들이 있고, 나중에 생겨난 것들이 있는 것 같다.

  지금껏 살아남은 것은 나름 의미 있는 것들이니 잘 살펴보아야 하고, 책에 쓰여진 글도 중요하겠으나 구전으로 전해져 내려오는 민간의 말들 속에 진리의 파편이 있을 확률이 높다.

1월 동지에는 새알심 넣은 동지팥죽을 먹고,

2월 입춘에는 입춘대길을 써붙이고,

3월 삼신할매날이라는 삼월삼짓에는 장 담그고, 참꽃 진달래로 화전을 붙여먹고,
4월 한식에는 새 불씨로 갈며, 벌초에 성묘를 하고,
5월 단오에는 다리 밟기에 그네를 타고,
6월 유두에는 동쪽 흐르는 물에 물맞이 머리를 감고,
7월 칠석에는 칠성제를 지내고, 백중에 머슴을 놀리고,
8월 복에는 요즘도 닭을 먹으며 보양을 하고,
9월 귀일에는 귀신이 눈 감는 날이니 보이지 않는 세계와 관련된 일을 보며,
10월 개천제를 지내고, 모날에는 조상에게 성묘하며 제를 지낸다.

한가위는 어디 갔지?
8월이 양력으로 한창 더울 때네..어떻게 된 거지?

2) 한가위! 고구려의 추수잔치 '동맹'을 찾아내다

9) 부여의 영고, 고구려의 동맹 예의 무천..등등 동이족은, 몇 날 며칠이고 춤추고 노래하며 논다. (한漢족의 삼국지 위지 동이전)
10) 예전의 개천절은 하루만 한 게 아니고, 씨름도 하고, 말도 타고, 죄수도 풀어주며, 여러 날을 잔치하며 놀았다.

삼국지 위지 동이전을 쓰는 외국인이 알 만큼, 온 겨레가 잔치를 벌이던 '동맹'이, '무천'이, 도대체 갑자기 어디로 갔을까..어떻게 한순간에 없어질 수 있을까.. 어떻게 그럴 수 있지? 왜 그래야 했지?
그리고 아무리 생각해도 좀 이상했다. 일제가 그렇게 우리의 설날을 막으려고 애썼으나, 막지 못했다. 설을 못 지내게 했더니, 한밤중에 몰래 지낼망정 멈추지 않았다. 그게 우리 겨레다. 조상과 관련 있는 일은 포기하지 않는다. 그랬던 겨레가, 어떻게 강점을 당했을 때도 멈추지 않던 겨레가, 사대는 있었어도 강점 같은

일이 없었는데, 그 큰 잔치를 멈췄을까. 왜?

그리고 이 력을 만들며 그 풀 수 없던 의문이 풀렸다.

바로 저 9)번 10번)이 지금도 행해지고 있다!

어디? 그것의 지금 이름은 바로 '한가위'이다!

고유 해력의 10월은 음력 8월쯤이라, 양력인 고유력을 잃고 음력으로 잔치를 벌여야했던 우리는 고유력 10월에 해당하는 음력 8월에 한가위를 지내게 되었고, 그것은 고유력의 상달 상날부터 시작하여 몇날 며칠을 춤추고 놀았다는 그 동맹이고, 무천이다!

무슨 말이냐?

고유력의 10월 3일에 시작한 동맹 잔치는 언제까지 벌이냐? 바로 보름달이 뜨는 날까지, 씨름하고, 말 달리고, 활 쏘고, 죄수를 방면하고, 강강수월래를 하며 여러 날 잔치를 벌인 것이다.

그래서 해마다 그 잔치 기간은 달라지지만, 마지막 날은 어느 지역에서나 똑같이 볼 수 있는 하늘의 축하, 보름달이 뜨는 날이며, 폭죽도 불꽃놀이도 없던 시절부터 행하던 잔치기에, 동산에 올라 보름달을 보며 우주와 소통하는 소원을 비는 것으로 마무리를 한 것이다.

동맹이나 무천이라는 이름이 아니라, 바로 한가위라는 이름으로 어마어마한 교통대란을 감수하면서, 지금도 지내고 있는 것이다!

다만 사해의 동포와 성대하게 몇날 며칠을 지내던 잔치는 그 흔적만 남아 마지막 보름달이 뜨는 날 앞뒤로 잔치를 벌이고 있는 것이고.

진리의 발견은 얼마나 놀라운가.

모든 무명과 의문을 한순간 풀어지게 하니 말이다.

3) 고유력의 증발과 혼란

몇 가지 혼란스러운 세시풍속 내용을 접하게 됐는데, 아마도 고유력이 없어지면서 벌어진 일인 것 같다.

구월귀일 날 제비가 다시 강남을 간다는 글들이 있던데, 그건 음력의 9월9일을 가져옴으로써 생긴 말이다.

제비가 오는 것은 봄의 시작으로 농사와 깊은 상관이 있지만, 제비가 다시 간다는 것은 인간과 딱히 어떤 관계가 있을까?

우리 속담을 보라. 버릴 말이 토씨 한마디도 없다.

제비가 가서 어째야 한다는 걸까. 그 말은 책에서는 보나, 구전으로 들은 적이 없다.

그날의 세시풍속 내용도 제비가 가는 것과는 별 상관이 없다.

그것보다는 '귀'신이 눈감는 날이라는 말이 더 본래적인 말 같은데, 이유는 9월 9일을 굳이 발음이 더 어려운 구월'귀일'이라고 하고 있기 때문이고, 그것이 '액맥이'라는 노래로 남아있을 정도니, 그것은 제비와는 상관없는 일이요, 9월9일을 가리키는 가방끈 긴 '중양절'이라는 말과도 상관 먼 말이고, '귀신이 눈 감는다'는 구전과 상관 많은 날이다.

또 10월 모날이라는 말은 있으되, 그 날짜가 언제인지 찾느라 애를 먹었는데, 묘사(墓祀)라는 말에서 무슨 일이 벌어졌는지 가늠이 갔다.

발음이 어려운 묘날이 모날이 됐을 것인데, 10월 모날이 왜 생겼고, 왜 희미할까?

바로 고유력의 흔적이다.

누대로 10월 상달 상날부터 보름까지 지냈던 그 잔치, 지금의 한가위가 10월에 벌어졌기에, 그것에 해당하는 음력8월에 한가위를 지내지만, 본래 고유력의 상달인 10월에 치러져야 하는 것이기에, 모날의 형태로 다시 남아있는 것이다.

그러니까 고유력으로 자연스럽게 내려오던 우리의 잔치행사가 어느 이유로든 고유 해력을 쓰지 못하고 음력으로 바뀌어야 하는 상황이 벌어지자, 고유력에 해당하는 음력 8월과, 쓰고 있는 음력의 10월에도 그 흔적이 다 남아지는 일이 벌어진 것이다.

어느 시점일까.

삼국시대까지는 외국인이 알만큼 독자적으로 떠들썩하게 행해졌으니, 일제만큼이나 분서갱유가 벌어지며 문화적으로 침탈당했을 고려의 몽고침입 때일까.

아니면, 나라이름조차 명의 양해를 얻어 개국하고, 연호조차 사용하지 못하고, 고종에 와서야 연호를 쓴 이성계 조선의 사대 때문일까.

그런데 여기서 한 가지, 우리는 보통 11월을 동짓달, 12월을 섣달로 알고 있다.

정월이 1월이라고 한다.

음력으로 하면 11월에 동지가 있으니 당연하다고? 안다. 근데 왜 12월이 섣달인가?

그냥 마지막 달을 섣달이라고 한 거 아니냐고..?

이상했다.

력을 만들며 그 이유, 놀랍도록 잘 알아지게 되었다!

09
문헌에 의한 검증 I

1) 〈부도지〉의 사유십삼기 祀有十三期

우리에게 전해오는 진리의 일단들을 충족시키는 단군마고력.
그럼 문헌적인 검증은 어떨까?
학자가 아니라 그런지 나는 우리 고유력에 대한 얘기를 들은 적이 없다.
그저 막연히 저 동그란 물체에 '해'란 이름을 붙일 정도면, '해'의 력을 가졌을지도 모르겠다고 생각했고, 10월 3일 개천절을 음력으로 지내는 이들을 보면서 좀 의구심이 들었다.
어느 해는 음력 개천절에 흰 눈이 내리기도 하는데, 아무래도 햇곡식을 올리기에는 음력이 너무 늦다는 생각이 들어, 혹시 우리 원래 력은 양력이 아닐까 막연히 생각했었다.
도대체 어디서 우리 력을 만난단 말인가?
그러다 우연히 신라시대의 책을 보게 되었고, 한 장은 아무리 읽어도 알 수 없어 낙담했었다.

력에 대한 얘기 같았는데, 책 한쪽에서 어떻게 간단하게 몇 번하더니, 1년 365일과 4분의 1일이 뚝딱 생기고, 366일이 생기고, 거의 어마어마한 수 단위까지 출현했다.

바로 〈부도지〉라는 책이다.

어떤 사람들은 이 책이 무슨 옛날이야기 책인 줄 아는데, 아니다.

나는 이 책을 읽고 천동설이 지동설로 바뀌는 혼란과 해방, 환희를 느꼈다.

아, 그렇구나! 우리는 서양의 안경과, 일제의 안경을 인지하고 벗고자 노력하지만, 중국의 안경은 너무나 긴 세월 지속됐기에 인지하지 못하고 있으며, 인지하지 못하기에 벗을 수 없었구나! 아니, 어떻게 하면 더 깊게 젖어들 수 있을까, 지금도 무던히 애쓰고 있구나!

그리고 들도 보도 못한 새로운 세계관과 사유체계로 단숨에 내 인식의 틀을 사정없이 깨버렸다.

또 놀랍게도 거의 지금 수준의 지구공전에 대해, 간명하게 군더더기 없이 설명하고 있었다. 도대체 이이들은 분명 허블망원경도 없었을 것인데 어떻게 이 모든 것을 알았느냐 말이다! 어떻게!

어느 날 우리 겨레 수행법을 30년을 궁구했다는 분이 1년이 13개월이라는 말을 슬쩍 흘리셔서 그 말을 단초로 부도지에 13이란 말이 있었던 것 같아 〈부도지〉의 설명에 다시 도전했다.

참고로 〈부도지〉는 〈징심록〉이라는 15권으로 된 책의 1권으로 신라시대 박제상이 써서 그 집안에서 내려오던 책이며, 여차저차하여 1권만 번역되어 세상에 나왔다.

『대저 역이라는 것은 (大抵曆者)
　사람이 나서 증리하는 것의 그 근본이요 (人生證理之其本),
　고로 그 수는 몸소 있지 않은 것이 없다 (故 其數無不在躬).
　그러므로 역이 바른 즉 천리와 인사가 증합하여 복이 되고

(是故 曆正卽天理人事 證合而爲福)

역이 바르지 못한 즉 천수와 어그러져 괴리되어 화가 되나니

(曆不正卽乖離於天數而爲禍)

이는 복은 이치가 존립하는 데 있고 (此 福在於理存)

이치는 바르게 밝히는 데에 존립하기 때문이다 (理在於正證故也).

그러므로 역이 바르고 바르지 못함은 (故 曆之正與不正)

인간과 세상에 화와 복의 단초이니 (人世禍福之端)

가히 삼가지 않을 것인가 (可不愼哉)』

〈부도지〉는 력에 대해 엄청나게 중요하게 설파한다.

력이 그렇게 중요한 것인지.. 이상할 정도로.

단군의 부도에 거슬러 반역하여 나라를 일으킨 요에 대해 단군의 신하인 유호가 어마어마하게 논리적으로 요의 어리석음과 그로 인한 화에 대해 설명하는데, 그 대부분이 력에 대한 것이다. 요지는 요가 력을 만든 것은 이브가 선악과를 따먹은 것과 같이, 지소씨가 포도를 따먹은 '오미의 화'에 버금갈 만큼 인간의 두 번째 큰 화라는 것이다.

그리고 간명하게 그 력의 이치를 설명한다.

『천도가 돌고 돌아 종시가 있고

종시가 또 돌아 4단씩 겹쳐 나가 다시 종시가 있다.

..사에는 13기가 있고(祀有十三期), 1기에는 28일이 있으며 다시 4요로 나뉜다.

1요는 7일이고, 요가 끝나는 것을 복이라 한다.

1사는 52요복이니 364일이다.

이는 1,4,7의 성수요,

매 사의 시작에 대사의 단이 있으니,

단은 1과 같기 때문에 합하여 365일이 되고,..』

누구도 이렇게 간명한 력의 이치를 설명해주는 사람을 본적이 없는데, 정말 대단하다!

이것이 내가 설명 드린 력과 대략 유사하다는 것을 느낄 것이다. 낯선 단어들 때문에 좀 어려울 것이고.

나는 우리 겨레에게 내려오는 말을 지도 삼아, 절기를 새롭게 해석해가며 우리 고유력을 찾았는데, 1년 13개월이라는 어느 분 말의 단서를 〈부도지〉에서 다시 확인하고, 확신을 갖게 되었다.

사유십삼기 祀有十三期.

그래서 력을 찾았고, 력을 찾은 후에 혹 미진한 부분이 없나 확인했고, 그리고 다시 찾은 달을 새롭게 부르고 있는 걸 발견했다!

이렇게 원문을 적어가며 길게 설명하려는 것은, 우리 겨레의 지각, 내지 철학이 우리가 생각하는 것을 훨씬 넘어서기 때문이다.

2) '끄트' '머리' 달, '종시'와 설

종시!
이 놀라운 사유!
마침과 시작.
시작 다음에 마칠 수는 없다!
시작 다음엔 과정이 있고, 마지막에 가서 마칠 수 있다.
그러나 마침 다음엔 바로 시작이다!
13월이다!
마침인 동시에 시작인 달!
열세 번째 달에 대해 근원적이고 본질적으로 부르고 있는 이 '종시'라는 개념!

신이 하늘로 갔기에 28일이든, 29일이든, 30일이든 상관이 없는 달.

연말연시라는 말은 연말과 연시로 나뉘지만, 종시는 동시다.

나뉘는 게 아니다.

현대의 우리를 보자. 연말연시를 보내느라 실은 거의 한달 정도를 송년회에 시무식에 어수선하다. 그것도 최소 두 달에 걸친 1개월.

어수선 하기만하지 딱히 뭘를 기념하기엔 또 어줍다.

력이 어수선하기 때문이다.

그러나 종시란, 동시이기 때문에 즉 '종'이며 '시'이기 때문에 마침 달이면서 시작 달이고, 그래서 아예 한 달 정도를 특별한 달, 종시로 구분 지었다. 얼마나 실용적이며, 우주 본질적이고, 철학적인가!

그럼 종시에 해당하는 우리말은 무얼까?

우리가 늘 쓰고 있는 말, 바로 '끄트머리'다!

마침의 끝이 나온 끝웃(웃,웃, 잇, ㅅ..은 그것이 되어져 나오는 것이다)과 처음의 머리, 끝웃머리, 끝틋머리, 끄트머리! 즉 '끄트' '머리' 달의 표의자식 표현이 '종' '시' 달이다!

끝인 동시에 머리인 달!

13월은 1년의 끝인 달이 아니고, 끝이며 머리인 달, 끄트'머리'인 달이다!

여기서 우리는 원과 직선의 차이를 유념해야한다.

공전이라는 시간은 원으로 움직이는데, 그것을 표현한 달력은 마치 직선이다.

팔찌를 생각하라.

시간은 사실 팔찌처럼 끊어지지 않고 계속 이어지며, 열두 달이 지나가면, 열세 번째에 '종시'달이 있고, 연이어 1월, 2월...이어지는데, 우리의 달력은 그렇게 원으로 되어지지 않고, 마치 끊어진 선분처럼 종시가 전 해든, 다음 해로든 놓여져야 한다.

'종'을 중시하여 전 해로 놓을 것인가, '시'를 중시하여 다음 해로 여길 것인가?

여기서 우리는 후자를 택하며, 그래서 13번째 월이 되지 않고, 종시가 되어 새해의 첫 달이 되면서, 또 1월은 아니기에 신이 눈감는 마지막 달이 되는 것이다.

그리고 그 첫 번째 날에 '단'을 둔다고 하니, 날짜가 29일인 종시달은 날짜가 단(旦), 즉 설,1,2...28일이 되어 28일까지가 된다.

그러면 우리가 2016년의 13월로 만든 달은 종시가 되어, '해'로는 2017이 되면서 이렇게 된다.

달력3 / 달력1-1

(2017년) 2016년	(4350년) 4349년 (단군기원)	(5915년) 5914년 (환웅기원)

13월

설(단,旦) 소설 11.22	1일 11.23	2일 11.24	3일 11.25	4일 11.26	5일 11.27	6일 11.28
7일 11.29	8일 11.30	9일 12.1	10일 12.2	11일 12.3	12일 12.4	13일 12.5
14일 12.6	...	28일 12.20				

우리 고유력은 이렇게 해서 모든 달이 28일이 된다!
1년 내내 한 달의 날짜 수가 같은 달력!
열 달 만에 아이를 낳는 달력!
신이 세상을 창조하고 하루를 쉬었다는 일요일이 7, 14, 21, 28일이면 1년 내내 7,14, 21, 28일이 일요일인 놀라운 달력!(한 달을 빼고)
보라!

설날이 얼마나 특별한 날인지, 눈에 확연히 드러나는 달력!

누가 감히 날짜 사이에 날짜가 아닌 개념 '설'(단, 트)을 날짜로 넣을 생각을 할 수 있을까?

이렇게 창의적인 생각을 해낸 겨레가 어디 있을까?

이미 최소 반만년 전에.

아마 이 글을 읽은 당신은 아하! 하며 금방 흉내 낼 수 있을 것이다.

그러나 없는 데서 나는 게 어렵지, 있는 데서 바꾸는 건 쉽다.

설을 날짜로 넣은 것은 〈부도지〉의 덕분이고, 참으로 사유의 틀, 인간 인식의 틀을 여지없이 깨주시는 우리 위대한 할아버지들께 감사드릴 뿐이다.

소설小雪이 작은 설, 즉 설날의 음차라는 걸 알았을 때의 그 놀라움과 환희를 사람들은 모를 것이다. 그리고 겁도 없이 설을 왜 마지막 달인 13월에 놓았는지!

아 설이 있어 설달, 섣달이구나! 설달, 섣달이라는 말이 그 말이었구나! 그리고 설이 있는 달, 섣달을 우리가 12월 즉 '마지막 달'로 인식하고 있다는 그것에 착안하여, 마지막 달의 처음으로 놓았고, 그리고 저 놀라운 고유력을 거짓말처럼 찾았다!

세상에 하지가 1년의 정중앙이구나! 그래서 백중이구나! 그래서 7월 15일인 거구나! 어떻게 이렇게 정중앙에 오도록 만드셨지! 아하, 이래서 삼월 삼짓이구나! 세 번째 달에, 세 번째 주에, 세 번째 날! 그래서 늘 양력의 3월3일을 보면, 왠지 저게 늘 삼월삼짓처럼 느껴졌었구나! 그리고 동지가 1월의 처음으로 놓여지는 달력!

세상에, 해가 이렇게 한해를 사는구나!

가장 짧은 데서 시작해, 가장 긴 하지, 백중을 정점으로 다시 짧아지는 달력!

그리고 그렇게 해서 찾은 소설小雪, 작은 설, 설날이 단지 명절이 아니라 달력의 날짜가 되는 것이다!

건너뛸 수도, 잊을 수도 없는, 움직일 수 없는 달력의 날짜로!

한漢족은 11월인 동짓달부터 해서 11월 자월, 12월 축월, 1월 인월... 그런 식으로 붙인다고 한다.

그런데, 우리나라 사람 누구도 자월 인월..하지 않고, 3월에 낳은 애는 삼월이, 4월에 낳은 애는 사월이, 10월에 낳은 애는 시월이..한다.

아마 사극을 봐서 익숙할 거다.

자월, 인월.. 낯설다. 소위 가방 끈 긴 학자 운운이 아니라면. 그렇지 않은가? 지금도 어느 아파트에서 누군가는 강아지 이름을 삼월이로 짓고 있을지도 모른다.

물론 정월이도 있다.

일월이, 이월이, 칠월이, 팔월이..는 잘 없다. 발음이 안 좋으니까.

그런데 13월이라는 것이 낯설다.

동지가 있으니 동짓달, 설날이 있으니 설달, 섣달이라고 했다.

그러면 '월'로는 뭐라고 했을까.

그냥 13월? 아니다. 그랬다면, 1년의 달 숫자가 13개월도 가능하다는 것에 그렇게 큰 저항감이 들었겠는가?

십이라는 '수'도 완성수요, 십이도 어느 측면에서 완성수인데, 십 삼월이라는 말은 그렇지 않다. 마무리하는 '수'가 아니다. 시작하는 '수'일 수는 있지만.

그렇다면..혹시?

그렇다. 바로 우리에게 익숙한 정월이다!

바를 정(正)자 정월! 정월이, 그 정월!

정(正)자의 의미는 바르다는 '뜻'을 썼을까, '정'이라는 음을 썼을까.

바른 달?

정한 달?

바르게 지내야 하는 달?

정하게 지내야 하는 달?

이렇게 보니, 광의의 의미가 정한 달이다. 정한 물. 정한수. 정한 달.

'정하다'라는 말속에는 바르다가 있지만, 바르다 속에는 여러 의미의 '정하다'

가 들어가기 어렵다.

설. '서 얼'인 인간이 설설 조심조심 근신해서 "정하게(깨끗하게) 보내야 하는 달". 정한 달. "정"'월'!

인간의 달이라고 해서 방탕한 의미의 해방의 달이 아니고,

인간존엄을 신과 같이 봤기에 그에 준할 만큼, 그에 합당한 책임과 자세와 행동이 따르는 게다. 그렇게 보내야 하는 달.

타율이 아닌 내면의 존엄에 의해!

이렇게 해서 정한 달, 정월이 드디어 자기 본래의 모습으로 탄생했다.

❋ 달력4 / 달력1-2

(2017년) 2016년		(4350년) 4349년 (단군기원)				(5915년) 5914년 (환웅기원)	
			정한 달(정월 正月)				
설(단,旦) 소설 11.22	1일 11.23	2일 11.24	3일 11.25	4일 11.26	5일 11.27	6일 11.28	
7일 11.29	…	28일 12.20					

이렇게 해서 모든 것이 온전해졌다.

동짓달에서 시작해서 섣달에 마치는 '동지섣달 긴긴 밤'이 되었고, 첫달인 정월부터 시작하여 12월까지인 달력이.

우리가 섣달은 12월로, 정월은 1월로 알았던 그 모든 것의 실체가 온전히 밝혀졌다!

왜 이런 일이 생겼을까.

『매 사의 시작에 대사의 단(旦)이 있으니, 단은 1일과 같기 때문에..』

날짜가 큰 달이 매년 시작에 있고, 그 처음에 설(단,旦)이 있고, 그 길이는 하루라는 것이다.

그러므로 4년에 한번 366일 되는 해는 신이 눈감는 인간의 달, 서 얼의 달, 설이 있는 '설달'인 정월이 29일까지가 되는 것이다.

마침시작(종시)달인 '끄트''머리' 달, 설달, 섯달, 섣달이 29일로.

단(旦)이라는 표의자는 그 모습에서 벌써 해다.

동짓달로 시작해 설달, 섣달까지, 그리고 노래처럼 가장 밤이 긴, 동지섣달이 되는 것이다.

그리고 돌고 도는 종시가 달력 맨 뒤가 아니라, 맨 앞에 놓이는 순간,

섣달이 동짓달 앞에 와 있는 듯이 보이지만,

'동지섣달'이지 '섣달동지'는 아닌 것이다!

즉 시작 달은 동짓달이다.

모르는 사람이 달력을 보면 마치 섣달, 정월에서 시작해서 12월로 끝나는 듯이 보이지만, 1년은 '섣달십이월'이 아니라, "동지섣달"이다!

매 해는 동짓달에서 시작해서 섣달로 끝나는 것이다.

우리말이 이렇게 무섭다.

무심코 하는 우리 말 안에 보물이 들어있다!

그리고 여기서 역사의 일단이 느껴지며, 력이 어그러져서 생긴 그 흔적을 보게 된다.

즉 종시라는 개념이 있는 저 고유력이 없어지며, 벌어진 언어의 혼란!

1월이 정월이 되고, 12월이 섣달이 되는.

그것은 국가권력이 사대로 인해 달력을 못 지키니, 달력은 없어졌으나, 그 이름은 남은 거다. 달마다 하던 잔치 또한 그 의미와 이름은 없어지고, 그저 세시풍속으로 남게 되었고.

종시달인 섣달, 섣달, 정한 달, 정월..이 다 같은 달인데, 섣달, 섣달은 마지막 달인 음력 12월로, 정한 달 정월은 첫 달인 음력 1월을 대신하는 달로 환치되었다.

마침시작 달(종시), 'ㄲㅌ' '머리' 달이 없어지며!

'종'의 개념은 섣달 12월로, '시'의 개념은 정월 1월로 그럴 듯하게 말이 옮겨갔지만, 설이 없는 12월과 섣달이 맺어져 섣달의 본 뜻을 모르게 되었고, 신과 대등한 '서서 다니는 얼' 인간이 '정'하고 바르게 지내야하는 그 달이 없어지므로 1월의 '정'월은 그 말의 의미를 모른 채, 관용적으로만 내려와 그저 첫 달이니까 '바르게 지내라는 거다' 정도의 교육적 내용으로 된 것이다.

그리고 저렇게 파편화 되어 최소 천년 넘게 계속 내려왔다.

보라, 설이 있는 달, 설달 섯달, 섣달이 되니, 그 의미가 금방 되살아나지 않는가?

이 모든 것을 찾고 알아지기까지는 늘 궁구한 긴 시간이 있었지만, 집중적으로는 3년여의 시간이 걸렸다. 가장 우주운행에 맞던 력을 잃어버리고 아직도 3천년에 하루가 틀리는 력이란 걸 알면서도 그 그레고리력을 그대로 쓰며 어쩌지 못하는 인류에게, 3년이란 시간은 결코 긴 시간이 아니다. 아니 찰나처럼 짧은 시간이겠지.

맞는 옷을 찾아주자.

그럼 금방 세상을 살릴 보검으로 살아난다. 인류가 잃어버린 보검.

3) 음력의 국적

진리는 잘 통해서 하나의 진리는 또 다른 진리에 도달하게 한다.

한(漢)족은 자, 축, 인,..을 왜 1월부터 붙이지 않고 11월 달부터 붙였는가 말이다.

어디가 문화의 진원지이며, 어떻게 과학과 문명이 흘러갔는가가 저 현상에도 오롯이 남아있다!

바로 음력11월 달이 동지이기 때문인데, 현재 기록상으로 보면 한漢족은 기원전에 동지를 알았다고 한다.

그럼 음력 동짓달을 아예 '1월'로 해서 자월, 축월, 인월..하면 될 걸.

그들이 단군에 반역하여 나라를 세울 수는 있어도, 력법과 같은 문화의 정수를 알기는 쉽지 않다.

우리 력법을 잊어버린 우리 겨레도 조선조에 력 계산방법을 배워 오느라, 안 가르쳐주는 대륙에 가서 뒷돈까지 써가며 알아왔을 정도니까.

이제 우리 고유력을 알았으니, 그 이유를 쉽게 알 수 있을 것이다.

바로 동지가 있는 그들의 음력11월이 우리 고유력의 1월이기 때문이다!

그 달이 간지로는 첫 달인 동짓달인 '자'달인 것이고, 축, 인… 이렇게 나가는 것이다.

즉 그건 그냥 우리 고유력으로 하면 동지가 있는 해력(양력) 1월부터 맞춰 자, 축, 인..그렇게 1월부터 잘 맞춰서 제대로 나가고 있는 거다. 음력 11월부터 맞춘 것이 아니고 해력(양력) 1월부터.

1년은 해를 관측하기 이전부터 '달'로는 열두 달이니 12간지만 있으면 됐고.

즉 사해 겨레의 공도였던 부도의 1월, 단군의 1월이 동짓달인 것이고, 거기부터 지지를 붙인 것이다!

여기서 달을 기준한 력, 음력 또한 우리 겨레가 만들었구나 하는 그 추론이 참이 된다.

상식적으로 볼 때, 해를 인식하기 전에 달을 인식했을 테니.

그리고 12개의 동물을 써서 달을 먼저 세고 있었을 것이고, 나중에 발견한 해의 원리를 13개의 월로 나눠, 지지의 처음부터 대입했을 테니, 동지가 있는 첫 달이 지지의 처음이 된 것이다.

즉 단군까지 사용하던 '해 력', 양력인 우리 겨레 고유력의 1월, 동지가 있는 1월이 지지의 처음으로 잘 맞춰져 있는 것이고, 그 흔적으로, 음력으로 동지가 있는 동짓달이 현재 쥐 달로 잘 맞춰져 있는 것이다.

즉 음력의 국적은 단군조선이요, 우리 겨레의 것이다!

그러니 쥐달, 소달..한 것은 우리 겨레 부도의 것이다.

그런데 여기서 잠깐 따져볼 일이 있다.

현재 우리가 쓰고 있는 서양력의 날짜가, 어느 왕이 자기가 태어날 달을 크게 하느라고 8월을 큰달로 바꿔서 8월이 31일까지로 되었단다. 대단한 의미가 있어서가 아니라. 우주 운행과는 별 상관도 없이.

한漢족의 어느 왕은 자기가 태어난 달을 기념하여, 기존의 력을 바꿔서 그 달부터 1월로 시작하라고 했을 지도 모를 일이다. 예를 들어, 요가 음력으로 3월에 태어났고, 자기가 태어난 3월을 1월로 바꾸는 일이 벌어졌을 수 있다. 그러느라 동짓달이 음력1월에서 음력11월로 됐는지도.

력이 단순히 왕이라고 마음대로 바꿔도 되는 날짜만이 아니요,

'하늘의 수, 천수天數'라는 건 우리겨레가 아는 것이요, 또 력이 하늘을 대신하는 천자의 중요한 것임을 아는 것도 부도이니, 부도에서 배워 그것을 알고 있던 요가, 부도에 반역하여 왕이 된 뒤에, 부도의 력과 자기들의 력을 다르도록 고칠 수 있다. 왕이므로 자기의 력을 내야겠기에. (해를 숭상한 우리 겨레는 돼지인 '해'亥가 지지의 처음이라는 분도 있다. 그러니까, 해,자,축, 인.. 이런 의견이 있다. 윷에서도 돼지가 먼저다. 궁구할 일이다)

그래서 그렇게 유호가 걱정했을까? 우주운행이 아니라, 왕이라고 력을 맘대로 바꾸기에.

그렇다고 해도 진리를 이길 방법은 없을 테니, 단군의 조선이 있는 동안은 진리의 력으로 환원되었으리라 마는.

그러니까, 그게 요든, 그 후대든, 그들은 그 정도를 바꿀 수는 있어도, 단군이 지켜온 부도의 력 체계는 '우주 운영체계'라 지우고 싶어도 달리 방법이 없는 것이다!

배울 수는 있어도, 그것을 만들 수는 없었으니.

단군의 부도에서 배워왔으되, 그걸 모든 것에서 지우고, 또는 몰라서 마치 자기들 것인 냥 하되, 왜 동지달부터 지지의 처음을 다는지(동지달이 부도의 첫달이다) 모르는 것이다.

부도의 력은 끊어졌지만, 잊혀지고 잃어버렸지만, 그 외에 대체할 력법이란 실은 없기 때문에, 쓰던 대로 그대로 쓰고 있는 것이다.

『이때에 도요가 천산의 남쪽에서 일어났는데, 1차로 성을 나간 사람들의 후예였다. 일찍이 제시의 모임에 왕래하고, 서보의 간에게서 도를 배웠으나 원래 수에 부지런하지 못하였다. 스스로 9중5수의 이치를 잘 알지 못하고..
是時에 陶堯이 起於天山之南하니 一次出城族之裔也 曾來往於祭市之會 聞道於 西堡之干 然 素不勤數 自誤九數五中之理..』

요임금의 대해 이렇게 자세한 설명을 들어본 적이 없다.
그의 출생, 공부한 곳, 공부한 상태.
소불근수, 수에 부지런하지 못했다.. 별로 공부를 잘 하지 못했다는 걸 테고.
한(漢)족이 자기들의 시조격인 요임금에 대해 '요순시대' 운운하며 마치 통치의 이상향인 듯 이야기하는 것 이외에 한(漢)족이 요와 순에 대해 무엇을 이야기 하는가?
요와 순에 대한 자료가 없는 것이다. 아직 문화가 형성되지 않았기에.
그것에 대한 정보가 여기에 있다는 것은, 어느 곳이 문화가 깊은가 보여주는 방증이다.
그리고 그들의 고서에도 나오는 소부와 허유가 왜 요를 거절하는지 그 이유도 정확히 나와 있는 걸 한(漢)족의 책에선 들은 적이 없다. 그들은 부도 자체를 모르기에.
그들이 문화의 생산자고 문명의 생산자라면, 그 력법을 왜 몰랐겠는가? 능히 진리 값을 구했으므로 만들 수 있었겠지만, 진리 값을 모르기에 만들 수 없었던 것이다.

시간이 흘러 단군의 부도에서 멀어진 그들은 '착하게 살라'는 말과 가르침으로부터 자유로워졌겠지만, 진리의 보유자, 문명의 생산자가 아니기 때문에 참된 력을 만들 수 없었다.

　그리고 수천 년 전 요의 시대에 이미 단군이 걱정한 것처럼, 그 유사 진리의 폐해는 날로 깊어져 물리적 힘 앞에 사대로 나간 평화의 우리 겨레마저 어둡게 했고, 결국 우리 겨레가 수차례의 분서갱유와 도적질을 당해 그 력법은 끊어졌다.

　그리고 저들은 아주 여러 차례 계속 력을 만들지만, 그닥 효용이 높지 않았다. 여러 차례 만든 것 자체가 유용하지 않았기 때문이고, 그것은 진리가 아니기 때문이다.

　그러나 우리 고유의 력을 보라!

　바로, 수 천 년이 지난 뒤 이렇게 만났어도 어디 하나 흠 잡을 데 없이 저 해와 지구와 달과 딱 맞는다!

　현대의 인류도 해결 못했으나, 3000년이 지나도 1일이 문제없도록 하는 력을 이미 반만 년 전에 안 겨레가 어떻게 다른 걸 몰랐겠는가?

　지금 누가 달력을 만들어도 저것보다 더 좋은 달력을 만들 수 없다!

　왜?

　진리 값에 근거하여 진리의 지혜로 만든 력이기 때문이다.

　우주 이치에 딱 맞고, 절기에 딱 맞고, 간단명료하다.

10
문헌에 의한 검증 Ⅱ
-우주운행을 중심으로-

력법을 이렇게 설명했을 때,

소설에서 동지까지 역산하면, 혹시 다른 해는 동지가 1월 처음에 안 맞으면 어떡하지? 동지가 전 해의 말일쯤으로 넘어가거나.. 1월 2일까지는 봐줘도.. 1월 3,4일 쯤이 동지일 수도 있지 않을까? 그럼 어떻게 되지..?

1900-2100년까지 한국천문대 한국천문연구원에서 펴낸 만세력을 구해서 봤다. 결론부터 말하면, 놀랍게도 그런 일은 없다!

변수는 세 가지다. 소설은 서양력 11월 21, 22, 23일이다.
동지는 서양력 12월 21, 22, 23일이다.
그리고 또 하나의 변수는 2월의 날짜 수가 28일과 29일인 것.
그러니 문제 확률의 최대치는 3×3×2=18가지의 경우의 수가 있다.

1) 소설이 11.21일 경우-
   동지가   12.21-   2월   28일 ①
                              29일 ②
              12.22-   28일 ③
                              29일 ④
              12.23-   28일 ⑤
                              29일 ⑥   ①~⑥

2) 소설이 11.22인 경우-
   동지가   12.21-   2월   28일 ⑦
                              29일 ⑧
              12.22-   28일 ⑨
                              29일 ⑩
              12.23-   28일 ⑪
                              29일 ⑫   ⑦~⑫

3) 소설이 11.23인 경우-
   동지가   12.21-   2월   28일 ⑬
                              29일 ⑭
              12.22-   28일 ⑮
                              29일 ⑯
              12.23-   28일 ⑰
                              29일 ⑱   ⑬~⑱

2백 년 간을 조사하니,
소설이 21일 경우에, 동지가 23일인 경우는 없었다.
소설 23일인 경우에, 동지가 21일인 경우도 없었다.

그러니 실제로는 ⑤,⑥,⑬,⑭인 경우는 없다.

동지는 12월 21, 22일이 대부분이라 보통 동지는 1월 첫날에 딱 맞거나, 하루 빈 두 번째가 동지였는데,

②,⑦,⑩,⑪,⑮,⑱은 1월 첫날이고,

①,④,⑨,⑫,⑰은 하루 빈 두 번째 날이다.

문제가 될 수 있는 경우의 수는 ③,⑧,⑯으로,

③은 동지가 1월 3일이 될 수 있는 경우의 수이고, ⑧,⑯은 12월로 넘어갈 수 있는 경우의 수인데, 이는 없다!

그 만세력 200년 후에는 혹시 있지 않겠냐고?

없다!

어떻게 장담하냐고?

천문에 태양이 지나가는 길을 황도라고 하고, 황도는 춘분을 0으로 해서 15도씩 절기이름이 붙는데, 누계일은 동지를 0으로 해서 절기마다 14~16일 정도가 늘어나서 소설은 대략 누계일이 335일로,

동짓달부터 12개월, 단군마고력 28일×12달=336안에 있다.

⑤,⑥,⑬,⑭가 실제 없는 이유는 200년을 검토하다가 어떤 법칙을 발견했는데, 소설이

1) ~1919년까지 : 11월 23일

2) 1920~2015년: 11월 23일이거나 22일   (95년)

3) 2016~2051년: 11월 22일   (35년)

4) 2052년이후~ : 11월 22일이거나 21일

이었다. 난 천문학자가 아닌 관계로 매해의 날짜는 정확히 모르지만,

즉 소설 날짜가

23일이었다가,

23,22일이 섞이다가,

22일이었다가,

22, 21일이 섞이다가..인 것이다. 그러면 그 다음은 22, 21일이 섞이다,

21일이다가,

21, 22일이 섞이다가,

22일이었다가,

22, 23일이 섞이다가,

23일...

이런 식으로 바뀔 것이며 그래서 ⑤, ⑥, ⑬, ⑭이 없다.

또 ③, ⑧, ⑯은 소설과 동지가 연동 된 것이기 때문에 그런 경우의 수는 없다. 무슨 말이냐 하면, 이 표로 보면

그레고리 력			-> 고유력 동지의 위치	
소설	동지	2월		
11.21	12.21	28	하루 빈 1.2	2085년
		29	딱 맞는 1.1	
	22	28	*③	
		29	하루 빈 1.2	2052년
	23	28	존재하지 않음	
		29	존재하지 않음	
22	21	28	딱 맞는 1.1	
		29	**⑧	
	22	28	하루 빈 1.2	
		29	딱 맞는 1.1	
	23	28	딱 맞는 1.1	
		29	하루 빈 1.2	1956년
23	21	28	존재하지 않음	
		29	존재하지 않음	
	22	28	딱 맞는 1.1	
		29	***⑯	
	23	28	하루 빈 1.2	
		29	딱 맞는 1.1	

*③의 경우 2월 날짜가 29일인 경우만 동지가 22일이 되기 때문에 28일이면서 22일인 경우는 없다는 거다.

**⑧의 경우에도 2월 날짜가 29일 되기 때문에 동지가 21일에서 22로 된 것으로, 28이면서 21인 경우는 없다는 거다.

***⑯ 경우 2월 날짜가 29일의 동지는 모두 23일로, 2월 날짜가 29일 되어서 동지 날짜가 22일에서 하루 늘어난 23일이 된 것으로, 29일이면서 22일인 경우는 없다는 거다.

즉 'A를 뺀 나머지를 B라고 한다'고 정의했을 때, B에서는 아무리 A를 찾아도 없다.

그리고 참고로,

2) 1920~2015년: 11월 23일이거나 22일   (95년)
3) 2016~2051년: 11월 22일   (35년)

2)와 3)이 계산상으로가 아니라 구체적인 '실제'로서 130년이고,
지구가 해를 돌 듯, 지구를 거느린 해를 따라 지구가 다시 2016년의 그 지구자리로 오는데 계산상으로는 130×4=520년이 걸린다.
이렇게 해서, 이 력법이 혹 가질 수 있는 오류 부분에 대해서는 만세력으로 문제가 없음을 검증하였다.

11
검증과정에서 알게 된 것들

1) 연호와 시, 세종! 조선을 독립시키다

　진덕여왕이 독자적인 연호를 버리고 당의 연호를 썼다는 것은 많은 상징을 내포한다. 그때 력이 바뀌었는지도.
　북이 광복 70주년을 기념해 표준시의 자주성을 이유로 기존 시각에서 30분을 늦추었는데, 그것을 두고 우리가 마치 큰 일 난 것처럼 보도하는 걸 보면, 우리가 일제와 상관없이 70년을 살아도 시의 자주성이란, 심리적으로 어려운 일인가 보다.
　시의 독립이란 실은 세종대왕 때 일어났던 일임에도!
　진덕여왕이 소위 통일 이전부터 당의 연호를 쓰며, 사대를 했다니, 아마 그때까지 내려오던 달력이 있다면, 그것도 당의 력으로 바꾸는 일이 벌어졌을 것이다.
　연호를 따로 쓰지 않은 이성계의 조선이야 그렇다고 쳐도, 발해의 유민까지 받아들여 통일을 한 왕건의 고려는 만주를 호령하던 고려(보통 고구려라 불리는)를 정신적으로 이은 것이니, 어느 측면에서 삼국의 진정한 통일이란 측면이 있고,

연호도 썼기에, 혹시..하고 기대를 했으나, 연호를 얼마 안 가서 안 썼다고 하니, 생각처럼 대륙으로부터 완전한 독립이 아닌지도 모르겠다는 생각이 들었다.

그리고 씁쓸했다.
그러니 력도 못 썼겠지..싶고.
아마도 여러 영웅들의 난립 속에 신라의 법통을 승계했다는 것으로도 국가의 정통성을 확보하려고 했던 왕건은, 통일 후 국내의 기반을 다지기 위해 대륙과의 안정을 원했을 것이고, 자주성, 독자성보다는 또다시 잠시 연호나 달력 등을 양보하고 실익을 얻자는 실용주의로 기울었을 것이다.
현실적 무력 앞에서의 명분이란 얼마나 허망한가?
단지 과거의 일일까?
우리 시대에도 이라크 파병을 놓고 그런 일이 벌어졌다. 우린 왜 미국이 싸우는 월남전에 군대를 보냈으며, 미국이 싸우는 이라크에 파병을 해야 했을까? 왜 미국과 일본과 함께 국방부가 거짓말까지 해가며 군사훈련을 해야 할까. 우리 국방부가 원해서?

....
그러니 과거의 우리 조상들이 사대를 했다고 '사대' 운운하며 마치 비겁하다는 식의 생각을 하지 마라. 오백 년 쯤 지난 뒤에 후손들이 나와 당신, 우리 시대를 어떻게 평가할 것 같은가? 우린 그걸 두려워하길.
그게 우리 몫이다. 그게 나와 당신이 책임질 몫이다.
서슬 퍼런 독립군들이 만주로부터 들어왔던 광복 직후에는 썼던 독자적 연호 '단기'(단군조선 건국 기원의 준말)를 박정희대통령이 없애버렸고, 그리고 여지껏이다.
물론 우리는 광복 후 신탁, 반탁으로 온 국토가 내내 시끄러웠고, 양 정부가 세워지자마자 어찌 보면 삼년이나 길게 전쟁을 했으며, 정전협정 후 채 8개월이 안 되어 그 전쟁의 폐허 속에서도 표준 자오선을 127°31'으로 옮기며(1954.3.21.) 일제로부터 광복된 독립국임을 선언했다. 즉 지금 북처럼 동경시에서 우리시로 바꾸고 독립을 했다는 거다!
　물론 박정희대통령이 없앴다.
　왜 우리가 독도라는 이름을 다께시마로 바꾸면 안 되는지 모른다는 말인가?
　바꿔서, 일본이 우리나라 시각을 쓰면 어떨까?
　일본인들은 가만 있을까?
　그럼 왜 우린 가만있어야 하는 걸까?
　..............
　1987년쯤 썸머타임제를 한다고, 1년 안에서 한 시각을 당겼다, 늦췄다 했어도 아무 문제없었다. 그런데 우리가 다 같이 우리역사상 단 한번 '세종대왕의 시각'으로 시계를 늦추거나, 당긴다고 해서 무슨 혼란이 올까?
　올까?
　그럼 왜 안 하는 거지?
　........................
　우리가 단기를 먼저 쓰는 순간, 중국의 동북공정과 일본의 독도침탈은 무력화된다. 그러니 조금 불편해도 이글을 읽는 분들은 국가에 청원하지 마시고 그냥 단기를 먼저 쓰시길.
　(청원해도 국회의원들의 내부 규정인지에 의해 검토하지 않고 넘길 수 있게 되어 있다. 단기에 대한 백만 서명은 이미 국회에 올렸으나)
　간단하다. 그 백 만 명이 그냥 일상생활에서 단기를 쓰는 거다.
　2016년은 단기4349년이다. 단기4349년(2016)!
　좀 더 많은 사람이 쓰면,

　　4349년(2016) 1월 16일

　이라고 써도 단기인지 다 알겠지. 1년 후인 4350년(2017)에나, 4351년(2018)에는..
　괄호()포함해서 7자를 더 써서 우리가 걱정하는 동북공정도 독도침탈도 간단하게 바른 길로 가게 할 수 있다면 얼마나 좋은가?

이렇게 백 만 명이 생활 속에서 쓰면, 그냥 단기는 써지는 거다. 백 만 명이 열 명에게만 전해도 천만 명인데, 뭘 걱정하는가! 국회의원들 바쁘다. 그냥 우리가 써서, 우리의 자주성을 세계인과 함께 하자.

어느 외국인이 단기가 뭐냐고 물으면, 우리 겨레의 반만년 역사를 이야기해주자. 얼마나 신나는가. 그 외국인은 또 얼마나 경외로운가?

예전에 김 대중대통령께서 2002년 월드컵에서 우리나라가 4강에 들자 '단군이래..' 최대 경사라는 뜻으로 말했더니, 외신들이 난리가 났단다. 단군이 누구냐고. 그런 거다.

돌아보면, 국민이 정치 걱정하지, 정치가 국민 걱정 하던가. 쓰자.

독립했다지만, 독립한지 70년이 넘었다지만, 실제로 우리는 우리 연호도, 시각도 아직 쓰고 있지 못하다. 세종 때 이미 쓰던 시각을. 전쟁의 폐허 속에서도 쓰던 시각을.

누구는 한자에 갇혀 한양에 살겠지만, 백성은 서울에 살자.

광개토대왕 때는 당연히 쓰던 연호가 그러저러 하게 쓰다 못 쓰다가를 겪다가, 청이 무너지자 고종께서 고종33년에 건양이라는 연호를, 34년에 광무라는 연호를 썼고, 순종은 융희라는 연호를 썼으며, 융희4년에 경술국치로 나라를 빼앗기며 연호가 일본의 소화로 바뀌게 되었다.

작년 일본에 갔을 때, 소화(昭和)란 연호가 여전히 있는 걸 보고 기분이 별로 좋지 않았다. 조선강탈을 공공연하게 '어쩔래?' 하는 신사참배의 속살을 보는 것 같아서.

조선강탈의 상징 '소화'가 1989년까지 이어졌고, 그리고 지금의 일본 연호는 평성(平成.헤이세이)이란다. 북은 '주체'와 서기를 같이 쓰고.

시각은 우리가 북보다 한발 늦었으니, 민족적 연호를 써서 갚음하자.

연호란 정체성이고 자주성이며, 그 자주성들이 모여 사이좋게 지낼 때 전 세계에 평화가 오는 것이지, 힘에 의한 지배란 온전한 평화가 아니다.

서로 간의 존중. 독립성의 존중. 지배가 아닌 존중과 어우러짐.

그것이 단군이 2천년 이상 세계를 융화하게 했던 이유다.

노자가 '큰 도가 사라지니 작은 도들이 생겼다'고 했는데, 그게 뭔지 몰랐다. 그냥 해본 소리가 아니라, 역사적 맥락에서 했던 정확한 소리였고, 지금도 '홍익인간'보다 더 큰 사상이 없다.

어렸을 땐 너무 당연한 소리 같아서 좀 심심하고, 별 감흥이 없었는데, 살아갈수록 홍익인간은 대단한 사상이다. 하긴 이천 년을 유용했고, 최소 반만 년을 살아남았으니 오죽하랴.

삼원갑자라는 것이 있다.

좀 복잡한 얘기로, 간단히 말하면 '구성(星)도'라고 해서 9와 60갑자의 최소공배수인 180으로 나눠서 나머지가 64면 상원갑자, 124면 중원갑자, 4면 하원갑자라고 하는데, 세종대왕께서는 세종 26년 서기1444년 갑자년을 상원갑자라고 정했다고 한다.

그것은 중국과 그 햇수를 세는 기준점을 달리하겠다는 소리 아닐까.(1444년이 상원갑자가 아니라, 상원갑자로 '정했다'니 말이다)

즉 '시'의 독립이다!

명이 금방 알 수 있는 연호의 독립을 뺀 모든 시를 독립하겠다는 거다!

시간과 공간을 점하는 인간에게 '독립'이란 시간의 독립과 공간의 독립인 것이다. 우리는 일제강점 같은 공간의 독립은 중요시 하지만, 시간의 독립은 별로 중시하지 않고 있다.

시간의 독립은 관념적이다.

공간적으로 독립해 있었던 조선은 관념적으로 명의 간섭을 받고 있었기에, 그 부분에 대해 독자적 체계, 완전한 독립을 꾀했던 것 아닐까. 연호를 뺀 나머지에서.

그리고 우리가 지금 헤아리는 60갑자, 갑자, 을축,..은,

올해 4349년(2016)이 병신년인 것은, 그 상원갑자에서 이어진 것이다.

다시 셈해보자.

지금 우리의 시각은 어디서 왔는가?

지금 우리의 연호는 어디서 왔는가?

....

지혜를 발휘해 온전한 독립을 하자.

우린 이라크 파병도 해야 하고, 파병반대도 해야 하니!

아마 우리가 이라크 파병만 하고, 파병반대를 하지 않았다면, IS의 표적대상 선순위가 되었을지도 모른다.

현실과 명분은 그렇게 어우러져야 하는 거다.

명분은 돈이 아니라 생명이다!

2) '절기'를 통해본 력의 진실

우리는 24 '절기'라고 하지, '중기'라고 하는 말은 잘 모른다.

그런데 대략 한 달에 2개 정도의 절기가 들어가는데, 달의 앞의 것은 '절기'로, 뒤의 것은 '중기'라고 부른다.

그런데 기준이 다른 것이 어떤 결과를 빚는지 잘 보여주는 일이 벌어졌다!

월	1	2	3	4	5	6	7	8	9	10	11	12
절기	입춘	경칩	청명	입하	망종	소서	입추	백로	한로	입동	대설	소한
중기	우수	춘분	곡우	소만	하지	대서	처서	추분	상강	소설	동지	대한

이것이 조선조를 비롯해 '입춘 월'을 1월로 해서 되어있는 음력이고, 사주를 볼 때 쓰는 력이고, 요의 후손인 한漢족의 역법일지 모르는데, 보면 좀 이상하지 않은가?

소위 절기에서 가장 의미 있는 동지, 하지, 춘분, 추분이 다 중기로 가 있다.

우리가 잘 아는 것 중에 입춘 외에는 잘 모르는 것들이 '절기'라는 이름을 얻고 있고, 그래서 절기와 중기의 차이를 잘 모르겠으며, 왜 저런 것들을 나누기조차 했는지 잘 이해되지 않는다.

아까도 말했듯이 한漢족의 나라도 기원전에 춘, 추분과 동지, 하지를 알고 있었다는 것을 기록으로 알 수 있다고 했고, 그 만큼 해의 움직임, 즉 절기에서 동지, 하지, 춘·추분이 중요한 것들인데, 전혀 절기에는 반영되지 않고 있다. 절기라고 하지 말고 차라리 중기라고 하던가. 한漢족은 역사라는 말을 춘추春秋라고 할 만큼, 절기가 중요한데, 왜 이런 일이 벌어졌을까?

절기가 제대로 되어 있던 원래의 력, 차원 높은 인류의 고유력을 무시하고 버렸기 때문이다! 물론 사는 데는 좀 불편할 뿐, 그닥 문제될 게 없었겠지만.

다는 못 맞게 맞추더라도 대략 중요한 것들이 절기 위치에 오도록 하면 어떻게 될까? 절기는 예나 지금이나 같을 테니 말이다.

그럼 우리 고유력은 어떻게 되어있나 보면,

월	정월	1	2	3	4	5	6	7	8	9	10	11	12
절기	소설	동지	대한	우수	춘분	곡우	소만	하지	소서	입추	백로	한로	입동
중기	대설	소한	입춘	경칩	청명	입하	망종		대서	처서	추분	상강	

추분을 뺀 중요한 절기, 동지와 하지, 춘분이 모두 절기에 들어있다.
심지어 하지는 혼자 있다!
그것도 늘 일 년의 중심, 칠월 달 한가운데.
(잊지 마시라! 공전은 직선이 아니고 원 운동이며, 정월은 '종시'고,
13개월의 가운데는 7월이다)
이렇게 중요한 해의 움직임, 생명의 중심인 해의 움직임, 가장 짧은 해에서 가장 긴 해를 지나, 다시 해가 짧아지는 그 명백한 진리(이치)를 버리고, 내가 왕이

니 내 마음대로 봄이 좋아 멋대로 '입춘 월'을 1월로 정하여 너와 '다른' 나를 드러낼 수는 있었지만,

요임금의 어리석음이란 유호가 지적하듯 이렇게 지금까지도 만대의 사람들을 미혹에 빠지게 하는 일이었다. (요임금이 아니더라도 패도의 요의 후손들이)

즉 절기를 알고, 그렇게 이름 붙여 발명한 이들이 한(漢)족이 아니기 때문에, 절기란 말과 저들의 절기가 맞지 않는 것이다!

절기가 언제인지는 배워 알고 있으니, 독자성, 주체성을 높이려고 자기들 식의 계산법을 낸 것이다.

변형하였으니 독자적인 건 맞는데, 진리(이치)적이진 않았다.

그럴 수밖에 없는 것이, 이미 이치에 맞는 것에서 벗어나갔으니, 이치에 맞지 않을 수밖에 없는 거다.

"야 기분 나빠! 쟤네들이랑 똑같은 '시' 쓰지 마! 시간은 왕인 내가 정한다! 절기 다 아는데, 꼭 지들 것대로 하란 법 있어? 그렇다고 해가 안 뜰 것도 아니고!"

요임금이 아니라, 누구라도 나라 버리고 나가서 새 나라를 만든다면, 그랬을지 모르지!

〈부도지〉를 읽을 때 유호가 그렇게 긴 시간을 들여, 요의 력이 왜 인간의 두 번째 큰 재앙이라고 길게 설명했는지 몰랐다.

그리고 력을 궁구해 알아가다 보니, 알게 됐다.

그 미혹함이 수 천 년을 지나 달나라에 가는 21세기 오늘날까지 미치니.

한 가지 더.

앞의 달력의 절기는 마치 사계절의 길이가 같은 것처럼 배열되어 있다. 입춘 봄 세달, 입하 여름 셋, 입추 가을 셋, 입동 겨울 셋.

그러나 우리가 느끼는 계절은 봄, 가을이 좀 짧고 여름, 겨울이 좀 더 길게 느껴진다. 고유력으로 하면?

현재 력

월	1	2	3	4	5	6	7	8	9	10	11	12
절기	입춘	경칩	청명	입하	망종	소서	입추	백로	한로	입동	대설	소한
중기	우수	춘분	곡우	소만	하지	대서	처서	추분	상강	소설	동지	대한

고유 력

월	정월	1	2	3	4	5	6	7	8	9	10	11	12
절기	소설	동지	대한	우수	춘분	곡우	소만	하지	소서	입추	백로	한로	입동
중기	대설	소한	입춘	경칩	청명	입하	망종		대서	처서	추분	상강	

놀랍게도 그렇게 되어있는 것을 볼 것이다!

3) '절분'의 콩과, 팥

그리고 절분(分)이란 것의 흔적이 있다.
혹 절분이란 걸 들어보셨는지?
그러니까 입춘, 입하, 입추, 입동이란 날들은 다른 계'절'로 들어가는 날로, 저 '절'기들의 전날이 계절이 나뉘는 날이 되기 때문에 '콩을 볶아서 먹고 뿌리며' 절분 행사를 했는데, 지금은 입춘 전날의 절분만 남아있다.
콩이라!
나는 우리나라 조상들이 이름을 지어 붙일 때 어마어마한 과학과 철학을 배경으로 짓는다는 걸 '해'라는 말로 절감한 후로는, 우리말의 이름을 궁구하는 버릇이 생겼다.
그중에 하나가 콩팥이다.
염통, 허파(폐), 밥통, 지라(이자), 쓸개, 콩팥,.
염통머리 없다. 염병을 해라. 염병할. 염치가 없다.

허파에 바람 들었냐? 허파에 구멍 났나.

이 밥통아! 이 밥보(바보)야!

지랄을 해라. '염'병'지랄'을 해요!

쓸개 빠진 놈..

우리가 평화를 위해 택한 '사대'로 인해 소위 한자생활이 오래되니, 각 장기에 심장, 위장..이라는 말이 들어오고, 기존의 말에 장기라는 뜻의 '장'자만 붙여서, 염장을 질러요, 배짱(배+장)이 있어야지,... 등의 말이 생겼고, 잘 섞어서 우리말로 만들었다.

근데 간에 해당하는 말을 아직 잘 생각해내지 못했다. 간에 해당하는 우리말이 없을 리 없고, '미르' 대신 '용'이라는 말을 쓰듯, 해당하는 말이 있을 것이다.

너 지금 나 간 보냐. 간이 맞냐. 간간하니 좋네.

음식 만들 때 가장 중요한 게 '간'인데, 그 '간'은 '간'이지, 딱히 '음식의 짜기'가 아니다. '짜기'가 중심이긴 하지만, 모든 것을 포함하여 '간'을 보는 것이고, 그건 대신할 수 없는 말이다.

이 말이 어디서 왔을까 궁구해보면, 간이 아닌가 싶다. 간이 가장 좋아하는 음식의 무엇.

또는 그 음식의 간이, 저렇게 생활에 밀착되어 있고 광범하며, 누구도 대신할 수 없는 것이라면, 그 간을 좋아하는 장기의 이름조차 우리 겨레말로 간이고, 그 간을 음차하여 그냥 표의자도 만들었을 수도 있다.

근데 왜 콩팥일까.

왜 이것만 식물이름과 같을까. 그 모양이 강낭콩 닮았다는데, 단지 그래서 콩팥? 그렇다면 팥 같은 무엇도 달려있나?

이 이름을 볼 때, 콩과 팥이라는 식물의 역사가 인류의 역사와 비슷할 정도로 길다는 뜻..도 되는 데 정말 그럴까?

아니면,..?

우주 속에서의 콩과 팥의 역할과 인간 신체의 콩팥의 역할이 같다는 걸까? 콩팥의 기능이라면, 뭔가 더러운 것, 탁한 것을 걸러서 맑게 정화시키는 역할이다.
팥은 붉어서 팥죽도 끓이고, 팥도 던지고 해서 그렇다 치고, 콩은 별반 그 역할이 없던데...싶었는데, 절분에서 찾은 거다!
늘 저 장기의 이름이 왜 콩팥일까 싶었는데, '절분'날에서, 콩이 팥과 똑같은 역할을 하고 있었던 것이다!
그리고 절분의 콩은 궁구하던 또 한 가지를 풀어줬다!
'옹'과 '앗'이다.
왜 동지에는 팥을 쓰는데, 입춘, 입하, 입추, 입동에는 콩을 쓰냐 말이다.

성질 급한 우리 겨레가 요즘도 상시적으로 뜻만 통하면 말을 줄여서 하듯이, 예전에도 그랬을 것이다.
'미륵'!
불교가 들어오기 이전에 우리에겐 이미 불의 개념이 있었고, 그것을 원시불이라고 한다.
미륵불은 원시불쪽이고.
미르에서 미륵이 왔다!
이는 이두식 표기법인데, 시간이 흐르다 보니 그건 잊어버리고 한자어를 그대로 읽게 되며, 원래 근원은 잊혀졌다.

한자에는 '르'라는 글자가 없다!

미륵..얘기가 나오면 꼭 용(龍)화세상이 나오는데, 부처와 용이 무슨 관계가 있다고 미륵불 얘기만 나오면 용이 나올까 늘 의문스러웠다.
그 부처는 용을 타고 오나?
그게 아니고, 애초에 용이라는 뜻의 우리말 '미르'를 음차 하여 세계 공용어로 만든 표의자로 르 → 륵을 쓴 거다.

그러니까 미륵불이라는 말자체가 미르불, 용불이라는 거다.

그런데, 우리말의 '윽'은 무엇이 밀려 터져나오는 듯한 느낌을 준다.

그러니, 미르가 터져 나오는 듯한 느낌, 미르가 되어져 나오는 듯한 느낌으로 미르윽->미륵이 되었을지 모른다.

미르가 되어져 나오는 세상.

그게 무슨 세상인지는 모르지만, 여하튼 좋은 세상이니까 기다렸을 것이고.

그런 의미에서 '옹'과 '앗'이 있다.

'옹'은 뭔가 기운이 뭉치고, 단단해지고, 영글어지는 느낌이다.

나무에는 심지어 '옹'이가 있지 않은가. 나무의 기운이 뭉쳐 단단한 것.

'앗'은 뭔가 깨고 터져 나오는 느낌이다.

'윽'이 크게 무엇이 스윽 밀려나오는 느낌이라면, '앗'은 바늘로 단단한 얼음을 쫘악- 한 순간에 깨치듯 뭔가 깨고 나오는 느낌이다.

요즘 우리가 '앗! 어떻게 하지?' 할 때 그 '앗'.

코옹. 콩. 파앗. 팟. 팥.

하나는 뭉쳐지는 것이고, 하나는 깨치는 것 같았는데, 늘 쌍으로 붙어 다니는 걸 보면, 그 이유가 있겠지 싶었는데, 절분에서 콩이 팥과 같은 역할을 하되, 그 절기가 동지와는 다르기에 역시! 했다.

어둠이 깊어지고, 길어지는 것의 끝이기에, 끝은 곧 시작이라, 끝 안에 시작이 있는 것이다. 그래서 종시인 것이다!

없다면? 그 상태로 계속 가겠지.

가장 길어진 밤이 9시간 10분이라면, 그리고 거기에 새로운 시작이 없다면 계속 9시간 10분인 밤이 계속 될 것이다.

1년의 종시는 열두 달을 무사히 마쳤기에 동시에 새로운 시작인 13번째 달 정월(정한 달)이고, 하루로서는 가장 밤이 긴 날이기에 동시에 새로운 시작인 동지인 것이다!

그래서 한 달간이나 계속되는 진정한 '종시'의 끝과 시작은 동짓날이 되는 것이다. 그래서 동지 팥죽까지 먹어야 한 살을 더 먹는 거고.

동지는 깨고 나오는 것이다.

어둠을 깨치고, 긴긴 밤을 깨치고 '앗' 나와야 하는 것이다.

그래서 늘 같은 해 같지만, 해가 바뀌는 것이다.

그러나 봄을 깨치고 여름이 오는 것이 아니고, 봄이 옹골차게 영글어 여름이 오고, 여름이 옹지게 영글면 가을이 오는 것이기에, 계절이 옹지게 바뀔 때는 코 '옹'으로 그걸 기념하는 것이다.

옛 우리 할아버지들은 그냥이 없다. 모든 것이 법도에 맞고 이치에 맞다.

4) 그레고리력의 춘분과 부활절

서양 사람들이 걱정했던 게 춘분이다.

종교로부터 자유롭지 못했었기에 부활절을 정하는 춘분이 중요했다.

현제 거의 모든 나라에서 사용하고 있는 그레고리력은 교황 그레고리우스 13세가 1582년 기존에 쓰이던 율리우스력의 역법상의 오차를 수정해서 공포해 오늘에 이르고 있는데, 그 기원은 로마력이다.

그 당시 율리우스력은 오랫동안 누적된 역법상의 오차로 부활절을 정할 때 기준이 되는 춘분이 3월 21일이어야 하는데, 3월 11일이 되자, 1582년 10월 5일부터 14일까지를 건너뛰고, 10월 4일 다음날을 10월 15일로 한다는 새 역법을 공포했고, 그것이 현재까지 사용되는 그레고리력이다.

이 력은 윤년은 4년에 한번 두되, 연수가 100의 배수일 때는 평년으로, 다시 400으로 나누어 떨어지는 해는 윤년으로 하고 있다. 이 개력으로는 1년 365.2425일이 되어 태양년(회귀년)과의 차가 3000년에 하루 정도다.

오늘날의 부활절은 제1회 니케아 공의회에서 결정된 것으로 춘분 후 최초의 만월 다음에 오는 첫 번째 일요일이다. (3.22-4.26)

그래서 춘분이 중요했던 거고.

이 력법이 복잡하고 절기와 관련이 없으니 바꾸자는 건데, 절기에 맞지 않는다는 건 달력 사용자 모두의 문제니, 유념할 필요가 있다. 물론 인류문명 초기의 그 고유력을 잊어서 생긴 문제지만.

로마력은 율리우스 카이사르(BC100-BC44)가 이집트를 점령하고 정밀한 천문관측과 천문지식을 가지고 있던 이집트의 력법을 가져오기 전까지는 음력을 기준으로 한 달력으로 계절과 차이가 벌어졌으며, 기원전 46년은 445일이나 되었다. 력을 바꾸느라고.

로마가 이집트를 점령하지 않았다면, 서양은 아마도 고도의 력법을 아직도 알지 못했을지 모른다.

력이란 그만큼 과학을 포함한 학문의 집대성이다.

12
새롭게 살아나는 명절과 절기들 I

1) 설! 새롭게 찾은 부여의 '영고'

   고유력을 찾음으로써 옛 고려(고구려)의 '동맹'과 부여의 '영고'를 찾았다!
   시월 상달 상날(10.3)에 햇곡식으로 하늘에 제를 올리고, 몇날 며칠을 놀며 잔치하다 보름달이 뜨는 날, 동산에 올라 소원을 비는 것으로 마무리 하는 고려(고구려)의 '동맹'이란 바로 복본의 서약으로 나라를 세운 것을 기념하여 하늘과 조상에 차례를 지내고 성묘를 하는 개천잔치며,
   사대의 긴 시간을 지나온 지금은
   그 많은 의미와 의례를 잃고 남았으니, 그 이름은 '한가위'이다.

   또한, 그 모든 가을걷이를 끝내고 온 겨레가 대대적으로 하늘에 차를 올리며 례를 표하고 산 조상, 죽은 조상 할 것 없이 섬겼던 설날부터 시작하여 윷놀이며, 쥐불놀이, 부럼 깨기 등등.. 보름달이 뜨는 정월 대보름까지 잔치를 벌이던 것이 바로 부여의 '영고'란 것이며,

국가적 제례의 그 많은 의미를 잃고 그저 세시풍속 정도로 남았으니, 그 이름은 바로 '설'이다.

그래서 우리는 그 이름도, 의미도 잃었으나, 설이고 한가위면, 열 몇 시간을 마다하지 않고, 달에 가는 21세기에도 꾸역꾸역 고향을 찾아가고, 형제가 모이고, 새배를 다니는 게다.
어떻게 우리 겨레를 하늘, 하느님으로부터 떼어놓을 수 있는가?
어떻게 우리 겨레에게서 조상 섬김을 빼앗아갈 수 있는가?
없다.
왕부터 거지까지 그 의미를 새롭게 하며, 하느님과 그 하느님으로부터 생명을 내게 이어준 조상까지 숭고하게 제를 올리고 축하의 잔치를 벌이던 우리 겨레에게서 공공연한 의미와 이름은 빼앗아갔을지 몰라도 어떻게 작년에 하던 조상 섬김을 올해 그만 둘 수 있는가.
잘 따져보면, 조상을 부정한다는 것은 나를 부정하는 것이다.
조상을 위하는 것이란 정작은 자기 정체성의 발로이며, 자기 긍정의 외연이며, 공동체의 확장이고 확인이다.
지금 우리 사회를 보라. 시골 할머니들이 이웃집과의 불화로 살인하는 지경이 되었다.
왜까. 불화를 풀 통로가 막혔기 때문이다.
서로 쑥스럽고 서먹하지 않게 풀 수 있는 방법이 잔치였는데, 돌잔치고, 환갑잔치고, 혼인잔치고, 상갓집 장례잔치였는데, 굳이 그런 큰 잔치가 아니더라도 달마다 있던 잔치가 사라지자 앙금이 쌓이고, 오해가 쌓여도 풀길이 없다. 오랜 사이란 모르는 사람보다 더 밉다.
윷판이 사라지고, 잔치판이 사라지고, 인정도 사라졌다.

회복할 수 있을까.

누구도 예측할 수 없지만 확실한 건, 노력할 수는 있다는 거다!

그리고 현대 정통물리학이 11차원까지 밝혔고, 그 결과 이 우주의 모든 것은 동일한 무엇-예를 들어 그 이름을 이 책에서는 플랭크라고 하자. 그럴 경우, 우주의 모든 것은 동일한 하나의 무엇이며, 차도, 밥통도, 나도, 고양이도, 구두도, 바위도, 나무도..다 같은 무엇이라는 거다. 다만 어떤 정보일 때는 수소가, 어떤 정보일 때는 헬륨, 나트륨,...이 된다는 건데, 이 사실은 나와 당신의 생각과 행동이 우주의 모든 것과 통할 수 있다는 거다.

력이란 하느님의 진정한 자식, 천자만이 선포할 수 있는 중요한 것이다.

그 하느님의 자식들이 만든 그 력, 어떤 이유에서건 세상에서 통용을 멈추었던 그 하느님의 운행 이치를, 당신과 내가 널리널리 사용하고 알리면, 뭔지 모르지만 우주와 통해 있는 이치가, 진리가, 하나씩 세워지고 바로잡아지지 않겠는가?

최소한 당신과 나의 머릿속 시간의 틀만큼은.

고사 직전인 세시풍속의 의미와 이름, 생명을 불어넣어 다달이 처녀총각이 상시적으로 만나는 잔치의 장을 만들자.

왜 안 되는가? 미국은 자기들의 성경에 놓고 대통령이 선서를 하는데, 우리는 우리 겨레의 성경을 놓고 선서를 하는 것이 왜 안 되는가 말이다. 더하여 반만년 전에 하느님께 예를 올렸듯이, 전 국민과 함께 반만년 전 그 장소에서 하느님께 예를 올린다면, 누가 동북공정을 운운할 것이며, 누가 독도가 다케시마라고 운운할 것인가.

총칼에 의한 굴종보다, 상식에 의한 마음의 승복이 훨씬 더 힘이 세다.

진리란 상식이다.

2) 동지 팥죽과, '갈 해 떡'

고유력을 만들며, 절기라는 것이 얼마나 정확한 해의 움직임인지, 그것이 어떻게 달을 만들고, 계절을 만들고, 한 해를 만드는지 정확히 알게 됐다.

동지의 의미.

팥으로, 파앗! 파앝!으로 가장 긴 어둠을 깨고 밝음으로 나아가는 해와 같이 그렇게 한해를 시작하는 거라는 것이 팥죽의 의미란 것을.

양력 12월에 동지라니 팥죽을 먹었지, 그게 무엇과도 연결되지 않아서 뭘 느낄 수 없었다. 그런데 이렇게 한 해의 처음을 파앗! 파앝! 팟! 팥! 가장 긴 어둠을 깨고 밝음을 시작하는 해처럼 살아야한다고 생각하니, 재미와 흥미를 너머 숭고하기까지 하다.

아..저렇게 되어져있구나. 저 해도, 저 우주도!

나만이 어둠이 있는 것도, 나만이 시련이 있는 것도 아니고, 저 해조차도 그렇게 내가 느낄 수 없을 만치 꾸준히, 그리고 조금씩, 그러나 마침내 그 어둠을, 밝음으로 바꿔내는구나! 그렇게 사는 거구나! 그게 우주 삼라만상의 이치고 그게 산다는 거구나!

돼지 목에 다이야는 별 의미가 없겠지만, 부처님 이마의 다이야는 사람에게 많은 걸 느끼게 하는 무엇인 거다.

동지가 동지 자리로 가니, 모든 것이 명료해졌다.

'섣달 그믐날 자면 눈썹이 희어진다'며 자지 말라고 했던 이유를.

바로 동지 팥죽을 쒀야하고, 자기 나이 수대로 새알을 만들어야 하고, 새해 달력도 일일이 새로 만들어야 하는 거다.

지구상 어디에도 없는 달력을 만드느라고 설 새벽인 '소설'의 0시를 넘어가면 목욕재계를 하고 달력을 만든다. 이미 있는 달력이면 동지 새벽에 해도 되겠지만.

그런데 새해 달력을 만드는 그 마음이 미리 만들고 싶지 않더라는 거다. 새해의 것이니 새 해에 만들고 싶지, 미리 만들어 뒀다가 그냥 걸고 싶지 않았다. 새해를 맞는 귀하고 숭고한 마음은 옛사람들은 더 했을 것이다.

정말 새해에 때맞춰 달력을 만들어보시라.
새로운 한 해를 담은 달력을 만들며 마음이 가다듬어지고,
1년의 흐름을 느끼며 마음이 숭고해진다.
그런 의미에서 부정한 낡은 것을 모두 씻어내고 새롭게 하는 팥죽도 아마 새로운 해의 첫 새벽에 쑤었어야 할 것이고, 새로운 달력도 만들어야 하고,..
조선조에도 새 해의 달력은 동지에 나누어줬다.
동지는 설처럼 마음이 들뜨는 것이 아니라, 마음이 경건해지며 새해 첫 새벽에 준비해야 할 것들이 많으니 '눈썹이 희어진다'는 말과 함께, 한 손이라도 거들도록 다 같이 새해맞이를 독려했던 게다.
팥죽 옹심이를 만드느라 자는 이의 눈썹을 희게 해줄 재료는 따로 준비하지 않아도 되니, 자는 사람은 당연히 눈썹이 희어지는 즐거움을 동지 아침에 같이 누렸으리.
현재 우리의 풍습으로는 이 날이 설 전날이 되는데, 설에 먹는 떡국 떡은 집에서 만들지 않고 방앗간에서 만들며, 집에서 만들던 시대라고 해도, 가래떡은 꾸득꾸득 딱딱해져야 떡국 떡으로 썰기 좋기 때문에 새해 첫날 만들지 않고, 하루 전쯤 미리 만들어야 한다.
력이 바뀌어 생긴 일들이다.

그리고 이 력으로 인해 새롭게 드러나는 것이 또 있으니, '가래떡'이다. 도대체 무슨 뜻일까?
목에서 끓는 그 가래 할 때 '가래'라는 건가? 그걸 떡 이름에다 붙일 리는 만무한 것 같고, 농사짓는 쟁기, 호미..할 때 그 '가래'인가? 쟁기질 가래질 할 때 그 가래? 근데 그것과 설에 먹는 가래떡이 뭔 상관일까?
그리고 고유력을 찾고, 그러니까 그 설이 우리가 익히 알듯이 새로운 시작인 동시에 '종', 가는 해라는 걸 알 게 되어 그 이름의 유래를 무릎을 치며 안다! 아하 '갈 해 떡'이구나!
가는 '해'에 감사하며, 가는 해 동안 고마웠던 분들께 감사하며, 새해에도 그렇

게 보살펴 주십사 절을 드리는 거였구나. 그러기 전에 늘 보살펴주시는 하느님께 차로 례를 올리는 '차례'를 지내고, 또 돌보아주신 조상께 절을 올리고..

종시.

우리의 잃어버린 놀라운 달.

놀라운 개념 '종시'가 그렇게 꿋꿋이 천 여 년의 시간을 너머 우리 곁에 친근한 말로 살아있는 게다. 한 해를 잘 살아내고, 그 해가 갈 때 먹는 '갈 해 떡'.

가래떡은 안동 종갓집에서는 어슷썰기로 하지 않고, 반듯하게 돈처럼 동그랗게 썬다.

안동의 종갓집들처럼 학식 높고 기품 있는 뼈대 있는 이들이 웬 돈 모양의 떡?..하고, 야릇하게는 여겼지만, 길고 동그랗게 가래떡을 뽑는 이유가 그래도 어슷썰기보다는 돈 모양이 더 그럴싸하다고 생각했었다.

이젠 그 이유를 확연히 안다.

그건 돈 모양이 아니라, 바로 '가는 해' 모양이다! '갈 해' '떡'.

그래서 해가 가는 설을 기념해 먹는 거다. 동지에도, 추석에도 먹지 않고.

지구상 만물에게 생명의 근원인 해에게 어떻게 감사하며, 어떻게 기념할 것인가.

일일이 동그랗게, 해 닮은 떡을 만들어도 봤을 것이고, 그리고 누군가의 발명품으로 길고 동그랗게 떡을 뽑아 썰어서 해의 모양을 만들었을 것이다. 그리고 그 이름은 가는 해를 기념해 먹는, '갈 해' 떡, 가래떡.

그리고 어떤 이유에서건 우리 것을 잊어야 하는 일이 벌어졌고,

세월이 흘러 '종시'의 개념을 잃어버리자, 가는 해를 표현하고 감사했던 갈 해 떡, 가래떡은 '종'의 개념은 지워지고, '시'의 개념만 남아,

동그란 모양만 유지했을 것이고,

'종'의 개념을 잊어버리자, 버젓이 그 이름에 들어있음에도, 돈을 좋아하는 사람들에 의해 돈 모양이라고 여겨지게 되었던 게다. 그도 모자라, 빨리 많이 써는 것에 맞추어 어슷썰기로 까지 변하게 되었고, 본래의 의미도 모양도 잃어버린 채 오늘날의 떡국 떡 모양이 된 것이다. 이제 그 의미를 알았으니 우리, 고마운 해 모양으로 썰자!

해에 감사하는 겨레.

잘 때도 해가 뜨는 동쪽으로 머리를 두고 눕는 겨레.

해가 모든 생명의 근원임을 익히 알아,

보이지 않는 하늘인 하느님을 섬기듯,

보이는 하늘, 해, 달, 별을 섬겨 해님, 달님, 별님이라고 부르던 겨레. 비가 오는 게 아니고, '비 오신다'는 말이 존칭인지도 모를 정도로 너무도 자연스러운 겨레.

그렇게 천지만물 모든 것이 나와 다르지 않은 생명임을 알기에 서로 섬기며 감사하며 살던 겨레.

그 겨레에게 자연은 나의 일부며, 나는 자연의 일부인데, 어떻게 해칠 수 있겠는가?

큰 도가 없어지니 작은 도가 생기는 것이다.

그런 큰 깨달음과 가르침, 근원적 앎이 없어지니, 자연보호라는 말이 생긴 것이다. 자연이란 보호해야 할 '대상'이 아니라, 또 다른 나 자신인데 말이다!

3) 위대한 어머니의 날 '삼월삼짓'과, ᄒᆞᆫ웅전

동지나, 입춘은 절기라서 음력과 우리 고유력이 다를 바 없지만, 삼월삼짓이나 단오, 유두절 같은 날은, 날짜 자체가 달라져 특히 그 의미가 드러난다.

콩을 볶아 먹고 던지는 절분과 함께, 입춘대길을 써 붙이는 입춘날이 2월이면, 3월은 화전으로 잔치를 벌이던 삼월삼짓이 있다.

삼월삼짓은 살림에 가장 중요한 장을 담그며, 요즘도 그날을 기다렸다가 장을 담근다. 또 봄옷으로 바뀌며 부쩍 나들이도 시작하는데, 요즘 날씨를 보면 고유력 삼월삼짓이 화전을 부쳐 먹었다는 참꽃 진달래는 아직 많이 피기 전인 거 같은데 무슨 일일까? 빙하기가 온다더니, 여름도 길어지고 있지만 겨울도 길어지고 있는 걸까? 그래서 꽃들이 예전처럼 진달래, 개나리, 목련,...차례차례 피지 않고, 모두 다 같이 피는 걸까? 아니면 음력의 날짜로 지내는 바람에 참꽃 부쳐 먹는 일이 후대에 생긴 일일까? 궁구할 일이다.

    삼월 삼짓날은 삼신할머니 날이라고 할머니들은 말한다.
    삼신할머니. 세 '신' 할머니.
    세 명의 신이기에 삼을 세 번 거듭한 걸까?
    세 번째 달에, 세 번째 주(옛날 말로는 요)에, 세 번째 날.
    거의 늘 서양력 3월 3일.
    '엉덩이를 두드려 빨리 나가라'는 삼신할머니를 왜 기억하게 할까.
    그것도 추위를 물리친 봄의 전령과 함께.
    여자들이 들로 산으로 나가 봄의 전령인 달래, 냉이, 씀바귀를 뜯어 상에 올리는 삼짓날은 어찌 보면 대대적인 첫 봄맞이 나들이인 셈이다. 그 소리는 그 이전에는 대대적인 야유회는 좀 어렵다는 거고, 삼신할머니를 기리는 것이기에 여자들의 나들이인 거다.
    그런데 왜 삼신할머니를 기려야 할까. 바로 여기에 우리는 들은 적 거의 없는 '인간 본성을 회복하겠다'는 '복본의 서약'이 있는 거다!
    추위로부터 봄을 회복하듯 인간의 어리석음을 물리치고 인간본성을 회복하겠다던 인간의 약속을, 우리 조상들이 모든 겨레를 대신해서 신 앞에 서약했으니, 그 대신한 조상의 후손인 나와 당신이 잊지 않고 기려서 그 서약을 이루자는 거다!

    인간 본성의 회복! 그 중심에 있는 삼신할머니, 마고.
    그리고 급격한 근대화와 서구식 교육, 공동체의 해체, 도시로의 이주 등으로 이미 서구교육의 체계 속에서 교육을 받아서 들을 수 없었지만, 시골의 할머니들은 '마고'의 이름을 입에서 입으로 어른들께 들으며 자랐는지, 내가 삼신할머니의 이름이 마고라고 했더니, '그렇구나!' 하며 '잘못하면 잡아가는 할머니인 줄 알고 좀 무섭게 생각했다'고 웃는다.
    복숭아나무를 심어놓으면 귀신이 얼씬 못한다고 하는 얘기가 있다. 복숭아는 천상의 과일로, 신이신 마고의 과일이기 때문이다.

바르고 위대한 큰 신이 계심을 표시하니, 잡신들은 얼씬하지 못한다.

요즘도 사람들이 기념식수를 한다. 그럼 그것이 다만 요즘만의 일일까? 단군의 나무는 박달나무다.

단군이라고 표의자로 써놓고, 박달임금이라고 읽었을지도 모를 일이다. 모든 단군의 기념식수가 박달나무일지도 모르니.

물론 박달임금을 단군이라고 표시한 거겠지만.

질기고 단단해서 인간 생활에 꼭 필요했던 박달나무.

박달임금이 식수를 하였기에, 박달임금님의 나무로 박달이라는 이름을 얻었을 나무.

느티나무는 당산나무, 성황당나무로 많이 애용됐는데, 이는 사해동포가 많이 모일 성황의 표시로 그 나무를 사용했기 때문일 것이다. 멀리서도 크고 아름다워 잘 보였을 느티나무. 벌레가 없어 여름이면 사람들이 큰 나무그늘 아래 쉴 수 있는 나무.

흔웅의 나무는 회화나무가 아닐까? 회화나무는 그 모습도 신령스럽지만, 학문을 하는 집에 왕이 하사할 만큼 귀하게 여겼으니, 그 연유가 있을 것이다. 혹 한漢족이 하사하더란 문헌에 있다고 해서, 그들이 시작이란 법이 없다. 인류문명에서 문자란 아주 후대의 일이고, 분명 신단수에 내려왔다고 하셨으니, 그분을 기억하게 하고, 대신 느끼게 했을 신단수가 있을 것이고, 현대의 그 이름을 알아보자는 것이니.

느티나무를 괴목이라고 하는데, 요즘도 회화나무를 신목라고 하니, 신단수와 관련이 있을까? 궁구할 일이다.

'흔'웅을 표현할 길이 없어, 표의자로 환桓도 쓰고, 한韓도 쓰고 대大도 쓰지만, 그 모든 것의 총체인 '흔'의 한 부분을 드러낼 뿐이다.

환하다, 한 가운데, 중앙이다, 하나다, 크다, 위대하다.. 그 모든 것의 원형 '흔'.

우리는 절에 가서 절을 한다. 사(寺)에 가지 않는다.

무슨 말이냐? "나 오늘 절에 갔다 왔다"고 하지, "나 오늘 '사'에 갔다 왔다"고 하지 않는다. 아무도 그렇게 말하면 못 알아듣는다.

부처를 모신 절 이름을 '00사', '**사'라고 하지만, 절이란 말을 밀어내지 못한다. 왜? 그 만큼 오래됐기 때문이고, 불교라는 게 들어오기 전부터, '사'라는 말이 붙기 전부터 있었다는 거다.

월력이 달력이란 말을 못 밀어내듯이, 한양이 서울을 못 밀어내듯이.

대웅전과 부처가 무슨 상관일까?
대웅부처를 본적이 없는데.
웅이란 게 수컷을 의미하는 느낌이 많은데, 본자리를 얘기하는 부처가, 마늘조차 금하는 불교가 웬 수컷?
누구도 관세음이랑, 지장이랑, 아미타..를 얘기하지 비로자나불조차 잘 듣기 어려운데, 대웅은 누구길래 본전이 대웅전인가.

바로 우리식 표의자 표기법 이두 이전부터 계셨던 ᄒᆞᆫ웅을 모신 'ᄒᆞᆫ'웅전이었고, 조상이신 ᄒᆞᆫ웅이 계신 '절에 가서 절을 하며' 복을 구하고 명을 빌며, 산신도 만나고, 북두칠성이신 칠성님도 만나고, 유대의 아담처럼 인간의 시조 나반을 만난 거다.

마치 일본인들이 신사에 가서 그들의 조상을 만나듯이 그렇게.

그 절의 주인이 처음부터 불상이었겠는가. 근세까지도 쓴 우리 조상의 위패가 가운데 있고, 옆으로 불상이 슬그머니 끼어들었을 것이고, 또 세대가 여러 차례 바뀔 만큼 어느 정도의 시간이 흐르자 슬금슬금 위패자리를 차지했으리라.

그러느라 'ᄒᆞᆫ'웅전에 부처가 있는 것이 당연해지고, 어느 시기에 외세의 힘에 몰린 국가 권력이 우리 조상이니 이해해주시라, 조상을 위로하여 위패를 젖혀 두고 그 자리에 부처를 모시게 하였을 것이고, 부처가 주인자리를 차지하게 되었으되, 그 부처가 계시던 'ᄒᆞᆫ'웅전이라는 이름은 그대로 남게 되었으니, 바로 ᄒᆞᆫ웅의 도를 따랐던 단군이 모신 'ᄒᆞᆫ'웅전인 것이다. 그 이두식 표기법이 대(大)웅전이라 쓰고 'ᄒᆞᆫ'웅전, 한웅전이라고 읽는 것이로되, 위패는 쉽게 불상으로 치워지고, ㅎ.웅과 상관이 없어졌으며, 이두식 표기법은 한자식 발음법으로 바뀌며 그냥 한자식으로 읽게 되니, 불교와 상관 없으되 주법당이 되어, 절의 한 가운데 있는 거다.

그리고 우리는 여전히 '사'에 가지 않고 절에 가고.

'절'이라는 말! 저 얼. 저승에 가신 얼. 바로 조상이시다!

그 '저 얼'이 계신 곳, 절에 왜 ㅎ.웅전이 있는지 너무나 명확해지지 않는가?

우리 겨레가 건너간 일본의 신사에 왜 조상이 있는지 알아지는 부분이다.

우리는 'ㅎ.웅'에서 보듯, '아래 ㅏ'라고 불리는 'ㆍ'을 다시 회복해야한다.

그런 의미에서 'ㅎ.'머니, 한머니, 홀머니, 할머니는 그러한 머니, 마니(사투리 '오마니'라는 말로 남아있다. 요즘 말로 어머니) 중에 가장 크고 근원적이며 위대한 머니, 마니라는 뜻이고, 아마 처음엔 인류의 어머니이신 마고를 가리켰을 것이다.

그 흔적이 'ㅎ.망구' 할망구이다. 'ㅎ.' 마고!

어느 선생님이 내게 주신 이름은 마고인데, 나를 친근하게 부르는 이는 망고라고 부른다. 망구라는 말이 느껴지는 부분이다. 마치 ㅎ.머니, 홀머니, 할머니의 사투리처럼 남아있는 ㅎ.망구, 할망구라는 말에서 마고가 우리와 얼마나 가까이에 있는 존재인지 드러난다.

그 삼신할머니에게 아이의 점지를 빌고, 아이의 수명을 빌며, 아이를 낳으면 삼신상을 차려 삼신할머니께 감사의 예를 표한다.

삼신할머니는 아이의 잉태부터 시작해서, 뱃속 아이가 밖으로 나가는 출산도 돕지만, 아이가 열 살이 될 때까지 잘 자라도록 보살피며, 인간의 길흉화복, 특히 인간생명을 주관한다. 그래서 인류의 시원 마고 삼신할머니가 계시는 북두칠성을 모시는 칠성각에 빌고, '삼신'각에 비는 게다. 아무리 부처님 운운해도 삼신각, 칠성각, 삼성각, 산신각이 없으면 그 절은 가짜라며 가지도 않는다.

모든 머니, 마니 중에 가장 'ㅎ.'한, 크고 위대하고 근원적이고 하나뿐인 ㅎ.마니, ㅎ.머니, ㅎ.마고, ㅎ.망구, 홀망구, 할망구!

그 흔마고, 흔망구, 홀망구, 할망구가 우리 겨레의 사대와 함께 그 신성을 잃어버리며, '영감'이 높은 직위의 벼슬에서 늙은 남자면 다 높여부르는 '영감'으로, 그리고 늙은 남자를 얕잡아보는 말로까지 외연이 확대되고 변질 되었듯이, 나이 많은 늙은 마니, 머니를 흔머니, 흔마니, 흔망구, 홀망구로 부르며, 마고는 그 지칭 속에 그대로 살아있으되, 그 의미가 퇴색되어 누구도 알 수 없는 지경이 되었다.

그래도 그 흔적이 있어 누구나 찾을 수 있고, 알 수 있다.

색이 바래도 은수저는 은수저니까. 닦으면 다시 반짝반짝 빛나는.

왜 우리 겨레는 다른 신은 그닥 찾지 않는데, 삼신할머니는 이렇게 찾을까.

신과 약조를 한 인간의 대표가 우리 겨레이기 때문이다.

그래서 단군도 화랑도 인간 본성을 회복하자는 그 약조를 잊지 말고 이루자며 여러 겨레를 만나러 그렇게 천하를 찾아 돌아다녔다.

100년 동안 안 간 곳이 없을 정도로 순수하신 단군.

그 단군까지 누대로 회복하고자 했던 인간 본성의 마고성 시대.

한漢족의 마고는 신화 속에서 신화의 한 인물처럼 등장하고 말지만, 우리에게 마고는 언어와 삶, 생활 속에 뿌리내려, 마치 숨 쉬는 것처럼 인지하지 못할 정도로 가까이 있는 것이다.

그 삼신할머니에 대한 고마움을 잊지 않도록 기리는 날, 삼월 삼짓!

요즘 말로 어머니날.

근래의 어머니날은 그저 나를 낳아주신 어머니를 위하는 날이었지만, 그리고 그날은 나를 낳아준 어머니아버지의 날, 어버이날로 바뀐 정도지만, 우리 겨레 본래의 어머니날인 삼월삼짓날은 다만 살아계신 우리 어머니, 이웃집 어머니뿐 아니라, 인간을 낳아주시고 길러주시고, 보살펴 주시는 마고 삼신할머니에 대한 고마움과 인간본성의 회복이라는 인류의 대 주제를 되뇌이며 기리는 날인 것이다.

얼마나 위대하며 숭고하고 아름다운가.

4) 한식과 불, 중국의 동북공정은 옛날에도 있었다!

  4월5일 식목일이 휴일이었던 예전에는 대체로 그 무렵 어딘가에 벌초를 하는 게 21세기 우리의 풍경이었다. 벌초 간 길에 간단히 성묘도 했고.
  그 무렵이 한식이고.
  한식을 부르는 우리말이 있을 터인데, 아직 못 찾았다.
  동북공정은 비단 요즘만의 문제는 아니다. 한식의 기원에서도 동북공정이 일어나고 있다!
  문명의 진원지가 아니니, 그 문명을 누리면서도 그 이유를 모르고, 어느 시기가 되면 자기 것인 냥, 제 것으로 만들고 싶은 게다. 중국도. 일본도. 물론 단순히 몰라서일 수도 있고.
  한식에 대해 자료를 찾아보면 한漢족의 개자추 운운이 나올 것이다. 물론 우리 아버지께서는 백이숙제 운운 하시고.
  한漢족의 하나라가 유물로 증명되지 않았어도, 그 정확한 존재를 아는 것이 우리 겨레다. 하夏족이란 말까지 쓰며.
  하나라를 세운 족. 물론 후대에 한漢으로 이어진 족.
  그러나 그 겨레가 자기 선대가 어떻게 생겨났는지 모르니, 그건 우리겨레의 기록을 보면 명확히 나와 있다. 그리고 어느 시기가 되자, 그 하夏족이, 한漢족이 되고 칼을 들었다고 문명을 도둑질하려 했으니, 일제의 '임나설 어쩌고'와 같은 거다.
  도대체 듣도 보도 못한 개자추를 위해서 우리가 더운 음식을 안 먹는다고? 도대체 그를 위한다는 것과 우리 조상 묘에 벌초하고, 때 입히고, 성묘하는 게 무슨 관련이 있는가?
  간단하게 '어거지'다.
  조선의 임금조차 새 불을 하사했다는 것, 그것은 그 때 만들어진 것이 아니고, 누대로 내려오던 전통이었을 것이다.
  왜 임금이 했을까? 그건 단지 불이 아니고 제의였던 것이다!
  임금이 해야 하는 제의.

물론 사대 중이니, 드러내고 할 수 없어 어느 시기엔 그 연원조차 잊었겠지만, 바로 그 이전에도, 더 전에도 임금만이 행할 수 있는 제의인 것이다.

단지 불이라면, 버드나무로 불을 만드는 것이 지방의 원님은 못 만들 것이며, 어느 시골 할아범은 못할 일인가 말이다. 부딪혀서 불을 만들던 돌, 부싯돌, 불씨돌이 최근의 20세기까지도 이어진 겨레에게서.

그것은 단지 불이 중요한 것이 아니고, 불로써 사해 족속들에게 화식을 가르쳤던 선대 조상을 기리는 것이기에, ᄒᆞᆫ웅의 도를 따랐던 임금께서 행하신 일인 것이다.

서양에선 불이란 신에게서 훔쳐왔다는 신화에 나오는 일이지만, 우리 겨레에겐 정확히 누가 어떻게 왜 가르쳤는지 알려져 있다.

'불'은 인간생활의 혁명이다!

서양에서 불의 신화를 가지고 있는 이들은 불을 어떻게 기념하는지 모르겠다. 아마도 없을 확률이 크다. 왜.

불은 신화가 아니고 정확히 발명하여 여러 족속에게 가르친 이가 명확히 있으니, 그분은 불을 단지 신화로 가진 겨레가 아니기 때문이다.

그러니 그들이 불에 관한 이야기를 만들 수는 있어도, 불을 기념하기는 어려울 것이기 때문이다.

나무를 뚫어 불을 일으켜서 화식을 가르친 것은 '유인'이다.

그리고 ᄒᆞᆫ인을 지나 ᄒᆞᆫ웅까지 전해졌고, 사해족속들에게 그것을 널리 가르친 것은 ᄒᆞᆫ웅이다. 그러니 그날의 '불'이 기리는 것은, 물론 유인일 수도 있고 ,가깝게는 ᄒᆞᆫ웅일 수도 있고, 더하여 우리에게 유익을 끼치는 '불' 자체이기도 하다. 모든 만물에 감사한 겨레이니.

여기서 불佛자를 보자.

이 글자의 이름은 불이다. 불.

우리가 말하는 연기 피어오르는 불과 같이 생겼다, 오른 쪽의 모습이.

불이 피어오르는 모습 같지 않은가.

그 옆에 사람 인人자가 있다.

인간에게 뭔가 뜨겁고 밝은 것이 피어오르는 것을 가르친 사람, 불!

바로 우리 조상이다. 그 뭔가 뜨겁고 밝은 것을 불이라고 하니, 그 발명품을 만든 사람도 사람 인人자를 써서 그도 그 위대한 '불'인 것이다!

인간에게 없던 전화라는 것을 발명한 이가 '벨'이기에, 지금도 전화에서 소리가 나면 벨이 울린다는 말로 그를 기억하고 기념하듯이.

전화정도의 편리가 아니라, 거의 인간생활에 혁명인 불!

유인께서 이미 불을 피우는 법은 가르쳤고, 크게 사해 족속들에게 불의 사용법을 가르친 흔웅. 불로써 사해족속들에게 유익을 끼친 우리 조상. 밝달 임금 왕 '곰'께서 주로 '나루'로 유익을 끼쳤듯이. '곰'나루.

말 나온 김에 여기서 미륵'불'에 대해 얘기해보자.

불교가 들어오기 전에도 우리나라에는 원시불교가 있었다고 얘기한다. 미륵불은 막강해서 여기저기 자기가 미륵불이라고 말하는 이가 인간이 달에 가는 21세기 지금 이 나라에서도 족히 수 백 명이 넘는다.

다른 어떤 불보다 막강하다. 왤까.

원래불이기 때문이다.

그리고 그건 지금의 불교가 아니니 원시불교란 말은 잘못된 거다. 그건 불교가 생기기도 전이니 불교가 아니라, 그냥 원래'불'이고, 바로 우리 조상이신 거다!

왜? '불'을 우리 인간에게 주어 유익을 끼친, 위대한 불과 같은 분들이기 때문이다.

그렇게 위대하게 여기며 숭상했던 '불'이란 말을 석가의 종교가 슬쩍 가져간 게다. 기독교가 하느님이란 말을 슬쩍 가져갔듯이.

그런 의미의 '불'교라면, 우리 겨레에게 본래부터 있었던 것이 맞고, 그런 의미라면 원시불교란 말보다는 본래 불교란 말이 좋을 듯하다. 헷갈리니 그냥 본래불이라는 말이 더 낫고.

그런데 왜 '미륵' '불'일까? 밝달 임금은 '곰'이라는 흔적을 남기셨는데, 유인이나 ᄒᆞᆫ웅을 상징하던 건 미르(용) 아닐까? 미르를 상징문양으로 했기에, '불'과 함께 우리에게 기억된 게 아닐까. 미르(용)가 오신다는 게 아니고, 사람이 미르를 타고 오신다는 것도 아니고. 물론 그럴 수도 있겠지만.

또는 그 '불'께서 미르 해에 태어나신 게 아닐까? 용의 해에.

여기서 다른 가설도 가능한데, '불'은 우리가 아는 1대 ᄒᆞᆫ웅이라면,

미르는 우리가 치우천왕이라고 알고 있는 후대의 ᄒᆞᆫ웅의 상징일 수도 있다.

밝달 임금시대에선 1대 밝달 임금을 능가하는 이가 없기에 밝달 임금하면 대략 다 1대 밝달 임금이지만, ᄒᆞᆫ웅시대에는 위대한 분이 두 분 있으니, 불로 유익을 끼친 1대 ᄒᆞᆫ웅과, 치우천황이라고 불리는 14대 ᄒᆞᆫ웅이 계시고, 그의 표상이 미르(용)일 수 있는 게다.

왜? 그는 전쟁의 신이라고 할 만큼 전쟁을 하느라 특히나 깃발을 썼을 것이며, 그 깃발의 표상이 미르일 수 있다. 그의 갑옷이 미르일 수도 있고.

옛날 집에선 가장 정하고 중요한 곳인 장독대가 있었는데, 장독대란 하늘에 정한 물, 정한 수를 올리며 상시적으로 하느님과 교신하는 곳이다. 집터가 센 곳에서는 철륭신을 따로 모셨는데, 철륭신이 누구일까.

철륭신, 철'룡'신, 바로 용, 미르(용)이신 우리들의 치우천황인 것이다.

불로 환치되는 유인도, ᄒᆞᆫ웅도, 미르로 표상되는 치우도, 우리 겨레에겐 자손만대를 지켜주시는 위대한 조상이요, 그 위대한 조상님들이 언제든 우리 자손이 힘들면 다시금 내려오셔서 우리 자손을 돌봐주실 거라고 믿는 것은 지극히 자연스러우며 당연한 것이다.

물론 유인의 이름이 미르일 수 있고, 표상이 미르일 수도 있다.

ᄒᆞᆫ인시대 이전의 미륵불이 발굴되어 나온다면, 유인이시다.

한 분이든, 세 분이든 우리조상이시다.

이렇게 생각하니, 미르불, 미륵불이 남이 아니요, 부처가 아니요, 우리 조상이란 것이 느껴지며, 아마 더 가깝고 이유 있게 느껴질 것이다.

멋지지 않은가. 당연하지 않은가.

그리고 미륵불은 예수도 아닌데 자꾸 구원하는 불처럼 온다고 했는지, 수긍이 가지 않는가.

우리 겨레와 재림, 구원..이런 것들은 좀 어색하고 낯선 데 말이다.

재림이나 구원이 아니고, 환생이신 거다.

그래서 하늘에서 뚝 떨어지는 재림이 아니라 인간 몸으로 오시기에 그가 누구일까 태어난 사람 중에 인물을 찾는 거고, 자기라고 하는 것이며, 구원이라기보다 구제인 것이다.

왠지 딱 맞는 옷 같지 않은가. 불교로도 좀 안 맞는 거 같고, 그닥 감이 안 오는 재림 불같이 느껴졌던 미르불, 미륵불이.

그리고 표의자로는 대(大)웅전이라고 쓰고 '흔'웅전, 한웅전이라고 읽어야 하는 것처럼,

그 절을 지키는 것은 한漢족도 벌벌 떨고 모실 정도로 위대한 치우셨으니 절마다 대문을 지키고 계신 이가 아닐까. 물론 워낙 사천왕설이 강하니, 불교가 들어오기 이전의 무엇이 나오지 않는 한, 이도 안 먹힐 가설일지는 모르겠으나.

살아서는 불한당 같은 적군들을 물리치셨고, 저 세상에 가셔서는 우리 자손들을 괴롭히는 악귀들을 제압하여 꼼짝도 못하게 하시리니, 절이란 우리 겨레에게 위대한 조상과의 해후가 상시적으로 벌어지던 곳이다!

그 일단을 그대로 엿볼 수 있는 것이 일본의 신사고, 신사에 모셔진 것은 조상이다.

일본이란 섬도 먼 선대엔 우리 겨레의 일단이 넘어간 것이리니.

뭔가 꼬리에 꼬리를 물고 무언가가 확연해지지 않는가.

모든 것과 교감하며 불에도 생명이 있다고 생각하는 겨레.

늘 우리 곁에 있는 불에 감사하고, 그 불을 우리에게 주신 그분을 기억하고 감사하며, 왕이 직접 그 불을 하사한 겨레.

그게 우리다.

그 '불'에 대한 고마움은 한漢족도 한식날 집에 버드나무 가지를 건다는 걸로

알 수 있으니, 도대체 개자추와 버드나무가 무슨 관련이란 말인가.

　그것은 오직 불을 피워 음식을 익혀 먹도록 가르친 조상을 기리던 것에서 연유한 것이니, '불'이란 발명품은 '유인'의 공로며, 조상을 잘 모시는 우리 겨레의 심성으로 보아 그렇게 큰 유익을 끼친 유인을 그 후대인 흔인(환인, 한인)이 당연히 기렸을 것이고, 그 후대인 흔웅도, 밝달 임금도 기렸을 것이다.

　이렇듯 한식은 인간에게 불이라는 발명품을 주신 조상을 기린 날이다!

『유인씨가 사람들이 추위에 떨고 밤에는 어둠에 시달리는 것을 불쌍하게 여겨, '나무를 뚫어' 불을 일으키고 부싯돌로 발화하여, 밝게 비추고 몸을 따뜻하게 하고, 또 음식물을 익혀서 먹는 법을 가르치니, 모든 사람들이 대단히 기뻐했다.
　有因氏 哀憐諸人之寒冷夜暗 鑽燧發火 照明溫軀 又敎火食 諸人大悅』

『흔웅씨가 처음으로 바다에 배를 띄워 타고.. 궁실 짓고 배와 차를 만들고 <u>화식</u>하는 법을 가르쳤다
　桓雄氏 始乘舟浮海..敎宮室舟車"火食"之法』

　그런 먼 윗대 조상을 섬기는데, 가까운 조상을 섬기는 것은 당연한 거다! 그러니 벌초하고 성묘하고. '한식은 귀신도 꼼짝 못하는 날'이라고, 묘를 이장하고 떼를 입힌다.

　당연하지 않은가. 사해 족속에게 유익을 끼친 위대한 분이니, 당연히 큰 신이 되었을 것이고, 그 분을 위한 날이니, 감히 귀신 나부랭이가 꼼짝하겠는가.

　그리고 조상 섬기느라 일 많은 그날, 행여나 못된 놈이 조상 섬기는 일을 뒤로 하고 봄이라고 일할까 보아, 그날 볍씨 뿌리면 말라버린다고 했으니, 누구나 일에 대한 걱정 없이 정성껏 조상을 위하며 화합할 수 있게 한 거다. 더하여 음식이 차서 데우면 좋을 시기지만, 삼짓날만큼 춥지 않고 먹을 만한 날이니, 아낙네들 번거롭지 않게 아예 찬 음식을 먹는 날로 그 일손을 덜게 하니, 그 지혜가 놀랍다.

더구나 산불이 잘 날 수 있는 때니, 더더욱.

또 한식 때쯤은 천둥이 자주 치는 날씨인 관계로 천둥이 치냐 안 치냐, 언제 치냐를 놓고 앞날을 예측한 말이 내려올 정도니, 그 자료가 '쌓여' '많은' 사람들에게 '구전'으로 내려올 정도로 그 만큼 연원이 오래되고 깊은 것이다.

그 연원을 알 수 없는 한漢족은 자기들도 선대가 하듯이 '불'을 기리지만, 문명의 본류가 아니기에 그 이유를 모르니, 후대로 와서 한漢족의 가방끈 긴 이들에 의해 개자추 운운하며 그래서 그랬나 그 연원을 추측하게 되었고, 달리 연원을 찾을 수 없으니 그런가 보다 굳어지며, 한漢족의 개자추 운운으로 역사의 동북공정이 일어난 것이요, 그 흔적이 남은 거다.

충성을 끌어내고 싶은 개자추 이후의 한漢족 지배계층의 욕구가 작동했겠지만, 단지 그럴싸한 어떤 일이 있다고, 알지도 못하는 누군가를 기리느라 전 민족이 동시에 자발적으로 무언가를 한다고? 더구나 옆 겨레까지? 그런 일은 지금도 어렵고, 예전에도 어렵다.

개자추 운운하며 문자를 읽는 이들은 그럴싸하게 '만든 이야기'를 하여 지배층의 의도를 관철할 수 있겠지만, 텔레비전도 없던 시절, 문자와 상관없이 사는 99%의 사람들을 인식시키기엔 그 수가 너무 많다.

텔레비전이 버젓이 있는 지금도 그렇게 대단히 숭고한 일을 한 테레사 수녀를 다 알고 있음에도, 그가 죽은 날을 우리나라 사람 누구도, 중국의 누구도 기념하지 않는다. 박정희대통령이나, 김대중대통령을 그렇게 따르고 존경하던 이들도 그렇게 하지 못한다. 아닌가? 몇몇이 한다 치자. 전 민족이 되던가.

노무현대통령 돌아가시고 길에 길게 늘어서 기념했지만, 그 기념하는 사람들 다 살아있어도, 10년이 채 안된 오늘날 그렇게 되던가?

13
꿋꿋이 살아남은 단오
-본래의 것에 후대의 것이 더해지다-

1) 어린 쑥과 '말' 날

청명 절기인 한식과 달리 단오는 명절이라 날짜가 전혀 다르다.
올해는 단오가 음력으로 따지면 서양력 6월9일, 작년은 6월20일이지만, 우리 고유력으로 보면 서양력 4월16일이다.
도대체 어디가 맞을까.
남아있는 풍속을 보면 알 수 있다.

쑥!
보통 달래 냉이가 들에 솟는 봄의 전령이라면, 쑥은 그것보다는 좀 뒤쯤 봄에 어린잎을 따서 쑥국을 끓이거나 떡을 해먹는다. 고사리도 어린 순만 먹듯이, 두릅도 어린 순만 먹듯이 더 지나면 쑥도 독해지고 쇠져서 부드러운 어린잎만 먹는데, 그게 봄이다.

단오의 대표적인 음식이 쑥떡이고 수리취인데, 6월9일이면 벌써 입하가 지난 여름 길목으로 그때 쑥을 따다 쑥떡 해먹기는 어렵다. 참고로 나는 올해 어느 분 덕분에 고유력 단오에 방금 따서 무친 일곱 가지 나물을 먹을 수 있었다. 그 나물 들 6월 지나서도 먹을 수 있을까?

왜 이런 일이 벌어질까.

력이 달라져서 그렇다. 고유력의 날짜를 그대로 음력에다 갖다 놓으니, 그 날 짜의 풍속과 계절이 안 맞는다.

그래서 요즘 사람들이 하는 방법? 봄에 어린 쑥을 뜯어놨다가 삶아서 냉동보 관 하고, 소위 단오라고 쓰여 있는 날까지 기다렸다 꺼내서 떡 해먹는다.

그랬을까? 냉장고 없던 수천 년 전에?

바로 따다 싱싱하게 해먹을 수 있는 날 다 보내고 굳이?

진리란 상식이다.

그리고 음력 5월 5일에 대한 설명들을 찾아보고 별 생각 없이 그런가보다 하 고 넘어가지만, 그런 말들을 따져보면 다 맞지 않는 말들임을 안다.

『단오(端午)는 초오(初午)의 뜻으로 5월의 첫째 말날을 말한다.
　음력으로 5월은 오월(午月)에 해당하며, 기수(홀수)의 달과 날이 같은 수
　로 겹치는 것을 중요시한 데서 5월5일을 명절날로 하였다』

얼듯 보면 그런가보다 한다. 나도 그랬다.

그리고 력을 만들고 다시 보니, 말이 앞뒤가 맞지 않았다.

단오는 초오(端午)로 음력 5월의 첫째 말날이라면, 음력 5월1일(서양력 6월5일) 무오일이거나, 음력 5월 5일 이후 처음 말날이라면 음력 5월 13일(서양력 6월 17일) 경오일이다. 5월5일과는 상관이 없어지는 것이다.

그런데 단오는 분명히 명시적으로 5월5일이다.

이게 무슨 일인가.

양력인 우리 고유력이 어떤 이유에서든 사라지자, 음력에다 우겨넣으니 하지 가까운 6월 20일이나, 6월9일 어린 쑥이 나와야 하는 자연이치에 안 맞는 일이 벌어진 것이다!

또 다른 설명을 보면 오午는 오五라고도 한다.
단오가 5일이니 그 이유를 끌어내느라 애쓴다.
그리고 단오가 극양일이란다. 그래서 그날을 기념하며, 무엇 무엇을 한다고 설명한다. 그런가보다 싶었지만, 늘 왜 극양일이 5월5일까..그런 생각을 했다.
9는 홀수지만 3의 3배수니 그렇다고 치더라도, 5보다는 더 큰 소수 7이 있는데, 왜 5가 7보다 더 '양'일까.
단오가 막연히 극양이라는 그 말이 그닥 딱 맘에 와 닿지 않았다.
만약 홀수며 소수인 7이 겹친 수가 극양이라고 했다던가, 해가 가장 긴 하짓날을 극양이라고 했다면, '아 그렇구나' 했을 것인데, 큰 수도 아닌 5가 겹친 수를, 7이 겹친 수보다 높이니, 그게 늘 그렇다니, 그렇구나 하면서도 석연치가 않았다.
그리고 력을 만들고 다시 주의 깊게 살펴보니, 5가 겹친 단오가 제일 '양'인 날이라며, 극양이라고 한 이유를 알았다.
간단했다.
현재 음력으로 7이 겹치는 7월7석은 처서 3일전인 8월20일이거나(2015), 입추 이틀 뒤인 8월 10일(2016)이니, 현재 음력으로서는 7이 겹친 수가 벌써 가을로 접어들어 극양일 수가 없는 거다. 아, 그래서 아직 여름인 5월 5일이 더 극양이라고 한 거구나!
그리고 왜 5가 겹치면 극양인지 길게 설명한다.
그런데 잘 따져보자.
'양'이란 해로부터 비롯된다는 건데, 극양이라는 그 날짜가 지금처럼 음력으로 하면, 어느 해는 6월 20일이고, 어느 해는 6월 9일이고,..양력으로 열흘이나 차이난다.
극양은 '해'인데, 해마다 열흘 이상씩 차이 나는 게 이상하지 않는가.

하지나 동지, 춘분, 추분이 해마다 열흘 이상씩 차이 나던가?

극'양'인데, 어떻게 가장 '극'한 해의 양력날짜가 해마다 열흘이상씩 달라지는가 말이다.

단오는 절기가 아니라고?

안다. 그럼 '극' '양'이라는 말은 하지 말아야 한다. '극' '양'이 있다면, 그건 해마다 같아야 하고! 하긴 먹고 살 일 아니니, 누가 그렇게 열심히 따지리오 마는.

물론 고유력은 해마다 같다!

무력을 배경으로 한漢족이 우리 겨레의 연호를 없애게 했듯, 어떤 이유에서든 우리 력을 없애게 했을 것이고, 그 력이 없어진 것은 한漢족으로서는 마치 자기들이 문명의 진원지인 냥 속 시원하고 좋은 일이었으나, 기념일은 딱딱 해에 맞지 않는 일이 생겼다.

기념일이 좀 안 맞는다고 죽고 못 살 일도 아니고, 뭔지 딱딱 맞지 않아 긴 설명이 필요해지긴 하지만, 그냥 작년에 하던 대로 올해 날짜를 좀 바꿔서 하면 되는 것이고, 날짜를 바꿔서 하다 보니 또 그런가보다 싶어 그것에 맞는 논리도 만들어지고, 그것에 맞는 새로운 풍속거리도 생기고 나름 풍성해진 것이다.

적응 잘하는 우리 겨레는 한漢족과 날짜를 맞춰 지내며, 어차피 지낼 거, 그 계절에 맞게 또 여러 가지를 기념하면 되는 것이다.

도대체 어떻게 된 일일까?

2) 단오는 하루가 아니다!

단오는 설, 추석, 다음으로 큰 명절이다.

'돌베개 베는 날' '며느리 날'이라고 하는 말에서 보듯, 나들이하기 좋은 날이고, 남녀가 만나 사랑을 해도 덥거나 춥지 않고 맞춤인 날이다. 며느리가 친정에 다녀오는 날이고, 그네 타고 창포에 머리 감으며, 이몽룡과 춘향이가 눈 맞은 날이다.

그리고 단오는 하루가 아니다!

고유력을 보시라.

해력인 고유력의 5월 5일 시작해서 첫 번째 말 날(午)이 올 때까지 잔치를 했던 거고,

이때는 밤낮이 같은 춘분에서 한 달쯤 지난 시기로, 낮(午)이 조금씩 길어지는 조짐이 느껴지는 때다.

즉 단오는 숫자인 5도 겹치지만, 밤을 이긴 낮(午)이 길어지는 걸 기념하면서 말(午)날까지 잔치하여 멋스럽게 오(午)라는 글자의 뜻도 겹치게 한 중의적인 날이다. 참으로 풍류가 느껴지는 멋스런 날이다.

우리 고유력으로 하면, 올해의 경우 고유력 5월5일부터 경오일인 7일(서양 4.16~18)까지고, 작년의 경우 5월5일부터 경오일인 13일(서양4.17~24)까지다.

봄은 여성의 마음이 싱숭생숭 하는 때다.

그리고 단오는 늘 지금 서양력으로 4월16일경에서 시작해서 일주일씩도 되어서 나들이하기 좋은 봄의 한가운데로, 돌베개 베기에 적당하고, 농사를 위해 하늘에 감사를 올리고, 풍농을 기원하는 때고, 하루라면 어렵지만, 지금처럼 차가 없어 걸어가더라도 며느리가 친정에 다녀올 수 있을 만치 시간적 여유가 있는 명절이다.

'단오 물 잡으면 농사는 다 짓는다.'
'오월 단오 안에는 못 먹는 풀이 없다.'
소 군둘레 끼우는 날, 소 시집가는 날, 쇠코 뚫는 날..

모두 봄에 일어나는 일이다.

지금처럼 음력 5월5일로 하면 여름인 입하도, 소만도, 망종도 지나 심지어 어느 해는 하지도 지나 단오가 있는데, 그때 풀 먹었다간 큰일 난다!

그러니 하지까지 가는 지금의 음력 5월5일이 아니다!

단오는 오午에서 보듯 양력이며, 그 낮인 오후의 끝(端)이 조금씩 길어지는 것이 느껴지는 때다!

단오에는 단오부채가 있고, 앵두화채가 있고, 약쑥 캐기도 있는데..
맞다.
낮의 끄트머리가 조금씩 밤보다 길어지는 게 느껴져야 할 '단''오'端가 음력으로 날짜를 잡다보니, 낮이 가장 긴 극양의 하지까지 넘어가니, 그런 일이 벌어진 것이다.
실은 양력인 유두와 하지의 일이 모두 음력 단오 속으로 들어가 버리니, 물맞이 유두의 머리감기도 단오로 가버리고, 극양인 하지에 해야 할 것도 단오로 가버리는 일이 벌어진 것이다.
그럼 단오부채도 그렇겠네?
아니다.
더워서 부채를 하사했다고 생각하겠지만, 아니다!
잘 생각해보라. 단지 더워서 필요한 거라면, 그냥 만들어 쓰면 될 일, 굳이 그 많은 인력과 비용을 들여서 왜 임금이 하사하겠는가.
도대체 단오는 무엇을 기념한 걸까?

3) '수리'의 날과 수레

『중국의 옛 풍속을 전하는 《형초세시기(荊楚歲時記)》에 따르면 단오에는 약초를 캐고, 재액을 예방하기 위하여 쑥으로 만든 인형이나 호랑이를 문에 걸었으며, 창포주·웅황주(雄黃酒)라는 약주를 마셨다. 약초·창포·쑥 등을 이용한 것은 강한 향기와 약성 때문인 것으로 생각된다.』

흐웅의 도를 따랐던 단군이 분명 흐웅을 기렸을 텐데, 왜 그 흔적이 남아있지 않을까, 어디에 남아있는데 못 찾는 걸까. 그리고 궁구하던 어느 날 단오의 풍속을 보고 무릎을 쳤다.

이유 없이 웅황주를 먹고 있는 한漢족의 풍속에서!

웅황? 그럼 흔웅인데?

그리고 모든 것이 줄줄이 꿰어졌다.

단오는 수릿날이라고 불린다.

수릿날. 수리의 날.

'수리' 부엉이, 독'수리'로 남아있는 그 이름.

머리에는 한 가운데 정'수리'.

무언가의 으뜸. 꼭대기. 우두머리.

바로 웅황 '흔웅 수리'의 날이라는 소리다! 수리가 그의 이름이든, 그의 표상이든.

1) 『열양세시기(洌陽歲時記)』에는 수뢰(水瀨)에 밥을 던져 굴원을 제사지내는 풍속이 있음으로 수릿날이라고 부르게 되었다고 한다.

2) 이 떡을 수리취떡, 쑥떡이라고 한다. 술의라는 말은 우리말에 거(車)라는 뜻인데, 그 떡의 형상이 거륜(車輪)과 같다 하여 떡 이름도 수리(술의)떡이라고 하고 그 떡에 넣는 취도 수리취라 하며, 단오일을 또한 '술의일'이라고 부르게 된 것이다.

3) 한국인은 대략 일 년에 세 번 신성 의상인 빔(비음)을 입는다. 설빔, 단오빔, 추석빔이 바로 그것이다. 단오빔을 술의(戌衣)라고 해석한 유만공의 할주(割註)에 따르면 술의란 신의(神衣), 곧 태양신을 상징한 신성 의상임을 알 수 있다.

4) 고려가요 《동동(動動)》에는 단오를 '수릿날'이라 하였는데 수리란 말은 상(上)·고(高)·신(神) 등을 의미하며, 수릿날은 신일(神日)·상일(上日)이란 뜻을 지닌다.

이 설명들을 보건데, 이 설명들은 수릿날이라고 불리어 오는 단오가 왜 수릿날인지 모르기 때문에, 그 연원에 대해 이렇게도 저렇게도 말하고 있는 걸 본다.

또 수릿날이 본래적인 말이라, 이두처럼 수리를 음차한 '술의', '수뢰'란 말들을 대웅전처럼 그대로 한자식으로 읽어 자꾸 말을 만들어내고 있음도 본다.

이것은 수리가 무엇인지 모르는 시대까지 내려온 시점에서 이 문헌이 만들어졌음을 의미하는 것이고, 이미 모르기에, 어렴풋이 '상(上)·고(高)·신(神)' 등을 의미하며, 수릿날은 신일(神日)·상일(上日)이란 뜻을 지닌다.'라고도 한 것이다.

배와 수레 만드는 법을 가르치고, 궁실을 지어 살게 했으며, 화식하는 법을 가르치려고 사해를 순방하신 '흔웅 수리'는 밝달 임금시대에 이미 우리 겨레에게 위대한 조상신이었으며, 사해 족속들에게 유익을 끼친 고마운 황이었다.

사전의 설명처럼 수리가 수레라는 말에서 나온 게 아니고, '흔웅 수리'께서 수레를 만드는 법을 사람들에게 가르쳤기 때문에, 즉 둥그런 바퀴가 달려 잘 굴러가는 발명품을 만든 것이 '수리' 시기에 그 이름에 연유하여 수리의 것, 수리에 것, 수리에, 수레란 이름이 붙은 것이다.

벨이 만든 전화에서 벨이 울리듯.

수레와 배란 인간의 교통수단에서 얼마나 혁명적인 사건인가!

수 천 년이 지난 지금도 유용한 인간 발명품인 수레와 배.

중요한 것을 담아 물을 잘 건너가는 저 발명품의 이름에, 인간의 배처럼 불룩하기에, '배'란 이름을 붙인다.

반만 년 전 하늘에 제를 올리던 밝달 임금의 예법대로 지금도 그대로 실행하는 대종교(단군교)에선 모든 과일 중에 하늘에 '배'만 올린다.

그 둥그렇고 단 열매에 왜 '배'라는 이름을 붙였을까?

사해를 순방하시던 수리께서 '배'를 통해서 들여오셨을까?

'배에서 내려온 열매', '배에서 들여온 열매' 하다가 줄여서 '배'가 되었을까? 수리는 배라는 과일을 무척이나 좋아하셨을까? 지금도 제상에 돌아가신 분이 좋아하시면 바나나까지 올라가듯?

산에 가면 팥만 한 팥배가 있으니, 먹기에는 아주 작아 술을 담그는 데, 달콤하다. 팥배라는 말을 보면, 배를 먼저 인식했고, 그 배와 생태학적으로 종류가 가까운 열매길래 팥배가 된 것이다.

만약 그 작은 열매를 먼저 인식했다면 그게 배가 되고, 우리가 지금 먹는 큰 배는 다른 이름을 가졌을 것이다. 모두가 ᄒᆞᆼ 수리의 다스림 아래 있었으니 '호'나 '왜'나 '양'이라는 글자는 붙지 않더라도.

또는 단지 그 물 위에서 타는 '배'를 기념하기 위해 어느 열매에 '배'라는 이름을 붙인 걸까? 뭐 그럴 수도 있다. 그리고 배달겨레란 말을 보건대, 배가 또 다른 우주의 무엇을 지칭하는 깊은 뜻이 있는 말일 수도 있다. 궁구할 일이다.

그렇다면 ᄒᆞᆼ 수리의 또 다른 발명품 수레도 있는데?
맞다.
하늘을 알기에 당연히 정직한 우리 겨레의 특성 때문에 거기서 또 다른 진실을 만날 수 있다.

수리가 만들어 수레가 되었지만, 수레의 핵심은 바퀴인데, 수레의 그 핵심적 둥그런 것의 이름은 수레가 아니라 바퀴다.
왤까.
'사람들이 힘들게 들지 않고, 옮길 수 있는 물건을 만들라'고 온 사람들을 사랑하여 그 명을 내린 것은 '수리'시지만, 그 임무를 연구한 이는 여럿이었을 것이고, 그 핵심적 둥그런 무엇을 만들고, 그것을 연결하면 굴러갈 수 있다는 것을 발명해낸 사람은 바퀴인 것이다. 바퀴.

바퀴라는 우리나라 말을 쓰는 사람만이 유추할 수 있는 말이다.

ᄒᆞᆼ웅시대에 족보 쓰는 법을 가르쳤다고 하니, 신라의 박제상 집안도 눌지왕으로부터 '영해 박'이라는 씨를 하사 받아 영해 박'씨' 집안의 시조가 되셨다.

이 '씨'라는 말이 나중에 '성'이라는 소위 한자어에 밀리니 '성'이라는 말로 바꿔 쓰되 느낌이 오지 않아 '성씨'라는 말이 생겨나 통용되고 있는 것이고, 바로 서울 역'전' '앞'이라는 말과 같아진 셈이다.

'씨'란 말이, 영어의 '미스터'를 번역한 최근의 것으로 알지만, 아니다.

〈부도지〉란 책은 신라초기 책으로 그 '성'이란 소위 한漢자어가 침범하지 않은 상태의 우리 겨레 원래의 '씨'라는 말을 그대로 쓰고 있어 '임검씨' '흔웅씨'..라는 그 '씨'라는 말을 문자로 사용하고 있다. 우리말의 씨를 음차한 표의자인 씨氏로.

우리는 그 용법을 여전히 사용하고 있는데, 박씨, 김씨, 이씨..하지, 박성, 김성, 이성 하지 않는다. 물론 더러는 할 것이고, 알아야 듣지만.

그런데, 인터넷 한자사전에 그 훈을 달기를 '성씨 성'이렇게 달고 있으니, 학교를 통해 교육을 받은 이들이 씨가 우리말인지 알지 못하는 것이다.

그 '씨'는 우리말이니 '성씨姓氏 성姓'이라며 '성'자를 버젓이 달아놓으면 안 되고, 그냥 '씨 성姓'자 라고 바꿔 달아야 한다. 누군가 무지해서 우리 문화를 스스로 죽이고 있거나, 아니면 의도적으로 지우고 있다! 의도가 아니라면 바꿔야한다. 의도라도.

'씨'자가 나왔으니 말인데, 소위 한자어라는 표의자를 누가 만들었는지도 여기서 알 수 있다.

씨자를 찾아보면, 바로 '각시 씨'자이며 각시씨 부의 우두머리(首)다.

즉 기존의 표의자가 있고, 그것을 채택하여 조직적으로 글자를 많이 만들어 상용화한 시대가, 반역한 요의 후손 중에 한漢을 세운 때라면, 각시 씨氏자가 있었고, 각시 씨氏자는 그것으로부터 발생된 글자를 나누고, 필요하면 더 만들어 보태고한 시대보다 앞이라는 것이다.

그래서 각시 씨氏자가 그 종류의 문자들의 우두머리(首)요,

그렇게 복잡한 차車자도 그 종류로 나눈 부部의 우두머리인 것이다.

즉 인위적으로 대대적 문자를 만들어내기 이전부터 있었다는 거다.

그래서 차車자가 복잡함에도 '입 구口' 부(部)이거나, '한 일一'부가 아니라 '수레 차車'부인 것이다.

왜냐. 수레모양 그대로 이기에.

대대적 문자 활용 이전에 수레와 수레 차라는 표의자가 이미 있었기에.

(수레의 핵심을 그린 것이다. 수레를 위에서 보면, 양 바퀴가 있고, 양 바퀴를

가로질러 연결한 대 위에, 실을 것을 올린 모양이다)

　만약 이미 부계사회인 한漢대나, 전쟁에 용이한 '부계'사회인 요순이라면 여자인 '각시 씨'가 소위 성씨를 가리키는 '씨'가 되었겠는가!

　즉 이 글자 자체에서 각시 즉, 성인이 되어 결혼한 여자를 이르는 말이고, 지금도 우리는 각시라는 말을 그렇게 쓰고 있으며, 그 '씨'가 각시를 중심으로, 즉 여자인 어머니(母)계를 중심으로 내려왔음을 보여준다.

　즉 모계의 역사가 있는 겨레가 만들었다는 거다!

　그랬던 것이 전쟁이 용이해지고, 도구에 능한 남자를 중심으로 다시 재편되었으니, 인류역사에서 긴긴 모계의 경험이 있는 우리 겨레가 그 경험, 역사를 그대로 살려 문자화한 것이고, 그 근본을 밝힌 것이니, '씨 성姓'자를 분해하여 풀어보아도 여자에게서 태어난 것이지, 즉 모계사회지 부계사회가 아니다. 즉 부계사회부터 시작한 요의 후손인 한漢족이나 그 겨레가 만든 것이 아니다.

　또 누군가는 그럴 것이다. 한漢족이 근본을 밝혀서 할 수 있는 것이라고. 그럴 수도 있겠지.

　그러나 한족은 처음부터 남자가 '성'을 이어간 부계의 겨레이다. 아마 그들이 만들었다면, 씨 성자가 女+生이 아니라 子+生이 합해진 글자가 됐을 것이다. 그 시대로는 그게 사실이니까.

　인류지성의 축적으로 당신이 알고 있는 것을 그들도 알고 있을 거란 건, 착각이다. 그들은 인류역사에 모계사회가 있었다는 것을 모른다. 이미 밝달 임금시대는 벌써 오래전부터 부계사회였으므로. 훈웅도, 훈인도.

　모계사회는 우리 겨레에게도 아주 먼 옛날의 일이지만, 그 문명의 핵을 유산으로 이어받아 늘 그 세상을 구현하려고 노력했기에 한 번도 멀어지지 않고 삼신할머니와 함께 하며 그 근원을 잊지 않을 뿐이다.

　우리 겨레와 역사를 같이 했을 바이칼호 근처의 어느 겨레는 지금도 딸에게서 딸에게로 이양되는 나라를 이루며 살고 있다.

　그들이 문명의 중심지, 발원지가 아닌 이유는 이상향인 어머니 중심의 마고성을 떠나면서부터는, 이미 온갖 짐승과 다른 족속의 위협, 이동 등에 용이한 사내

들에게 그 주도권이 넘어갈 수 있기 때문이다. 물론 더러는 그대로일지라도.

　사실 지금 보아도 모계사회가 나쁘지 않다. 피로 연결된 모계사회는 결혼으로 이루어져 깨질 수 있는 부계사회보다 낫다. 다만 가족 개념이 나만의 가족이 아니라, 우리라는 가문개념으로 바뀌어야 가능하겠지만. (그래서 우리는 그 모계의 기억으로 우리 집, 우리 엄마, 심지어 우리 마누라라는 말을 쓰고 있다)

　신라시대까지도 여자를 중심한 원화와 화랑이 내려왔으니, 어머니인 여자를 당연히 중요하게 여기되 우리 겨레가 모계사회를 그대로 지키지 않은 것은 '인간 본성을 회복해야 한다'는 것이 중요한 것이지, 단지 생물학적 여자가 중요한 것이 아니기 때문이다. 요즘말로 여성성 운운이라고 말하며 근사치로 말하려고 하지만, 그것은 여성, 여성성을 넘어선 인본人本이며, 본성회복이란 '홍익인세'하는 것이며, 이미 그 정신의 올갱이를 흔웅시대부터 익히 밝혀놓으셨다!

　홍익인간이란 말이 늘 이상했다.

　인간이란 말을 쓴 것 자체가 얼마 되지 않는 근세의 일이며, 어떤 고전에서도 사람을 가리켜 인人이라고만 했지, 인간이라고 한 걸 본 적이 없다. 그리고 우주만물을 사람과 떨어져 생각하지 않는 우리 겨레가 왜 단지 홍익 '인간'일까..늘 좀 앞뒤가 맞지 않는다고 생각했는데, 우리 겨레가 오염되기 이전의 〈부도지〉를 읽다 눈이 휘둥그레졌다!

　홍익인세!

　아 그거구나! 소위 '홍익인간'이라고 말하는 것의 '내용'에 딱 맞는 말이 '홍익인세'다.

　그 말로 이미 확연해지는 것을 홍익인간이라는 말과 딱 맞지 않으니, 홍익인간을 알게 하려면 길게 길게 설명하고 있는 거다.

　기존의 〈부도지〉 번역에서 인세人世를 인간세상이라고 번역하였거나, 그냥 인세人世라고 하고 넘어가고 있는데, 그럴 일이 아니다.

　의도하였든 의도하지 않았든, 이것은 어느 시대에 그 말이 변형되었다는 거다. 사람을 그냥 인人이라고 표현하던 시대에 존재하던 우주관, 세계관이 어떻게 수

천 년 뒤에나 생길 말 인간으로 말하여지냐 말이다.

홍익인간이란 말은 '인간'이라는 말이 생긴 이후며, '홍익인세'라고 했을 때 우리 겨레는 금방 잘 이해되고 당연하다고 여긴다. 그러던 것이, 사람이 널리 인간과 '세상을' 이롭게 한다는 그 말 자체가 이해되지 않고 마음에 와 닿지 않는 누군가에 의해, 홍익인간으로 변형이 일어난 것이다. 의도였든, 의도가 아니었든.

즉 지금 소위 홍익인간의 '내용'에 꼭 맞는 말이 '홍익인세'며, 그것은 인간과 세상, 또는 인간을 포함하여 세상이다. 단지 인간뿐이 아니고, 모든 생명에 빚지고 사는 것이 사람임을 알기에, 즉 세상 만사할 때의 그 세상이니, 인간과 온 우주, 삼라만상을 포함한 유형, 무형의 모든 것의 총합이다.

널리 인간과 세상 모든 것에 이롭게 하는 것, 그것이 홍익인간의 내용이고, 그거에 꼭 맞는 말이 '홍익인세'이니, 하느님을 회복하듯, 우리 생각에 맞는 원래의 우리말을 우리가 다시 회복해야 할 일이다.

홍익인세!

널리 인간과 세상을 이롭게 하는 것.

그것은 인간이 회복해야 할 복본의 핵심이며, 그렇게 할 때만이 사람이 태어난 본성의 회복으로 원래 인간이 태어났던 그 세상을 구현할 수 있는 것이다.

인간이 만물의 영장이라는 잘못된 생각에서 자연을 대상화함으로써 자연을 보호내지 지배해도 된다고 착각하고, 인간을 위하여 수많은 원시림을 베어내는 것, 그것은 서구의 미혹된 철학과 잘못된 앎에서 비롯된 것이요,

사람은 그저 우주만물의 한 부분이요, 그러기에
이치와 진리로 운행하시는 우주만물, 하느님의 이치대로 살며
서로 빚지고 살되, 서로 돕고, 서로 나누며
맡은 직분-왕, 선비, 노비-은 다르고,
맡은 형상-개, 돼지, 사람-은 다르지만,
그저 생명이라는 한 근원에서 나왔을 뿐이다.

나 아닌 남이라고 해서 죽여서도 안 되는 것이요,

우리 겨레 아닌 다른 겨레라고 해서 함부로 죽여서도 안 되는 것이니, 전쟁이 있을 수 없다.

꼭 필요한 경우가 아니면, 짐승과 미물을 죽여서도 아니 되는 것인데, 하물며 사람은 말해 무엇 하겠으며. 내 이익을 구하고자 전쟁을 어찌하겠는가.

그래서 하늘의 도를 지키고자 응전을 할뿐 정복의 전쟁은 하지 않으니, 적통의 우리 겨레와 징기스칸의 겨레와 갈리는 까닭이다.

어디서 본 듯하지 않은가.

영화 〈아바타〉의 판도라 행성의 그네들.

서로 직분은 다르되 부족함이 없고,

다른 생명을 취하되 그 감사와 미안함을 잊지 않는.

그리고 필시 '적'이라고 생각해도 하늘의 택하심이라고 하면,

내 생각을 유보하고 하느님의 선택을 따르는 이들.

그래서 일제 치하를 겪어 치 떨리는 일본인일지라도

패망하여 도망가는 처지의 일본인을

일본이라는 나라와, 그 땅의 백성을 구별하고,

자기 집에 들어온 짐승은 해하지 않는 옛 조상들의 가르침대로

일면식 없는 일본인을 살려주어 보내주는 겨레.

상대가 잘못했으니 나도 잘못해도 된다고 생각하지 마시라.

숱한 영화에서 보듯 우리는 서구 사상의 교육으로 그래도 되는 것처럼 여기지만, '눈에는 눈, 이에는 이'라도 되는 것이라고, 그게 합당하고 합리적이라고 생각하지만,

우리 겨레의 기준은 미혹한 사람의 생각이 아니고, 우주만물을 내신 '우주본체 그 자체이신 하느님' 앞에 옳은 것이니, 그저 하늘 앞에 떳떳해야 하는 것이다.

하느님이 불의하지 않는데, 어떻게 내 옆에 사람이 불의하였다고 내가 불의해도 되는 이유가 되는가.

그건 변명이 될 수는 있으되, 그저 부끄러운 변명일 뿐이다.

의란 불의를 참지 않는 것이지, 같이 불의해지는 것이 아니다!

우리 겨레는 의를 중시하고 행하려고 하지,
내 이익, 우리 무리의 이익을 구하는 것을 중시하지 않는다.
의를 구현하는 것이라고 생각했기에 목숨을 버리면서까지 동학에 열광했고, 3.1만세운동에 열광했고, 막스의 이론에 열광했고, 통일이 힘을 얻는 것이다.
다만 옳기에. 자기 주머니가 두둑해지는 일이 아닐지라도.
그것은 우리 겨레만이 아니고, 사람이면 누구나 하느님의 씨앗이 있기에 본성적으로 그런 것이며, 다만 씨앗이기에 잘 키워야 하듯 누가 그 본성을 잘 닦아 구현하느냐의 문제인 것이다.
잘 구현할 수 있는 진리체계를 가졌느냐의 문제이고.
왜 진리여야 하냐의 문제이고.
하느님은 진리시기에 진리만이 싹을 틔우고 잘 자라게 하기 때문이다.
정성. 좋다.
우리 겨레의 성경인 〈참전계경〉에도 정성이 얼마나 중요한지 잘 나와 있다. 그러나 정성이 도달할 수 있는 하늘과 진리가 도달할 수 있는 하늘이 다르다.
진리의 하늘은 정성은 당연히 기본으로 하되, 정성만으로는 안 되는 세계이다.
새벽기도가 도달할 수 있는 하늘과, 자기를 내려놓으라는 면벽수행이 도달할 수 있는 하늘은 그래서 다른 것이다.
그리고 어떤 무기를 사용했든, 다행히 진리를 만난다면, 그 순간 다 같다.
기도로 진리의 하늘과 만난 여러 사람을 만났는데, 기도든 명상이든 그 방법은 똑같다. 자기를 내려놓는 것.
다행히 우리 대부분은 그렇게 할 수 없고, 할 필요도 없다. 그건 그런 사명을 타고 난 이들이 하면 될 뿐, 우리는 하느님의 일단이 있으니, 진'리理'를 가늠할 수 있는 '이理'성을 사용하면 되기 때문이다.

다만 이성이 약해지는 것이 자기 이익이니, 그것만 내려놓으면 된다.
좀 어려울 수는 있지만, 대신 기쁘다.

우리 겨레에게 있어서 모든 것이 완전한 '이상향'은,
죽어서 가는 서쪽 하늘의 무엇이거나, 죽어서 하늘나라에 가게 되는 무엇이거나, 인간이 선악과를 따먹은 죄를 지어 도저히 다시는 갈 수 없는 에덴동산이 아니라, 그 본성을 회복하여 구현하는 것이라고 생각하고 늘 몸과 마음을 닦아야 한다고 생각했으니,
그것은 기도한다는 이들의 계시나, 믿는 자들에게만 복을 내리는 믿음으로 되는 것이 아니요, 오직 이치로, 진리로 존재하시는 하느님을 본받아 그렇게 삶으로써 이루어지는 것이라고 가르치고 있다.
그래서 부모에 효도하고 이웃과 콩 반쪽이라도 나누며 그렇게 살았던 것이고.

이렇듯 너무나 이치적이라 '미혹될 만큼 강렬하지 않은' 우리 겨레 본래의 문화가 있고,
소위 가방끈 긴 지배층을 통한 한漢족의 문화 침투가 있고,
일제강점에 의한 우리 문화 말살과 일본문화의 강제,
대규모 교육에 의한 서양문화의 침투까지,
그것이 다 얽혀 있는 까닭에 그 무명을 걷고 '씨'란 말을 깨닫는 데는 물론 몇 년이 걸렸다.
소위 한漢족의 사서삼경에 없는 '씨氏'라는 말이 오히려 더 상고의 이야기에는 아주 잘 나와 있으니. 수인씨, 복희씨, 신농씨, 반고씨..
〈부도지〉의 흔인씨, 유인씨, 흔웅씨, 임검씨..
사람을 일러 그렇게 부르는 것은 우리 겨레 상고시대부터의 버릇인 게다. 지금도 걸핏하면 박씨 이씨 하듯이.

그렇게 씨는 누구나 갖는 것이 아니고, 신라시대에도 하사할 만큼 공로가 있어

야 하는 특별한 것이었고, 족보 쓰는 법을 가르친 ᄒᆞᆫ웅께서 돌아가는 둥근 것을 만들어 인간을 유익되게 한 이에게 씨를 내렸을 것이니, 그 씨가 '밝'이었을 것이요, 그 대단한 '둥글게 굴러가는 것'은 그 '씨'까지 내려 받은 '밝이의 것', 바키의 것, '바키의', '바퀴'가 되었을 것이다. 누구 것이라고? 바퀴!

해시계를 세종시대에 만드셨으되, 장영실이 만들었음을 밝히는 것처럼.

자 이제, 그 'ᄒᆞᆫ웅 수리'의 발명품 '배'의 유익은 사해가 족히 기념할 만 하니, 왜 단오취 이름이 '수리'인지,

수리취 절편에 왜 수레 문양을 넣는지,

왜 이유 없이 한漢족이 단오에 배 씨름을 하는지 모든 게 명쾌해지는 일이다.

4) 단오부채와, ᄒᆞᆫ웅

단오에 대한 사전설명을 더 찾아보면,

5) 단옷날을 수릿날이라고도 하는데, 수리란 신(神)이라는 뜻과 '높다'는 뜻으로 이 것을 합치면 '높은 신이 오시는 날[지고(至高)한 신이 하강(下降)하는 날]'이란 뜻이 된다.

6) 또 전국시대 초(楚)나라 시인 굴원(屈原)이 자신을 모함하는 사람들에게 결백을 주장하기 위해 멱라수(汨羅水)에 빠져 죽었는데, 그의 죽음을 슬퍼하는 뜻으로 대나무통에 쌀을 넣고 소태 나뭇잎으로 감아 물속에 던지던 풍습이 있었다. 이것이 변하여 대 나뭇잎으로 싸서 찐 떡을 먹는 지금의 풍습이 되었다고 한다. 또 멱라수에 빠진 굴원을 작은 배로 구한다는 의미의 놀이로 일종의 보트레이스인 용선경도(龍船競渡)가 행해졌다.

7) 단오는 봄철의 큰 명절인 만큼 여러 가지 놀이를 하며 즐겼다. 마을에서는 단오

전에 청년들이 집집마다 다니며 짚을 추렴하여 그네를 만들었다. 단오에는 남녀 노소를 막론하고 고운 옷을 입고 그네를 뛰었다. 장정들은 넓은 마당에서 씨름을 하여 승부를 낸다. 그 법은 두 사람이 마주 꿇어앉아서 각기 오른손으로 상대의 오른쪽 다리를 당겨 일시에 일어서서 서로 들어 던져 거꾸러지는 자가 지는 것이다. 그 중에 힘이 세고 손이 빨라 거듭 이긴 자를 판매기라 한다. 중국 사람이 이를 고려기(高麗伎)라 하였다.

8) 한국의 경우, 고대 마한의 습속을 적은 《위지(魏志)》〈한전(韓傳)〉에 의하면, 파종이 끝난 5월에 군중이 모여 서로 신(神)에게 제사하고 가무와 음주로 밤낮을 쉬지 않고 놀았다는 것으로 미루어, 단오를 농경의 풍작을 기원하는 제삿날인 5월제의 유풍으로 보기도 한다.

도대체 그네 띄고, 씨름하고 꽃단장하는 잔치가 물 빠져 죽은 거랑 무슨 상관이란 말인가?
물 빠져 죽은 것과 배 씨름은 또 무슨 상관이란 말인가?
즐거운 경사에 죽는 얘기라니, 즐거운 남녀 짝찾기에 물 빠져 죽은 소리라니 왠 초치는 소리냐 말이다.
수릿날은 하늘과 조상께 예를 올리는 날이니, 설처럼 추석처럼 새로 옷을 해 입는 것이고, 다만 그 본래의 연원으로부터 달력을 거세하고, 역사를 거세하여 모르니, 한식처럼 억지의 추측들이 난무할 뿐이다.
한(漢)족을 비롯하여 전 세계는 대체로 '누군가가 불이며, 배며, 수레며, 역법..등등등 유용한 것들을 전해줬다'며 거의 신화 차원으로 남아있는데, 우리 겨레의 내용을 보면 당연히 그런 추측이 될 수밖에 없다.
흔웅도, 단군도 모두 사해 족속을 초대하거나, 찾아가거나, 또는 사람을 시켜서 사해족속을 가르치셨으니, 각 나라와 민족에게 간 사람들은 모두 다를 수밖에 없고, 그 연원을 알 수 없어 신화로 남거나, 그 문명은 유지하나 그 근원은 알 수 없어 어느 수준까지만 알고 있는 것이다.

근원을 잊어버린 이들의 연원 찾기는 앙상하다. 어거지다.

위에서 보듯 수릿날은 설이나 추석처럼 대규모 잔치였고, 행해진 것들을 들여다보면 더더욱 흔웅을 기리는 것임이 드러난다.

바로 부채에 그 단서가 있다!

하로동선.

'여름의 난로와 겨울의 부채'란 소리로 꼭 필요함을 뜻한다.

겨울에 부채가 왜 필요할까. 우리는 급격히 자연으로부터 떨어져 살고 있어 느낌이 잘 안 오겠지만, 부채란 원래 불을 붙일 때 없어선 안 되기에 겨울에도 필요한 물건이었다.

부채를 임금이 하사했다는 것은, 임금이 하사해야할 만큼 의미 있는 무엇이란 얘기다.

불을 하사하듯 부채를 하사한 단오.

그럼 국가차원에서 누군가를 대대적으로 기념했다는 거다. 누굴까.

불을 붙일 때 바람을 '부치'던 부채, 불채를 왜 단오에 나눠줄까?

『또 궁실을 지어 사람들을 살게 하고, 배와 차를 만들어 여행하는 법을 가르쳤다. 이에 한웅씨가 처음으로 바다에 배를 띄워 타고 사해를 순방하니, 천부를 비추어서 수신하고 모든 종족의 소식을 소통하여 근본을 잊지 않을 것을 호소하고 궁실을 짓고, 배와 차를 만들고 화식하는 법을 가르쳤다.
우작궁실주차 교인거려 又作宮室舟車 敎人居旅. 어시 흔웅씨 시승주부해 순방사해 於是 桓雄氏 始乘舟浮海 巡訪四海 조증천부수신 소통제족지소식 照證天附修身 疏通諸族之消息 소언근본지불망 교궁실주차화식지법 訴言根本之不忘 敎宮室舟車火食之法』

수리 부채는 사해 족속을 두루 순방하여 불로 화식하는 법을 가르친 수리의 '불을 부치던 부채, 불채'를 기리는 것이다. 여름에 쓰기도 하겠지만.

한식의 불이 나무를 뚫어 불을 붙이던, 불의 근본적 탄생과 그 불을 발명한 유

인을 기념했다면,

  ㅎ.웅은 불씨 자체를 만드는 법보다 불씨를 나눠주고 부채로 부쳐서 불을 피우는 방법을 알리는 데 주력한 것 같다.

  부채란 불씨 자체를 만드는 데 필요하다기 보다, 불씨를 살려내 불을 붙이는데 필요한 도구이기 때문이다.

  물론 불 꺼질 때를 대비해 그 불을 피우는 방법도 가르쳐 줬겠지만, 화덕에 불을 가지고 다니며, 불씨를 나눠주고 불을 지피는데 필요한 부채, 불채로 부치며 음식 익혀먹는 법까지 가르쳤으니, 사해족속에게는 실로 혁명적 유익이다! 더구나 그 불채, 부채의 발명이란!

  3대째 꺼뜨리지 않고 내려오는 불씨처럼 불씨를 꺼뜨리지 않는 것이, 새로 피우는 것보다 훨씬 쉬우므로.

  그래서 한식에는 불 자체를 기린다면, 불은 불이되, 단오는 불붙이는 부채까지 발명하여 사해 족속들에게 유익을 끼쳤던 ㅎ.웅을 기념하는 것이니,

  ㅎ.웅이나 ㅎ.웅의 신하들은 걸어 다니기보다, 수레나 바다에 배를 타고 다니며 사해족속을 가르쳤으니, 실로 수레나 배는 인간의 교통수단을 획기적으로 발전시킨 문명이요, 근세 눈부신 백년의 문명도 그것의 발전이나 변형으로, 거의 인류 수천년 문명의 골간이다.

  이날 부적도 만들어 붙이는데, 14대 ㅎ.웅, 치우부적이며 이 부적들은 궁전에도 붙인다. 쑥과 '풀로 만든 호랑이', 애호艾虎를 왕이 하사하니, 마치 ㅎ.웅과 관련한 단군신화를 보고 있는 듯 하다.

10) 이날 부적을 쓰면 잡귀를 물리칠 뿐만 아니라 집안의 제액도 모두 소멸될 수 있다고 믿었다. 이를 단오부(端午符), 천중부적(天中符籍), 치우부적(蚩尤符籍)이라고도 한다.

11) 조선시대에 임금은 신하들에게 애호(艾虎)를 하사하기도 했는데, 쑥이나 짚으로

호랑이 모양을 만들어서 비단조각으로 꽃을 묶어 갈대이삭처럼 나풀거리게 하고, 쑥잎을 붙여 머리에 꽂도록 한 것이다.

12) 이 또한 벽사에서 기인한 것이다. ≪열양세시기≫에 "단옷날에 애화(艾花 : 쑥호랑이)가 하사되었다."라는 기록도 있다. 관상감(觀象監)에서는 '천중부적(天中符籍)'을 만들어 대궐 안의 문설주에 붙였다. 이 부적은 불길한 재액을 막아주는데, 경사대부(卿士大夫)의 집에서도 붙였다. 복록을 얻고 귀신과 병을 소멸하라는 주문을 쓰거나 처용 상이나 도부(桃符: 복숭아나무로 만든 부적)를 붉은 색의 주사(朱砂)로 그려 넣었다.

또한, 단오 무렵에 공영(工營)에서는 대나무 생산지인 전주·남원 등지에 부채도안 등 제작 방법을 일러준 다음 부채를 만들어 진상하도록 하였다. 이 부채를 임금은 단옷날 중신들과 시종들에게 하사하였는데, 이를 '단오부채[端午扇]'라 하였다.

우리의 옛 기억을 복원하는 것은 잃어버린 동양문명, 인류문명의 상고를 복원하는 것이다!

수릿날에 대한 여러 기록으로 보면, 단지 흔옹 수리만을 기린 것이 아니라, 수리 부부를 기린 것 같은 느낌이 든다. 궁구해볼 일이다.

창포 '비녀'로 상징되는 여인네가 있는 것 같고, 강릉단오제처럼 남아있는 지역 풍속들이 부부의 연을 맺는 것 같은 제의들이 많으니, 수리부부 모두를 기린 것이 아닌가 싶다.

그래서 대규모로 남녀가 짝을 찾는 게 아닌가도 싶고.

그 지도는 우리 겨레의 말 속에 있다! 학교라는 체계와 대중매체의 발달로 대규모 일괄교육이 벌어지는 현대사회에서 우리말을 자꾸 표의자화하지 마시길.

수릿날이라는 말을 복원해야한다!

수레를 만든 수리.

배를 만들고, 불로서 유익을 끼친 위대한 인류의 우두머리 '수리'의 날, 수릿날!

그 수릿날이 '파종이 끝난 5월'이라고 했는데, 이것은 후대에 음력 때문에 생긴 게 아닌가 싶다. 제를 지내는 사람이라면, 파종을 끝내고서가 아니고, 시작하기 전에, 농사를 들어가며 제를 지내는 것이 더 자연스러운 마음일 테니 말이다. 무엇이든 시작하기 전에 고하며 제를 올리지 않는가. 궁구할 일이다.

어쨌든 수리 덕분에 진언 하나를 풀었다.

지금 인도를 차지하고 있는 겨레의 말이 아니라, 원래 있던 종족의 언어라 그 뜻을 모르고 불교에서도 그냥 진언이라고 하여 그대로 따라할 뿐 그 뜻을 모르는데, 인도를 다녀온 이의 말로는 인도 말 중에 '엄마'라는 말이 있을 정도라니, 우리 겨레와 원래 종족이 얼마나 가까울지는 짐작이 간다.

수리수리 마하 수리 수 수리 사바하.

바로 우리가 잘 아는 진언으로, 다른 것은 다 산스크리트어로 바꿀 수 있지만, 사람 이름은 고유명사라 바꿀 수가 없으니,

수리시여, 수리시여, 위대한 수리시여, 많은 수리시여, 보살펴주소서.

우리 겨레는 지금도 이름 부르기를 꺼려서 ᄒᆞᆫ웅이라는 그분의 직함을 부르지만, 사해족속에게는 ᄒᆞᆫ웅인 분들이 곧 수리로 환치될 만큼 수리는 강력하고 위대한 존재다. 수리가 ᄒᆞᆫ웅의 표상일 수도 있겠지만, 그분의 이름이라고 본 까닭이다.

물론 이 모든 가설은 우리 어머니, 아버지들이 그 말을 근래까지 써오지 않았다면, 아마 단오라는 말 속에선 끝내 진리의 그림 맞추기가 어려웠을 것이다.

그러니 우리가 못 찾더라도 우리의 아들딸이 찾을 수 있도록, 우리말이라는 보물지도를 '표의자'화와, 영어의 침투 속에서 힘써 지켜내야 한다!

14
새롭게 살아나는 명절과 절기들 Ⅱ

1) 물맞이 날 유두

　물맞이 날 유두도 절기가 아니기에, 또한 다르다.
　물맞이 날은 그 이름에서 보듯 야외에서 찬물로 물맞이를 해도 되는 날이다. 요즘 우리는 자연으로부터 멀어져서 그 느낌이 없지만, 집에서 씻을 수 없었던 수천 년 전부터 1950년대 과거까지, 자연에서 멱을 감을 수 있어야 씻는 것이 문제가 없게 된다. 그 찬물을 맞아도 되는 때가, 첫 물맞이 날 유두며 6월 15일이다.
　고유력 물맞이 날 6월15일은, 서양력 5월 24일로, 실은 현행 음력 단오라는 서양력 6월9일, 6월25일보다 보름에서 한 달 이상 빠르다.
　유두가 '동쪽으로 흐르는 물에 머리 감는 날'이라고만 알았지, 음력 6월15일은 한 여름인 7월30일, 양력 7월18일이라 물맞이라는 게 아무 의미가 없었다.
　동쪽이 왜 중요하지? 그 정도의 의문을 품고 있었는데, '물맞이 날'인 유두의 핵심은 그 이름에서 보듯이 동쪽이 아니고, 말 그대로 '물맞이'를 해도 괜찮은 때, 그 날짜인 거였다!

물론 고유력을 찾아서 그 이름과 내용이 의미 있게 된 날이었고.

5월24일이라면 찬물에 물맞이도 가능하고, 차게도 느껴지는 즈음이다. 머리까지는 괜찮을 수도 있는 날이요, 멱 감는 것까지는 사람의 처한 상황에 따라 다를 것이다.

머리를 찬물에 감는 것 자체를 7월 말이나 중순에 하라고 하면, 그 말을 누가 들을 것이며, 그때 하는 물맞이라는 것이 무슨 의미가 있을 것인가. 꼬맹이들 진즉부터 매일 냇가에 나가서 하루 종일 물맞이 다 하고 놀았을 것인데.

그러나 그 꼬맹이들 매일 물에 들어가겠다고 졸라도, 물맞이해도 괜찮은 날인 '물맞이 날'까지 기다려라 얘기하는 건, 어느 집에나 필요한 일이고, 벌어지던 일이었을 게다. 물론 우리 력을 잃으며, 생활 속에서 다른 어떤 구실을 찾아냈겠지만.

그때까지 물맞이하면 안 되는 이유가 있었을 것이다. 너무 찬물에 머리를 감거나 물에 들어가면 안 되는 이유가. 감기나 다리에 '쥐가 난다' 류의 경련, 심장마비 같은.

1년 내내 물에 들어가도 되는 나라나, 1년 내내 못 들어가는 나라는 다르겠지만, 우리나라는 '그 때' 머리를 '찬'물로 감아도 되는 것이다. 누구는 물에 멱도 감고.

그것은 아마도 물의 온도 자체가 그쯤이 되면, 이치적으로 완전히 차가운 것에서 벗어나는 어떤 때인지도 모를 일이다. 궁구할 일이다.

또 하나, 창포라는 풀을 잘 보자. 고유력 6월15일은 서양력 5월 24일로, 음력 단오라는 6월9일, 6월 25일보다 보름, 한 달 빠르니, 그 풀이 언제 머리감기 좋은가를. 혹 창포로 머리를 감는 것은 '물맞이 날' 유두였을 수 있으나, 우리 고유력이 없어지며, 물맞이 날 놀이가 수릿날로 갔을 수 있으니.

지금처럼 물맞이 날이 서양력 7월30일, 7월18일이면 아마도 이미 찬물로 머리 정도가 아니라 목욕하는 이도 있을 때다. 차다 싶지만 머리를 감을 수 있는 날은 5월 24일이다!

2) 칠성님께 비나이다, 칠월 칠석

칠월칠석(夕)은 이름에서 조차 밤이 특별한 날이다.

밤이 주인인 날이지만, 밤의 주인공처럼 느껴지는 달이 아니라, 별이 주인공인 날이다. 늘 모습을 바꾸는 달이 아니고.

그리고 별 또한 예전에도 떴고, 지금도 뜨니 확인할 수 있는 좋은 예다. 견우별, 직녀별 얘기를 찾아보시면, 모두 여름별이라고 나온다.

그리고 직녀별에서 견우별을 찾는 방법이 나오고.

그리고 모두 그냥 칠월칠석을 말하지, 그 직녀별과 견우별이 일 년의 어느 때부터 하늘에 나타나는가는 거의 없이 '여름'별의 대표적인 예라고 하고는, 시기는 칠월칠석이라며 "(가을)"이라고 앞뒤가 맞지 않는 말을 써놓는다.

그리고 왜 이런 일이 벌어질까 곰곰이 생각해보니, 아무도 별은 잘 보지 않는 게다. 그저 칠월칠석에 만난다니 쳐다보고 '있군!' 하는 게다.

직녀별과 견우별이 언제부터 하늘에 보이는지.

8월까지 기다리지 않아도 6월 중순쯤에는 보이지 않을까. 물론 나 또한 별을 잘 몰라서 아직 어느 별이 견우별인지 모른다. 고유력의 칠월칠석이 지금 서양력으로 그쯤이니, 견우별이 보일 것이다 할 뿐이다.

해마다 그 별은 '똑같은 때'에 뜰 텐데, 그 별이 보일 때쯤을 놓아두고, 8월 10일, 8월 20일을 해마다 들쑥날쑥 기념했다고? 우리처럼 별에 대해 어둡지 않던 선조들이 해마다 똑같은 시기에 뜨는 별인 것을 잘 아는데 왜?

뭔가 앞뒤가 맞지 않는다.

그 별이 해마다 몇 월 며칠부터 밤하늘에 뜨는지 정확히 안다면, 그렇게 하겠는가?

그럼 어느 날쯤일까?

우리 고유력에서는 칠월의 7과 겹치는 칠석은 현재 서양력 6월 13일이다. 여름이 시작할 무렵이다.

석이란 해질 무렵이니 해질 녘 직녀별이 먼저 뜰 것이고, 하지 직전이니, 새벽

4시면 벌써 날이 밝으려고 할 테니, 견우별이 날 밝기 전, 그래도 밤이라고 느껴지는 시간대에 하늘에 나타나는 것은 그 날짜 그 시간 어디쯤일 것이다.

직녀별과 견우별이 뜨기 시작한 때쯤에서 홀수인 7월과, 같은 수가 겹치는 7일을 기념하여 그 때 열리는 채소를 막 따서 올리고, 밀전병을 부치고 백설기를 올리며, 오작교를 놓느라 애쓴 까막까치에게 까치밥을 주는 날, 칠월칠석.

그리고 오작교를 놓느라 칠석이 지나면, 머리가 벗겨지는 까막까치들.

뿐만 아니라, 칠석과 칠석 전후해서 비가 조금씩 내리기에, 둘이 만나려고 타고 갈 수레를 씻은 물이란 둥, 서로 만나 반가워 흘린 눈물이란 둥, 이별로 슬퍼서 운 눈물이란 둥, 은연중에 둘의 운우지정의 느낌까지 풍기는 칠석 즈음은 대체로 비가 오고, 그 비는 폭우가 아니라 조금씩 오는 날씨인 거다.

이렇게 내려오는 말들, 즉 이런 관찰에서 우리가 유추할 수 있는 것은 칠석 즈음은 여름이 오기 전에 까마귀와 까치들이 털갈이를 다 끝낼 즈음이라, 겨울 머리털이 여름 머리털로 바뀐다는 소리다.

그러기에는 8월 20일, 10일은 여름이 오기 전이 아니고 입추가 지나 여름 끝물이며, 가을이 오려고 아침저녁의 온도가 바뀔 쯤이다.

이미 까치 머리 벗겨진지 오래기에, 의미 없는 말들이고 날들이다.

고유력대로 양력 6월13일 즈음은 장마가 시작하기 전이라 비 오는 것들이 조금씩 올지 모르지만, 그것이 지나 장마가 시작되면 말 그대로 장마며, 8월 10일이나 20일쯤은 그런 비가 오는 게 아니라, 우리나라 기후 상, 태풍이 오냐 안 오냐가 관건인 때다.

그리고 그 기리는 음식에 밀전병이 있는데, 6월 13일쯤은 밀을 추수하여 햇곡식으로 감사의 예를 올릴 때지만, 력이 뒤죽박죽되어 8월에 밀전병을 올리게 되니, '유두 지나면 밀은 냄새나서 못 먹는다'는 말과 궁구해볼 일이다.

곡식을 거두면 그것을 주신 하느님과 조상께 예를 표하는 겨레가, 처음 거둔 것을 올리지 않고 내둥 쌓아두다가 냄새나서 못 먹을 지경이 되어서 전병을 부쳐 올린다는 것은, 아무리 봐도 상식에 맞지 않는다. 밀농사를 짓고, 하늘과 조상에게 예를 표한다면 그렇게 하겠는가? 좋은 것을 처음 가려 올리지 않고, 다 먹고 냄새나서 못 먹을 즈음에?

　우리 겨레는 북두칠성자손이라고 말한다. 그래서 칠성각에 가서 칠성님께 비는데, 그 칠성님께 비는 날이 따로 있다면 칠월칠석일 것이다. 그냥 우리나라 사람이라면 그 이름들만 들어도 느껴질 것이다.
　칠월칠석. 칠성날.
　그리고 백설기를 지어 올리는 지역이 있는데, 참고로 백설기는 하늘에 올리는 음식이기에 분명 마고 삼신할머니가 계신 북두칠성과 관련이 있을 것인데, 그것이 견우직녀별이 같이 뜨는 우주의 잔치까지 벌어지는 때인 것이다. 지금은 그것에 가리워져서 마고 삼신할머니는 사라지고, 지역에 남아있는 풍속 속에 흔적으로만 남은 상태지만.
　또는 의도적으로 우리 겨레 깊숙이 박혀 있는 인류를 대표하여 복본을 책임져야하는 겨레라는 의식을 지우고자, 누군가 단군과 하느님이라는 말을 못 쓰게 했던 것처럼 우리 겨레의 역사 어디쯤에서 조직적으로 마고 삼신할머니를 없애려고 했을지도 모르는 일이다.
　〈화랑세기〉처럼, 〈부도지〉처럼 우리 겨레 원래의 것들이 기록으로 나온다면 그 연원을 더 잘 알 수 있겠지. 그리고 그 날이 오겠지.
　그리고 말했듯이 흔웅시대에도, 단군시대에도 사해 족속을 이롭게 하느라 지역, 지역을 배를 타고, 수레를 타고 순수하던 우리 겨레가 우리 선진 문명과 문화를 그들에게 전했기에 많은 족속에게 비슷한 것들이 널리 퍼져 있다. 견우직녀별 이야기를 찾다보면 모두 한漢족의 이야기가 마치 수입되어서 그렇게 되었다는 식인데, 천하를 순수하던 우리 겨레와 가장 가까이에 있는 겨레가 한漢족이니 당연히 그 이야기, 그 문화도 한족이 알고 있으리.
　우리 겨레가 직접 가거나, 그 족속 중에 문화전달자를 정해 그들에게 전했으니, 세계 족속의 어느 시대를 보면, 갑자기 문화를 전달하는 이가 나타나는 식인 까닭은 그래서인 게다.
　그 전달한 '자'를 그 사해의 족속들은 기리기도 하지만, 그 전달자를 가르쳐 보낸 이는 인간의 본성을 회복하여 복본을 잊지 않게 하려던 우리 겨레를 이끌던 분들이다.

한漢족은 직녀별과 견우별, 두 별이 만나는 걸 막는 하고河鼓라는 별을 견우별로 혼돈할 정도로, 사실은 견우별에 대해 아는 것이 없으나, 우리 겨레는 어느 해에 달이 견우별을 침범했는지조차 정확히 기록할 정도로 그 별에 대해 잘 알 뿐 아니라, 까막까치조차 애쓰러 동원되는 별이니, 우리 겨레의 오랜 삶과 떨어져 있지 않는 일이다.

한漢족 문헌을 찾아보면, 견우'랑'과 직녀를 결혼시켰다는 말이 나오는데, 견우'랑'이라는 표현을 보건데, 그 원류가 우리 겨레며, 우리 겨레 이야기를 그대로 또는 변형하여 적어놓은 것일 수 있다. 우리가 요즘도 즐겨 쓰는 화'랑', '낭'자, '낭'군, 〈삼국유사〉의 "연오'랑' 세오녀" 등을 보면.

한漢족 누군가의 글에 칠석의 유래가 들어있다고 해도, 한漢족의 삶과 관련 있는 것이 '아니'라면, 누가 어느 책에 적어놓았던 간에 그 겨레의 삶과는 무관하게 될 것이다. 그들에게도 문자 향유층의 '한양'과 일반인들의 '서울'이 있을 것이니.

이 땅의 시골 할머니가 까막까치에게 까치밥을 줄 정도라면, 까치와 뭇 짐승들이 나눠먹을 정도라면, 상식에 비추어 이식 문화라고 보기엔 납득되지 않는다. 궁구할 일이다.

여기서 또 하나 밀에 대해 얘기하고 싶다.
밀전병. 밀국수.
사람들은 용이 상상의 동물이라고 하지만, 나는 그렇게 생각하지 않는다. 우리는 본 적 없으나, 우리 지구별엔 분명히 용들이 살던 시대가 있고, 그 이름을 '티라노'라는 둥 서구이름으로 알고 있지만, 도롱뇽이 있고, 예전엔 되룡이라고 불리었다는 걸 보면, 용, 룡은 우리 겨레에겐 상상의 동물이 아니다.

그 채식성 용, 룡, 미르(용의 우리말)가 먹던 씨알에게 붙여진 이름이, 미르, 밀일 수 있다. 또는 그 미르들이 살던 곳에 나던 씨알이.

인간의 위(僞), 거짓이 있기 이전의 세상-

현재 과학으로는 인간과 공룡이 같이 산 시기가 없는 것처럼 밝히고 있는데, 어떻게 룡의 존재를 알아 그 이름을 붙이고, 씨알에도 붙였을까.

미르와 관련 있는 씨알이지 싶은 밀을 올리는 칠석날.

과연 어느 분에게 올린 것일까?

밀 자체를 올리는 고래의 제례법이 있을 테고(현재 대종교의 천제), 또 불을 발명하고 화식을 한 이후에는 밀국수나, 밀전병처럼 음식을 만들어 올렸을 것이니, 그것은 미르처럼 원초적인 분, 본래 이 땅의 주인, 따(地)의 발현-땅의 딸인 바로 마고삼신할머니일지 모른다.

직녀별과 견우별이 만나는 것이 널리 알려진 것에 비해, 이름은 마치 북두칠성의 칠성을 연상시키는 듯한 '칠석'날. 견우날이거나 견우직녀날이 아니라.

7일이라 그렇기도 하기니와, 칠'성'과 칠'석'이 겹쳐져서 느껴지는 날인 것이다.

오(五, 다섯)일이며 오(午, 말)날인 단오처럼.

그런데 견우직녀별이다. 직녀견우별이 아니다. 무슨 말일까.

이것으로 미루어 칠성날은 칠성별에 계신 마고삼신할머니를 미르, 밀로 기념할 만큼 오랜 연원의 잔치날이고 기념일이지만, 견우직녀별의 관측은 천문을 열심히 관측해야 했던 정착농 이후일 확률이 높고, 밭에서 일하는 노동력을 제공하는 사람인 남(男)자가 생길 때니, 부계사회 이후에 발견되고 덧붙여진 이야기인 것이다. 그 긴 세월동안 살아남아 기념된 날인 것이고.

우리 겨레는 당연히 단군자손이지만, 칠성자손이라는 말이 더 근원적인 말이다. 그리고 우리 할머니들은 칠성자손이라는 말을 더 잘 쓴다. 단군은 황궁, 유인, 흔인, 흔웅처럼 우리 겨레를 이끄시고 다스린 위대한 할아버지라면, 그 근원적인 생명을 주신 분은 바로 뱃속에서 얼른 나가라고 엉덩이를 두드려주신 마고삼'신'할머니이기 때문이다. 그 마고 삼신할머니가 지구별에서 옮겨가 사시는 곳이 북두칠성이라 우리는 칠성자손이라고 하는 것이고, 어머니 할머니들께서 북두칠성을 향해 가족의 건강을 빌고, 자식을 점지해달라고 빈 것이다.

그 삼신할머니가 사시는 별을 바라보며 마음을 고하는 날,

더구나 하늘에서는 사랑의 그리움이 이루어지는 1년 하루뿐인 그 기쁜 날을

기려, 견우별과 직녀별이 만나는 우주쇼, 우주잔치가 벌어지니, 인간과 하늘이 모두 기뻐하는 날인 것이다. 사실 그날 이후 견우별과 직녀별은 매일 떠있지만, 두별이 1년 내 못 만나다 처음 만나는 날인 그날을 기렸을 것이고, 그 다음엔 서로 쳐다봐도 못 만난다는 이야기가 있는 것이다. 그래야 그 두 별이 처음 뜨는 날이 의미 있으리니.

칠석날처럼, 입춘날도 밀국수를 올리며 해마다 입춘 시가 다르면, 그 다른 시에 맞추어 하늘에 기도를 올리니, 저 해가 매일 매일을 힘써서 드디어 겨울을 이기고 봄이 오롯이 '선' 날을 기념하기 위함이다. 겨울 내내 없다가 그날 들어오는 날이 입(入)춘이 아니다. 드디어 일어서는(立) 거다! 겨울을 이기고, 봄이. 참으로 그 사유가 놀랍다.

칠석처럼 삼신할머니 날인 삼짓날도 밀로 화전을 부쳐 올리고.

하늘에 예를 올리는 대종교(단군교)의 선의식을 보자.
선의식이란 본시 임금이 인간을 대표하여 하늘에 올리는 예다.
인간의 공경물인 곡지, 사지, 화지를 올리고,
정한 물과, 밀과, 배를 올리고,
옥식이라는 흰쌀밥과, 간을 전혀 하지 않는 미역국과 고사리나물을 올리는 선의식.
바로 단군께서 세우신 조선의 겨레가 하느님을 섬기는 의식이다.

아마도 그 당시에 가장 귀한 것은 옥이었던 듯, 그 흔적이 남아, 맑은 물을 옥수(정한 물, 정한수), 옥동자, 옥식,.이라고 하는 듯한데, 제련기술이 발달해야 만들 수 있는 금에 앞서서 가장 귀한 것이 옥이었으며, 그 옥이 귀하게 대접받던 시대가 단군할아버지의 조선시대일 것이므로, 쌀로 지은 흰 밥에 '옥'식이라는 말을 붙였다. 옥수(맑은물), 옥동자 등.

즉 후대에 세워진 문명은 제련기술로 금을 높일 테니, 금보좌, 금은보화처럼 좋은 것엔 다 황금을 연상하는 무엇이 붙을 것이요, 금으로 만들 것이니, 금이 붙은 것은 인류문화사로 볼 때 옥보다 뒷시대인 것이다. 우리 문화와 한(漢)족의 문화 연원이 느껴지는 지점이다.

인간 선물인 곡지의 내용물은 벼, 보리, 조, 기장, 콩이요,

밀은 하늘에 올리는 정한수의 오른편에, 배는 왼편인데,

이는 앞에서 말했듯이, 단지 경배를 위한 물건이 아니라 그분들을 기억하게 하는 무엇일 수 있다.

다른 사람이 보면 뜨악하지만, 우리 집은 성묘할 때, 쿨피스라는 쥬스를 올리는데, 하고 많은 음식 중에 쥬스를 올리고, 하고 많은 쥬스 중에 그 쥬스를 올리는 이유는 그 분 살아생전에 좋아하시던 음료이기 때문이다.

정한 물이, 생명이신 하늘에 올리는 예물이라면

미르시대의 상징인 밀은 삼'신'할머니께,

배는 인간인 윗대 조상과 그분들의 뜻, 복본을 이어오신 가장 가까운 조상 흔웅까지를 섬겨 올리는 예물이며, 복본을 이루려고 천하를 순수했던 그분들을 기억하게 하는 예물인 것일 수 있다. 과일이 오직 배 뿐은 아니었을 것이므로.

그리고 벼가 아닌 밀이다.

이유와 법도가 있을 것이다. 그것을 궁구해야 하는 것이고. 나의 궁구한 결과는 지금도 일어나는 조상을 가장 가깝게 기리고픈 인간의 심정, 쿨피스의 심정, 그것이라고 본다.

화식 이전부터 하늘을 섬길 때 올리던 예물일 수 있고, 벼라는 이름으로 보아- 벼리, 벼슬 등~ 벼라는 씨알은 우리 겨레가 가장 높이 평가한 씨알, 그래서 그 이름도 씨+알 쌀이나, 밀이 더 먼저 사람과 친해진 씨알일 수 있고, 인간의 거짓, 위(僞)가 있기 이전의 세상을 상징할지도 모른다는 것이다.

그리고 지금 우리가 그 모든 조상을 기리지 않고, 그 대표로 단군할아버지를 얘기하고 모시듯, 그 때는 가장 가까운 조상 흔웅을 모심으로써, 그분까지 이어져 온 그 선대를 다 모시는 것이다.

우리가 단군의 자손이라는 것은, 단군 이후로 내 몸이 있게 한 모든 할아버지와, 단군 위로 삼신할머니까지 이어지는 그 모든 선대의 할아버지인 나의 뿌리, 인간인 내 몸의 근본께 올리는 예인 것이다.

하늘과 신과 인간.

모든 것의 주재자이신 하느님과,

지구별의 주관신이며 인간을 낳은 마고삼신할머니와, 그 자손 인간.

정한 수.

밀.

배.

그리고 우리 겨레의 화식 이후에 상차림에 올라갔을

익은 쌀밥, 익은 탕, 익은 고사리.

그것은 아무리 빨리 잡아도 유인 이후일 것이고, 가깝게는 흐웅 이후에 보태어져 상에 올라간 상차림일 것이다.

그런데 왜 인간의 곡지, 사지, 화지를 먼저 올렸을까?

지금은 단군할아버지를 모시는 이의 수가 적어서, 절도 있고 법도대로 할 수도 있고 조용하지만, 숱한 사람이 그 자리에서 자기가 하늘 선물로 준비해온 그것들을 내놓는다면 얼마나 번다하고 어수선하고 어쩔 수 없이 길고긴 시간이 들까.

주인공은 마무리에 나오는 법이다. 주인공이 나오면 끝니까.

우리들의 설날, 추석날 상차림도 보라. 모든 것이 다 준비되면, '메'(밥)와 탕(국) 또는 떡국이 나온다. 서울에선 토란탕, 고향에선 무 쇠고깃국.

숱한 인간의 곡지, 사지, 화지가 준비되면, 제를 주간하는 이들이 마무리 여섯 가지를 더하여 하늘에 예를 올리는 게다.

제 올리는 사람 수가 줄고 간소화되어 미리 곡지, 사지, 화지조차 준비되는 상황이니 왜 먼저 올리는지 그 의미를 모르겠지만, 지금도 수백 명이, 수천 명이 모여서 제를 올려야 한다면, 우리는 이 곡지, 사지, 화지 올리는 시간을 늘릴 수밖에 없고, 순서 앞에 놓아 인간의 정성을 먼저 올리게 하는 수밖에 없다. 안 그랬다간 경건해야할 기도 직전까지 자기 자리에 가고, 앉고 하느라 어수선 할 테니.

(어느 연구자에 의하면 홍암 나철께서 그 의례와 내용을 정하셨다고 한다. 나철선생께서 숨을 쉬지 않는 폐식법으로 돌아가실 정도라면, 시공을 초월하여 그 옛날의 예법을 알아내셨을 것이다. 수학을 모르는 분이, 우주의 수학적 법칙을

가지고 올 수 있는 게, 우리의 명상이다. 우리 겨레의 수행은 우리가 알고 있는 것 이상으로 놀라운 경지에 있다)

이성계는 왜 '조선'을 '개국'했을까? 경순왕으로부터 신라의 법통을 받았음에도 왜 왕건은 새로운 나라, 신라가 아닌 '고려'를 '개국'했을까?

자기의 지향하는 바를 바로 알릴 수 있기에, 아무도 모르는 새로운 이름의 나라를 세우기보다, 선조의 나라에서 그 법통과 정당성, 그 지향하는 바를 쉽고 빠르게 알릴 수 있기 때문이다.

치우의 미르도, 유인이 미르라면 그것도, 모두 그들이 지향하는 바를 드러낸 것이라고 본다.

바로 마고삼신할머니의 그 나라, 그 인간본성의 시대인 것이다.

단지 우리 겨레를 지칭하는 한韓민족의 나라라는 의미의 '한국'보다, ᄒᆞᆼ의 윗대 ᄒᆞᆫ인의 'ᄒᆞᆫ국, 한국'을 구현하고자, 우리나라가 한국을 세웠다고 하면, 그 깊고 높은 뜻의 울림이 더 커지며, 우리 겨레의 그 유구한 역사성이 그대로 드러나는 것이다.

홍익인세하며 인간본성을 찾고자 한 겨레가 세운 나라, ᄒᆞᆫ인의 ᄒᆞᆫ국, 한국. 그 ᄒᆞᆫ국을 수천 년 만에 기치로 내걸고 이은 나라, 지금의 ᄒᆞᆫ국, 한韓국! 이렇게 말하면 얼마나 멋진가! 알고 했던 모르고 했던, 북의 조선도 남의 ᄒᆞᆫ국, 한국도 참 멋지다. 그 뜻을 되살려 잇는다면 더욱더!

칠월칠석이 칠성날, 칠석날인 걸 보며 아무래도 절에서 지내고 있는 49재라는 것이 우리 조상님 것 같다.

지금도 대체로 장례에서 삼오재, 3·5재를 챙긴다. 삼일장을 하고, 이틀 뒤인 5일째 되는 날 또 묘를 가서 본다. 그 다음은 7일이다. 그 칠일이 일곱 번 겹친 것이 49일이고. 예전에야 7일마다 다 챙겼겠지만, 바쁜 요즘 7일마다 다 챙길 수 없으니, 49일 되는 날을 크게 챙기는 것이고, 내가 마음 쓰기 어려운 사회구조니, 대신 마음 쓰는 걸 위탁하는 게 절간의 49재다.

5일을 챙기듯, 7일마다 챙겨서 7번을 챙기면 될 것이고, 마지막 칠칠일인 49

일쩨는 성묘를 가면 되지 않을까.

　죽을 때 칠성판을 지고 간다고 한다.

　그 칠성이라는 것이 저 칠성이니, 우리 인간 생명이 온 마고 삼신할머니의 품으로, 그가 계신 북두칠성으로 돌아간다는 건데, 마고 삼신할머니와 불교는 그닥 상관이 없기 때문이다.

　물론 인류 모두가 마고삼신할머니의 자식이긴 하지만, 그들이 삼신할머니 자손이라고 생각하는지, 그 삼신할머니가 북두칠성에 계시다고 생각하는지는 다른 얘기다.

　인류 모두가 그에게서 나왔지만, 가장 잘 알 수 있듯이 유대는 여호와엘로힘과 아브라함, 또는 모세를, 이슬람은 마호멧을 기리지 않는가?

　불교가 아니라 힌두교도 좋으니, 그들이 마고삼신할머니가 계신 북두칠성으로 칠성판을 지고 간다고 생각하는지?

　불교에서 마고 삼신할머니 얘기를 들은 적이 없다.

　노동절인 백중을 많은 사람이 오게 할 수 있는 제 지내는 날로 끌어다대느라 우란분재를 찾아냈겠고, 이제는 그것이 굳어져가는 과정이지만, 연원을 밝히고 대신해준다는 것이 깨끗하고 정직한 것이다. 그렇다고 제 지낼 사람이 안 지내겠는가? 더 잘 지낼 것이다. 우리 전통의 것을 대신해주는 거라면, 더 연원이 있어 좋아할 것이고, 배타적이지 않고 대신해준다니, 중생의 어려움을 덜어주기에 더 고마워할 일이다.

　슬그머니 가져가는 것은 도둑질이다. '지'적 도둑질.

　그 죄는 크다. 물건을 도둑질하고 벌을 받으면 그 값을 다 치루는 거지만, 안 치룰 경우, 치러야 하기 때문이다. 더구나 종교인 경우는 말해 무엇 하리오.

　아마 흔웅전 이야기가 나오기 시작했으니, 불교 쪽은 옛 문헌들을 뒤져 우리 겨레가 예전엔 듣도 보도 못한 대웅의 이야기를 찾아내서, 원래 자기네 것이었다고 할 것이다.

　그 대웅전에는 그 대웅이 없음에도. 도대체 우리 불교역사 어디에 관세음도, 미륵도, 지장도 아닌 대웅부처라는 게 중심적으로 역사했는가? 그것을 애초에 숨기기로 한 자는 알 것이다. 왜 숨기려고 하는지, 왜 숨겼는지.

그게 신경 쓰여서일까. 요즘은 주전을 대웅전으로 짓지 않고 다른 이름의 전각으로 지은 절들이 제법 보인다. 빌려서 덕 좀 보며 사는 건 그렇다 치고, 주인을 내쫓을 량으로 아예 문패를 바꾸는 것은 인간사에서도 좀 그렇다. 저 세계라고 다를까.

한漢족이 지금뿐 아니라 역사적으로 오랫동안 동북공정을 한 이유도 같은 맥락이고.

삼신각에 가면 나반존자라는 분이 있다. 그의 다른 이름은 독성이다.

석가모니 부처와 상관없이 홀로 깨달았다고 해서 독성이란다.

그 많은 석가 관련인사 중 왜 굳이 그 나반일까?

석가 운운하는 관련인사 중에 나반이 있다고 해도 그 나반은 동명이인이다. 수많은 석가의 관련인사 중 콕 짚어 그를 우리 겨레가 어찌 알며, 굳이 그 '따로 깨달았다는 인사'만 따로 모신다고? 뭔가 좀 이상하지 않는가? 그럼 불교가 한漢족을 통해 들어왔다고 하니, 한족도 그렇게 나반을 모시는지?

그분은 인도의 불교 이전에도 우리에게 계시던 분이니, 바로 인류의 시조 나반이시다.

인간의 시조를 정확히 아는 겨레! 그게 우리다.

알뿐 아니라 모셔서 기리는 것이. 내 생명의 연원이므로.

산신각, 삼성각, 삼신각, 칠성각에는 우리 겨레 고유의 모시는 분들이 계신다.

그래서 할머니들은 거길 간다. 왜. 기도해보니, 그쪽이 더 잘 이뤄졌기 때문이겠지. 삼신각이 없는 절은 아예 기도가 듣지 않는다는 말이 있을 정도니.

물론 모두 불교화해 놓았다.

우리 겨레의 북두칠성도 의인화 했고, 불교화 했다.

맨 가운데 분이다.

왼쪽이 소위 독성이다. 인류의 시조, 나반이다. 오른쪽은 누구나 아는 산신이고. 산신만큼은 어쩔 수 없이 그냥 그대로 모신다. 왜? 지금도 그 산신들께서 기도하는 이들 속에 활발하게 활동하시는 까닭에.

인류의 시조 나반과 아만.

유대인은 아담과 이브라 했지만.

나반은 깨쳐서가 아니고 먼 조상이라 당연히 모시는 걸 거다.

그렇다면 왜 아만은 안 모시냐고?

단군을 모시면 단군 관련한 이들은 모두 모시는 거지, 그분만 모시는 것이 아니다. 단군께서 그 나무나 돌덩이에 계시다고 생각하는 건 아니시겠지? 그 모든 것은 우리가 기억하게 하기 위한 조형물인 거다.

흔웅이 흔웅전에서 빠지면서, 우리가 기렸을 많은 선대의 위대한 조상들도 모두 잊는 일이 벌어졌겠지만, 생각해보라. 저렇게 먼 조상도 챙기는 우리 겨레가 가까운 조상을 안 모셨겠는가? 다만 어떤 이유에서든 흔웅을 흔웅전에서 치워야 하는 일이 벌어졌고, 잊었을 뿐이다.

칠을 겹친 칠월칠석.

칠을 겹친 49재.

뿐만 아니라, 그 시기 사해족속을 가르치고 조율한 것은 우리 겨레이니, 칠칠이라는 같은 기념일을 다른 겨레들도 기렸을 것이고, 그것은 역사가 오래된 겨레라는 증표다. 변형될지라도 어떤 모습으로든 남았으리니, 궁구하시길. 성경책 속에서도 칠칠일을 보았으니.

미르내(은하수)가 강물처럼 흐르는 여름 하늘.

그 여름의 시작을 알리는 견우직녀별.

칠석은 1년 중 하루, 하늘과 땅이 만나는 날이다. 견우와 직녀는 다시 만나 하루를 사랑을 속삭이는데, 천상의 하루는 이 세상의 4천년이란다. 이 땅에 하늘나라를 만드시고자 미륵이 다시 오신다면, 이날이 아닐까.

미르내의 양쪽에 있는 별에 사랑이야기를 넣음으로써 그날을 기억하게 하고, 하늘을 쳐다보게 하고, 눈앞에 매몰되지 않고 넓은 우주를 바라보며 나의 생명이 어디에서 왔는지 한번 쯤 생각하게 하며, 사랑과 그리움, 사람마다 감당해야 될 사람마다의 직분에 대해, 까막까치까지 동원해 간명하고 아름답게 표현해낸 우리네 선조들.

그 지혜와 아름다움에 그저 감탄할 뿐이다.

3) 극양의 하지, 백중

복은 절기로 계산하니, 어느 력이든 같다.
그러나 할머니들에게 '머슴 노는 날'로 구전되어 내려오는 백중은 머슴이 없어진 시대가 되니, 우란분재라며 절에서 천도재 지내는 날로 여겨지게 되었고, 아예 요즘은 그런 날인 줄 안다.
불교는 삼국 말기에서 왕건의 고려까지 호황을 누린 종교로, 이식된 종교지만 수 백 년을 내려오다 보니, 우리문화의 많은 부분을 습합하였다.
우란분재 어쩌고를 알고 천도재를 지내는 사람이 몇이나 될까.
솔직히 백중을 기념하던 우리 겨레에게 맞는 날을 찾아내다보니 우란분재 어쩌고를 찾아낸 것이고, 마침 우리 겨레가 기념하는 날이고 대대적 노동절이었으니, 불심이 있는 머슴과 평민들이 마음 놓고 절을 찾을 수 있는 날이었을 것이며, 농사가 주이던 시절의 불교로서는 요즘의 4월 초파일보다 더 심혈을 기울여 신도들의 사정을 헤아려야 할 날 중에 하나인 것이다.
백중白中. 머슴 생일. 호미 씻는 날.
백중은 백종百種이란 말부터 정말 여러 가지 설이 난무하는 명절이지만, 대략 농사와 관련 있는 명절로 대대적 노동절이다.
왜 그 많은 '설'이 존재할까.
백중의 역사가 오래되어 그 날이 수천 년을 대대로 내려오던 중에, 고유력의 해력 날짜가 음력 달력에 그대로 옮겨오다 보니, 계절이 뒤바뀌어 날짜를 이르는 말과 내용이 안 맞게 된 까닭 때문이다.
'호미 씻는 날'이란, 땅 고르고 씨 뿌리는 일이 마무리되어 '호미를 씻어도' 되는 봄-여름 초까지 벌어지는 농사의 마무리를 이야기하는데, 지금의 백중은 입추가 지나고, 처서도 지난 가을의 문턱인 8월 28일이거나 18일이니, 여름철 농한기라기보다 가을 준비를 시작해야 할 참이다.

　백중은 말 그대로 백중(白中)이다. 1년의 한 가운데! 더구나 하지!

　백야라는 말처럼 백은 해를 가리키며, 그 해가 가장 길어 1년의 가장 가운데(中) 오는 날인데, 우리 고유력으로는 하지이다. 이것은 우리 선조들이 창안하신 고유력이 아니면 그 두 가지를 다 만족시킬 수 없다.

　지금의 그레고리력은 하지가 6월 21-23일로 얼추 비슷하지만, 우리 고유력은 늘 항상 한 해의 정 가운데 그날에 온다. 열 세달의 가운데, 7월 15일!

　만세력으로 200년간을 살펴보니, 열 세 해만 7월16일이 되고, 나머지는 다 7월15일이다.

　다른 많은 절기가 2-3일을 오가며 번갈아 맞게 되는데, 하지가 한 해의 정 중간인 7월15일인 것은 거의 압도적이다. 그저 감탄이 나올 뿐이다!

　낮(白)이 가장 긴 날을 력에 한 가운데(中)에 놓는 달력!

　얼마나 절기에 잘 맞는가?

　도대체 어떻게 그렇게 딱딱 맞출 수 있단 말인가?

　내가 농사를 짓는 것 같지만, 생각해보면, 모든 농사를 지어줄 저 해!

　지위고하와 상관없이 오직 고르게 비춰주시는 저 해!

　힘으로 어찌할 수 없는 존재며, 생명을 기르고, 오직 은혜를 입히는 저 해!

　농사를 짓는 것이 '나'인 것 같지만, 실로 쌀알이 맺히게 하고, 온갖 곡식과 과일이 맺히도록 농사를 짓는 것은 저 해니, 그 날은 봄철 농사를 마무리하고 호미를 씻어 거는 날이며, 백가지 종자의 심음을 다 마치는 날이요, 그 하늘과 해에 대한 감사와 함께 땀 흘려 일한 이에 대한 감사한 마음을 담아 새 옷으로 머슴빔 해 입히고 마을마다 머슴잔치나 두레잔치를 하는 것이다.

　얼마나 아름다운 겨레인가.

　얼마나 멋스럽게 하늘 이치에 맞춰 사는 겨레인가.

　백중에 대한 한(漢)족의 기록이 없는데, 직분이 다를 뿐 한 조상의 자손, 머슴도 챙기는 지극히 도의적인 우리 겨레의 잔칫날이기 때문이고, 백중이라는 말이 '해가 가운데'인 날이기 때문에, 달을 기준한 음력으로는 그 날을 맞출 수 없기 때문이다. 이는 하지는 절기로 넣지만, 하지는 백白은 돼도 그들의 달력이 음력인 관계로 그 날짜가 들쑥날쑥하여 중中이 될 수 없으니, 다른 날처럼 끌어다가 자기들 명절로 할 수 없는 것이다.

우주 운행에 꼭 맞는 우리 고유력만이 하지가 백중이 될 수 있는 것이다!

요즘의 그레고리력이 절기에 맞지 않아 바꾸자는 지적이 많다는데, 아직도 그대로인 걸 보면, 누가 보아도 간명하고 절기에 딱딱 맞는 그런 대안적 력을 못 내놨나보다. 그저 우리 조상들의 과학과 지혜가 참으로 놀라울 뿐이다.

4) 귀신이 눈감는 날, 구월귀일

구월귀일 또한 앞에서 말한 대로 다른 날짜이니,

나와 있는 자료들이 빈약하여 그 모습을 제대로 알 수 없으나, 대종교(단군교)의 원래 경전인 〈신원경〉에서는 1년의 4대 명절 중에 하나로 칠 정도로 9월9일을 높이 쳤다.

그 날의 이름이 귀일이라, 제주도처럼 '마지막 달엔 신들이 모두 하늘로 올라간다' 류의 이야기가 없는 다른 지방은 이날의 이름처럼 '귀신이 눈감는 날'이라 하여, 세간에서는 영가천도 등, 보이지 않는 세계와 관련된 일을 본다.

그러니까 양이 극한 하지, 백중에 천도재 같은 걸 하지 않고, 귀신이 눈 감는 날이라 인간이 무얼 해도 괜찮은 날, 행여 잘못되면 문제될 수 있는 조심스럽고 꺼려지는 일을 9월9일, 구월귀일 날 하는 게다.

구월구일이 9가 겹쳐서 양이 겹쳤다고 중양절이라고 한다는데, 음력 9월9일은 서양력으로 10월 21일이나 10월 9일 등이니, 해인 양이 중(重)해지기에는 이미 완연한 가을이라, 달력에서는 아무 의미가 없다. 그래서 인지 '중' '양'이 글쎄 난 잘 느껴지지 않는다.

고유력으로 계산하면 서양력의 8월 10일 경이니, 장마가 7월 하순쯤 끝나 가장 더울 때의 하나로, 중양이라는 말이 그럴싸 할 수 있는 때다.

중양절이라는 말자체도 가방끈 긴 말로, 서울에 살지 않고 한양 사는 양반들 말처럼 느껴지는 말인데, 다행히 귀일이라는 말이 있어 그날 무얼 하는지 느낌이 온다. 솔직히 중양이라는 구월 귀일은 양일처럼 느껴지지 않는다. 더구나 양이 겹칠 날로는 더더욱 느껴지지 않는다. 오히려 7월7일이 더 양처럼 느껴지고, 9가 겹친 이날은 '귀'일이라는 말 때문인지 밝은 양으로 느껴지기보다 약간 '음'스럽다고 느껴진다. 뿐만 아니라 홀수이긴 하지만, 소수가 아니라서 그런지 3,5,7이 겹친 날과는 좀 다르다. 중국은 '죽을 사'死자라고 4를 싫어할지 모르지만, 솔직히 우리 겨레는 4를 3+1로 인식하는 측면이 있고, 천부경에서도 '운삼사성'으로 4를 완성의 무엇으로 보며, 오히려 9를 꺼린다.

아홉 수. 꽉 찬 수.

꽉 찼기에, 좋지만 왠지 조심하고 근신해야 할 것 같은 수.

아홉수라고 혼인잔치도 꺼리는 우리 겨레.

중양이라고 말하지만, 짝수 10이 겹친 수와는 느낌이 다르다.

10이 겹친 수는 밝은데, 9가 겹친 수는 딱히 그렇지 않다. 다른 사람은 다 안 그런데 나만 그런가? 그래서 일까. 귀일이란 말이 참 잘 어울린다. 만약 우리가 기념하는 홀수가 겹친 날짜 중에서 귀신과 관련된 일을 하라고 하면, 아마 우리나라 사람 대부분이 9가 겹친 날로 할 거 같다. 다른 날 하기에는 너무 밝은 느낌이다.

여하튼 저렇게 대단한 조상님들께서 '귀'일이라고 한 데는 우리가 모르는 우주 운행적 이유가 있으시겠지. 만약 영가천도 같은 보이지 않는 세계에 대한 어떤 일을 해야 한다면, 구월귀일에 하시길.

기왕이면 저 위대한 우리 겨레의 조상, 사해동포가 귀감으로 우러르는 인류의 스승, 그 분들께서 우주운행 이치에 맞춰 만들어놓으신 그 력으로!

진언을 쓰는 이유는 그래야 우주가 움직이기 때문이다. 우주를 여는 열쇠 '열려라 참깨'를 해야 열리는 것이다!

정성은 되었더라도, 가장 중요한 '때'를 맞추어야 그 문이 열린다.

그 때를 알려주는 게 달력이다.

이제는 우주운행 이치의 그 때를 가장 잘 맞추어놓으신 그 달력이 있으므로!

그런데, 이 부분에서 좀 더 따져보자.
어천절과 마찬가지로 삶과 죽음을 음양으로 따진다면, 죽음은 양이라기보다, 음에 해당해서 음력으로 9월9일이 맞지 않을까 싶다.
마고력으로는 계산하면 분명 지금과 다르게 날짜가 바뀌어야 하는데,
할아버지들이야 너무나 당연히 아는 날짜라 음력인지 양력인지를 안 붙여 놓으신 것일 수도 있지 않을까싶다.
죽음을 챙기는 일은 사는 것만큼 번잡한 일이 아니요, 마음을 기울여야 하는 일인데, 그렇게 번다한 한 여름에 음식 쉴 것이 분명한데, 바쁜 밭일 다 제쳐두고 제를 지낸다는 것이 좀 상식에 맞지 않는 것 같다. 예를 들어 4349년(2016)의 경우 말복도 지나지 않은 8월10일이다. 하루 이틀 차이가 나도 마고력은 양력이라 계속 해마다 그쯤 어디인 날짜일 것이다. 삼복더위에 제를 지낸다? 이치에 맞지 않는다. 때문에 그 모든 것이 밝혀지기 까지는 구월구일은 음력으로 계산하겠다.
그러니까, 단군마고력은 양력이 기본이고, 어천절 구월귀일처럼 죽음과 관련한 일은 음양을 따져 음력으로 환산하겠다. 단순히 쓰던 대로는 아니고, 결과는 같아졌을지 몰라도 이유는 다르다.

이쯤해서 다시 따져보자. 그런 측면에서 칠월칠석은 밤인데, 양력일까? 음력일까?
밤낮을 음양으로 따지면 음이므로.
(보라. 얼마나 놀라운가? 밤에서 낮이 나왔으므로 밤낮이다. 어둠에서 빛이 나온 게다. 빛에서 어둠이 나올 수는 없다. 밤낮. 그래서 음양이고. 그러니 '음양'을 누가 세상에 낸 것인지, 가늠이 되는 일이다)
칠월칠석은 간단하다. 견우별이 처음 언제 뜨나를 살피면 된다.
혹 그럴지는 모르겠다. 양력 6월쯤 견우별이 처음 뜨니 그날을 기념하고, 그때는 새벽에 견우별이 뜰 테니, 견우별까지 저녁쯤에도 잘 보이는 음력 칠월칠석도

기념했는지는.

칠월칠'석'인 걸로 봐서는 밤이 아닌 저녁쯤에도 견우별이 보이는 음력에 아이들까지 다 같이 기념하지 않았을까 싶다.

그러니 마고력은 칠월칠석을 양력도 음력도 헤아리겠다. 양력 칠월칠일과 음력 칠월칠일을 다 같이 챙기시는 이유도 있을지 모르니. 칠월칠석은 하늘과 땅이 만나는 날이니, 양력은 하늘이 열리고, 음력은 땅이 열리는 날일까?

땅 위에 서서, 우주를 재단하다

시간의 기본 길이를 빈틈없이 정하다!
우주와 하나 되다!

15
어떻게 이런 력이 가능했을까?
- 시지근! 시간의 길이를 정한 겨레 -

그분들은 모든 것을 알고 계셨다.
우주운행에 관한 모든 것.
우리가 알고 있는 우주에 관한 정보를 너머 이미 우주운행의 모든 것을 당연히 알고 있었기에, 그 원리에 맞추고 슬기를 내어 수 천 년이 흐른 지금까지의 지성도, 70억 우리로써도 만들 수 없는 그런 력을 만드신 게다.

고유력은 뭐 그럴 듯 한데... 그 몇 천 년 전 분들이, 살았는지 죽었는지 솔직히 신화라고 여겨지는 그분들이 그 모든 것을 알았다고 좀 과대포장 내지 확대해석은 하지말지 그래요?

그럴 수도 있다.
사실 이 모든 것을 밝히지 않고, 내가 창안했다고 해도, 누군들 알겠는가.
그러나 그것은 안 된다. 왜?
참이 아니니까!

사실이 아니니까. 사람들을 속일 수 있을지는 모르겠지만, 하늘은 속일 수 없으므로.

명확하게 훈웅, 단군 그분들이 알고 있었다는 명백한 증거가 있고, 그것을 궁구하는 데만도 몇 년이 걸렸다. 그것은 저런 내려오는 말들 속에서 진리를 찾는 수고가 아니고, 움직일 수 없이 명백한 '문헌'이다!

요즘 위서논쟁들을 보면, 그냥 자기가 알고 있던 것, 자기가 주장하던 것과 다르거나, 모르면 위서라는데, 학문하는 사람의 자세로는 바람직하지 않다. 교수는 정치꾼이 아니다. 카르텔이 필요한 게 아니고, 진리의 궁구가 필요한 거다.

이미 교수는 되었으니, 아 그때는 내가 그렇게 생각했는데, 새로운 정보를 보니, 내가 주장했던 그것보다는 이 새로운 가설이 훨씬 설득력 있으며, 나 또한 그렇게 생각한다고.

그게 무슨 부끄러움이며, 자기 배반인가.

정보가 달라지면, 가설도 달라지는 게 당연한 것이다.

그것은 끊임없이 정진하는 학자의 자세이고 특권이며, 진리에 부합된 일이다. 부끄러운 일이 전혀 아니다. 당신도 그 정보를 일찍이 알았다면 그렇게 생각했을 것이므로.

'잘못'은 문제가 없다.

그러나 '잘못을 속이는 것'은 문제가 있다!

한때 친일매국은 문제가 없다고 본다.

그러나 그 친일매국을 속이는 것은 문제가 있다!

마음 깊이 속죄하고 참회하며 부끄러우면 되는 거다.

그렇게 용기를 내는 이에게 박수를 쳐주고, 그 고통의 눈물에 같이 아파해주는 것이 맞다고 본다.

너 나쁜 놈, 너 나쁜 놈 해서 어떻게 하자는 것일까?

그 나쁜 놈이, 그 나쁨을 털어내고 좋은 놈이 될 수 있도록 도와줘야 하지 않을까?

그에게 고해성사할 시간을 줘야하지 않을까.

참다운 참회는 얼마나 아름답고 고귀한가.

그리고 그 특별히 주어진 시간에도 참회하지 않는다면, 그 다음은 그의 잘못을 꾸짖자.

친일매국 한 인간들에게 친일매국해서 얻은 재산을 몰수한다고 하니, 그 재산을 지키고 싶어, 거꾸로 자기 친일의 역사를 지우고 싶어 더 음습한 모략으로 더 나쁜 놈이 되어간다.

더 많은 도둑질을 하고, 더 심한 거짓과 속임수의 나락으로 빠진다. 이 나라를 교활하게 좀 먹는다. 과연 그들만의 잘못일까.

죄 없는 자는 돌을 던지라. 예수께서 창녀를 향해 돌을 던지려는 사람들에게 외치는 그 말씀이 그들에겐 구원이리라.

그들에게서 재산을 뺏겠다는 말로, 그들의 영혼이 악의 구렁텅이로 점점 빠지게 하는 것이 좋다고 보지 않는다.

거꾸로 그 재산 다 인정해줄 테니, 진심으로 참회하라고 하고 싶다.

그들을 악의 늪에서 건지는 방법이다.

죄를 지은 자를 예수께서 사하여 주는 이유는, 그 죄로 말미암아 또 다른 죄를 지을 수 있기 때문이며, 그것을 끊어줘야 그가 밝은 하느님의 우리형제로 돌아오기 때문이다.

우리나라의 사마리아인은 친일매국노들이다.

공산주의자? 게이? 레즈비언? 양심의 자유와 선택의 자유가 있는 나라니, 그럴 수도 있지만-물론 존중하나, 그런 선택을 하지 않는다-친일매국은 국가존망의 문제다. 국가가 없는 국민은 없다.

누구도 그들에게 돌을 던지는 것을 당연하게 여기고, 던지지 않는 이를 의심한다. 던지지 않으나, 우리 집은 가난한 저 산골이다.

돌을 던진다고 해결되는가? 점점 더 교활하게 숨을 뿐이다. 도대체 그 악의 고리를 어떻게 끊을 것인가.

그들에게 참회의 시간을 주자. 재산을 지키고 싶어, 거짓 참회하는 이도 있겠지. 그래도 두자. 때가 되면 참회할 수 있으리라고.

예수님이 아니라 사탕을 먹으려고 크리스마스에 교회 가지 않았던가.
그리고 어느덧 예수님의 사랑에 사탕이 아니라도 교회가지 않던가.
억지로 재산을 내놓으라고 하지 말고, 그들이 마음에서 우러나서 사회에 환원하거들랑, 그게 조금일지라도 그것에 박수쳐주고 그 용기를 축하해주자. 재산을 가지고 있는 것보다 재산을 나눌 때, 더 기쁘고 행복하다는 것을 알게 해주자.
서구사상의 도래로 서로 먹이를 뺏으려고 애쓰는 쪽으로 우리 겨레가 가지만, 뺏으려다 서로 상처만 남을 뿐, 우리에겐 그 먹이로 인한 행복이 과연 있던가. 분노와 저주와, 더 뺏길지 모른다는 두려움과 뺏기지 않아야 한다는 경계심만 남는다.
머슴빔을 잘 해 입히는 주인을 칭송함으로써, 그렇게 되게 하는 게 더 좋은 방법이다. 먼저 우리 편이 되어야, 우리 편에서 벗어나지 않으려고 애쓰는 거다. 그게 우리 선조들이 하셨던 방법이고, 홍익인세다!
그래서 좋은 본을 보여서 마음으로 따라하게 하지, 나쁜 것을 들춰서 응징하지 않는다. 그건 조용히 교화할 일인 것이다. 심청전, 춘향전, 흥부전..
세상을 너무 아름답게만 본다고?
법을 강하게 한다고 죄가 없어질까? 법은 점점 더 강해지는데, 왜 죄는 점점 더 늘고 더 악랄해질까. 처벌이 강해지면 죄가 줄까.
그럼 예전엔 그냥 사람들 눈이 무서워, 동네 인심이 무서워서 못하던 짓을 요즘은 그렇게 강력한 법들이 있는데, 왜 더 일어나고, 싸이코 패스가 생기고, 목사가 자기 딸을 죽여, 방에서 미이라가 되게 할까.
처벌을 두려워하기 때문이다.
딸이 죽은 것, 자기 죄를 고하고 그 슬픔을 느끼고, 괴로워하기도 전에 자기가 죽을까 겁에 질려, 살 길을 찾으려고 하기 때문이다. 생명의 본질이다. 어쩌다 한 놈 죽였으니, 어차피 처벌 받을 거,... 싸이코 패스에게 그냥 그 다음은 숫자놀음의 쾌감인 거다.
아마 어떤 살인도, 자수하면 공개도 하지 않고, 처벌 대신 집행유예나 사회봉사라면, 그런 끔찍한 시체유기는 없었을 것이다. 그리고 그 느닷없는 죽음을 슬퍼하고, 자기 죄를 참회하고, 딸에게 벌어진 아픔을 함께하며 평생을 그 빚을 갚고자, 어떤 좋은 일을 하게 되었을지 모른다.

서구 법은 처벌이다. 이에는 이.

우리 겨레는 교화다.

참회할 수 있는 그 시공간마저 뺏어버리면, 악은 악을 낳을 뿐이다.

그가 정말 악해서가 아니라 살기 위해 악에 무감각해지기 때문이다. 그래야 살 수 있으니까. 그래서 더 많은 악을 저지르게 되고.

아마 그렇게만 바꿔도 저 많은 사체유기는 벌어지지 않을 것이고, 끔찍한 일도 줄 것이다.

죽이고 싶은 놈 죽이고 자수하지 않겠냐고? 그러겠지. 우발범이 아니라 계획범도 있겠지. 그건 법에서 따지면 되는 거다. 그러라고 법이 있는 것이고.

계획범이 우발범처럼 행동해서 놓쳤다고? 그러나 우연이란 것은 한번이지 두 번은 잘 일어나지 않는다. 아닌가? 두 번째 죽이고도 자수한다면 당신은 그걸 믿겠는가? 누가 믿을 것인가?

어느 나라에 이런 속담이 있다.

'한번 일어난 일은 두 번 일어나지 않는다. 두 번 일어난 일은 세 번 일어날 수 있다."

한번 일어난 일은 우연이지만, 두 번 일어난 일은 필연일 확률이 거의 높고, 그래서 세 번째가 있을 수 있는 거다. 계획범인 거다. 상습범인 거다.

법은 상식이다.

그러나 우리가 그 상식이, 당연이라고 생각하는 '처벌'에 중점을 둠으로써, 더 많은 죄를 양산하고 있을 수 있으니, 나는 '교화'의 장치를 둠으로써 덜 악한 사회로 가자는 것이다.

교복을 안 입으면 더 탈선하고 위화감이 생길 것 같지만, 교복 안 입는 학교가 더 검소하고 위화감 있을 만한 옷을 입지 않는단다.

사람을 믿으시라.

같이 어울리고 싶은 것이 인간 본성이다. 인간은 일산일호의 호랑이가 아니고,

늑대처럼 무리지어 사는 동물이기에.

　그러니 자꾸 사회적으로 '따'를 시키는 처벌의 법을 만들지 말자. 죄를 참회하고 같이 어울릴 수 있는 친구, 형제가 되는 법의 장치를 두어야 한다. 이미 처벌의 장치는 차고 넘칠 테니, 그 과정을 보강하자.

　우발적 살인은 누구에게나 일어날 수 있고, 대체로 그럴 이유도 있다.

　그러니 그 모든 사람들을 사체유기하게 하는 강한 처벌의 법이 아니고 죄를 참회하고, 그 죽음을 슬퍼할 수 있는, 나의 잘못을 돌이켜 더 많은 좋은 일을 하게 할 수 있는 '교화'의 법 장치를 보강하자.

　어느 나라엔가 그 표본이 있을 것이다. 없다면 해보자.

　지금 강한 처벌의 법으로는 안 되지 않는가.

　해보자. 옷을 벗게 하는 것은 따듯한 햇볕이지, 구름의 찬바람이 아니다.

『천도회회 天道回回　자유종시 自有終始　종시차회 終始且回
　첩진사단이갱유종시야 疊進四段以更有終始也
　일종시지간 一從始之間　위지소력 謂之小曆　종시지종시 終始之終始　위
　지중력 謂之中曆　사첩지종시 四疊之終始　위지대력야 謂之大曆也
　소력지일회왈사 小曆之一回曰祀　사유십삼기 四有十三期
　일기유이십팔일이갱분위사요 一期有二十八日而更分爲四曜
　일요유칠일 一曜有七日　요종왈복 曜終曰服
　고 故　일사유오이요복 一祀有五二曜服　즉 卽　삼백육십사일 三百六十四日
　차 此　일사칠지성수야 一四七之性數也
　매사지시 每祀之始　유대사지단 有大祀之旦
　단자여일일동 旦者與一日同　고 故　합위삼백육십오일 合爲三百六十五日
　삼사유반 三四有半　유대삭지 有大朔之　판자 販者　사지이분절 祀之二分節
　차 此　이오팔지법수야 二五八之法數也
　판지장 販之長　여일일동 與一日同
　고 故　제사지사 第祀之祀　위삼백육십육일 爲三百六十六日

십사유반 十祀有半 유대회지구 有大晦之晷 구자 晷者 시지근 時之根
삼백구위일묘 三百晷爲一眇 묘자 眇者 구지감안자야 晷之感眼者也
여시경구육삼삼지묘각분시위일일如是經九六三三之眇刻分時爲一日
차此 삼육구지체수야三六九之体數也 여시종시如是終始
차급어중대지력이리수내성야...次及於中大之曆而理數乃成也...』

부도지 23장이다.

처음엔 여하튼 365일..366일이 나오는 걸로 봐서 1년에 대한 얘기인가보다 싶은 정도였고, 아무리 읽어도 몰라서 이걸 읽고 이해했을 조선조의 김 시습은 정말 천재 맞구나..하고 절망했다.

솔직히 13기라는 말 중에 '13'이란 숫자가 있어서, 어느 분이 말한 1년 13달 운운에 힘을 얻어, 나는 계속 우리에게 내려오는 말들을 궁구했고, 그리고 이두식 '작은 설' 소설에 착안하여, 역산하니 모든 게 맞아졌다. 그러니 내가 한 게 아니고, 우리 위대한 할아버지들께서 한 것이고, 나는 그 실타래를 잘 풀었을 뿐이다.

그리고 그 고유력을 만든 후 저 말들을 보니, 력에 대한 구성원리가 조금씩 더 확연해졌고, 다시 삼년을 궁구하다 보니, 저 말들이 무슨 말을 하는지 알아졌다.

어느 학자 분 말씀이, '제사 사(祀)'가 원래 한해란 뜻이란다.

그래서 알았다. 아, 우리가 사祀 오른 편에 '뱀 사'巳 라고 알고 있는 저 모양은, 최소한 사祀에서는 뱀이 아니고, 해가 주욱 돌아 다시 제자리로 오는 게 보이는 (示) 시간을 말하는 거구나 하고.

아니면, 그 많은 동물 중에 굳이 뱀인 이유는 개구리보다 뱀이 더 정확히 겨울잠을 자고 해마다 같은 날 나오기 때문일까? 하긴 개구리의 표의자가 더 복잡하니 뱀을 썼을 수도 있겠지만.

시지근時之根!

그런 말을 들어본 적이 있는가? 시의 근간.

아니면 혹시 생각해보셨는지? 똑딱하는 지금의 그 시간 동안을 누가 왜 1초로 정했는지. 왜 60초를 1분으로 하고, 60분을 1시간으로 했으며, 하루는 왜 그 스물네 개의 시간을 모은 길이로 했는지. 또는 그 거꾸로를 생각하셨는지.

그런 걸 생각 못한 당신도 이런 생각들은 했을 것이다.

왜 옛날 사람들은 하루를 12개의 시간으로 나눴을까 하고.

나는 사실 막연히 우리 선조들이 하루를 나누는 기술이 좀 떨어졌나보다 했다.

그리고 저 구절들을 읽고 기절초풍하는 줄 알았다.

아니 그 옛날에 뭐하느라 눈에 찰나로 지나는 시간을 또 300으로 나눈 거지? 로켓을 쏘는 것도 아닌데, 그 시간들을 어떻게 계산한 거지! 도대체 어떻게! 왜?

그러니 나의 막연한 상상은 틀렸다. 시간을 나누는 기술이 모자라? 그저 무지이다! 그리고 다시 궁금해졌다.

근데 왜 12지시일까?

충분히 더 나눌 능력이 있으신 데도? 왜?

그리고 어느 날 알았다. 왜 12지시로 나눴는지를!

그리고 그렇게 알게 돼서, 또 알았다.

아 음력도 우리 그 위대한 할아버지들이 만들어 사해동포가 같이 썼던 거구나! 아, 그래서 간지를 열 두 개만 하셨구나. 13개월로 해를 나눴으나, 따로 더 만들 필요 없이 모든 것에 맞는 '12'개!

한漢족은 해가 인류에게 '해'라는 것까지는 알지 못하니, 저 해야 이래도 저래도 맨 날 똑같은 모양으로 뜨는 것, 실용적으로 음력에다 절기만 표시해서 썼겠구나! 우리 고유력은 매달이 28일로 같은 날짜이니, 따로 기억할 필요도 없이, 그 매달의 기념일만 알면 되니, 그 기념일만 챙겼을 것이요, 그 근본을 잃고 날짜만 기억하니 음력에다 우리가 기리던 해력의 날짜를 그냥 적용하는 일이 벌어졌을 것이고. 어느 순간 한漢족 것인 냥 둔갑했을 것이고.

그러나 그 음력조차 만든 건 우리 할아버지들이겠구나!

그렇다면 주역이 그 이전에는 전혀 아무 것도 없었고, 온전히 주나라 때 정말 나온 것이 맞을까?

주역은 음양만 있지, 오행이 있는 것은 아니라고 한다.

유호가 요의 어리석음 때문에 벌어질 '화'(禍)를 꾸짖는 이유는 오행이지, 음양이 아니다. 누가 보아도, 지금보아도, 음양이라고 할 만한 것은 널렸으니, 밤낮, 년놈, 유무...그것은 이치다. 진리다. 그러나 오행은 그렇다니 그런가보다 하는 것이요, 배우면 알아도 들어서 알 수 있는 것이 아니다. 들어서 알 수 있는 것이 진리다. 그저 모든 것은 의심하고 궁구할 일이다.

시지근!

'시지근'을 정한 겨레. '시간의 길이'를 정한 겨레!

그 시간의 '근'거가 '달'이니, 음력정도를 만드는 것이야 오죽했으랴!

시지근! 시지근이라는 움직일 수 없는 개념을 통해 음력뿐 아니라, '시'의 비밀이 우리 앞에 확연하게 드러난다! 반만년 전에도, 지금도!

16
항상시와 태양시
- 항성일 366일과 '종시' -

지구의 자전에 기준을 둔 시법으로 항성시와 태양시가 있다.

지구가 한번 자전하는 데 걸리는 시간을 1항성일이라고 하고, 그 24분의 1을 1항성시라 한다.

『항성시는 춘분점의 시간각(時間角)이다. 여기서 시간각이란 춘분점의 자오면에 대한 각이다. 따라서 지방항성시가 구해지면 이것에 경도를 가감하여 그리니치 항성시로 환산할 수 있다. 항성의 위치를 나타내는 적경은 도(°)·분(')으로 표시하지 않고 시(h)·분(m)으로 표시한다.』

24개의 항상시가 모여 1자전, 하루.

서양이 하루를 24시로 나눈 이유가 느껴지는 대목이다.

'시지근'까지 정한 이들이 그걸 모를 리 없다. 그럼 왜 하루의 시간을 12개로 나눴을까.

근데 서구는 지금 길이의 시간을 왜 1초로 할까?

인류는 1960년 국제도량형총회에서 불확실성이 높은 지구 자전 대신 공전을 기초로 한 초를 정했고, 그 초를 역표초라고 하며, 1967년 세슘원자시계의 원자초를 채택해 지금에 이른다. 정확한 초를 도출하느라 애를 썼고, 또 합의도 했지만, 그 시간 길이로 정한 이유를 나로서는 찾을 수 없었다. 정확도를 높이기 위해 공전으로 바꿨을 뿐.

그리고 계속 60으로 환산한 이유가 있을까? 그 이유를 들어본 적이 있으신지? 하긴 력도 이집트 걸 가져다 쓴 것이니, 혹 시간의 체계도 그냥 가져다 쓴 건지 모르겠다. 그것의 정밀도는 점점 높여가지만, 그 길이로 정한 이유는 모른 채. 물론 내가 과문한 탓일 수 있고. 혹 60이라면 60갑자일까? 궁구할 일이다.

『항성시는 상용시와는 약간 다르다.

즉, 저녁 8시에 동천에 뜨던 별은 1개월 후에는 저녁 6시에 뜨게 된다.

그리고 춘분날의 항성시 0시는 정오이지만, 추분날의 항성시 0시는 한밤중이 된다. 주극성(周極星)을 비롯하여 모든 항성은 1항성일을 주기로 하여 일주운동을 한다. 태양의 자오선 통과를 일남중(日南中)이라 하고 일남중부터 다음 일남중까지의 시간을 1진태양일(眞太陽日)이라 하며, 그 24분의 1을 1진태양시라 한다.

만일 일남중을 기점으로 하여 시간을 세어간다고 하면, 진태양시는 태양의 시간각과 일치한다. 그러나 진태양일의 길이는 항상 일정한 것은 아니고 매일 조금씩 달라지므로 이것을 1년간 평균한 것을 평균태양일이라 하고, 그 24분의 1을 1평균태양시라고 한다. 우리는 이 평균태양시를 상용시로 쓰고 있다.』

저녁 8시에 동천에 뜨던 별은, 1개월 후에는 저녁 6시에 뜨게 된다!
1개월마다 두 시간의 간격!
이번 달에 어느 별이 자시에 떴으면, 다음 달엔 축시에 뜬다!
그렇구나! 그래서 1자시의 시간길이가 2시간이구나!

그리고 원하는 만큼, 진리만큼 계속 더 쪼개나가면 되므로.

물론 1년 12달에 이미 지간을 붙였으므로, 그대로 그냥 쓴 거라고 생각할 수 있다.

그러나 잘 생각해보시라. 현재 우리가 쓰는 시 체계도 하루를 12까지로 나누고, 2번을 반복한다. 아닌가? 지간의 시간을 1시간씩으로 하고, 두 번을 반복해도 충분히 할 수 있는 거다. 그렇게 안 한 거다. 쪼개지 못해서가 아니고, 바로 저 이유 때문이다!

실제 생활에서 쓸 때는 저 지간시를 쪼개서 1시간 단위로 썼으나.

『평균태양일과 항성일과의 사이에 간단한 관계가 있다. 즉, 1 태양년 동안에 평균태양일은 365.2422회 남중하지만, 춘분점은 366.2422회 남중한다. 이것은 태양의 둘레를 지구가 1년에 1공전하기 때문이다. 이 관계는 365.2422평균태양일=366.2422항성일로 나타낼 수 있다. 따라서 1항성일은 23.93448 평균태양시, 즉 23시 56분 4초가 된다. 해시계는 진태양시를 알려주는 장치이다.』

평균값이 아니라 해시계는 실측하여 진태양시를 알려주듯, 우리겨레의 성경인 삼일신고는 366자로 항성일의 날짜와 같다!

따지면 따질수록 참으로 진리에 꼭 맞는 말씀이 들어있는 〈삼일신고〉가 왜 366자일까, 늘 궁금했다. 1년이 365일이라는 과학에 못 미쳤을까. 그랬을 수도 있다고 생각했기에 그게 늘 맘에 걸렸다.

지구가 해의 둘레 그 자리에 오는 그 하루를 빼느냐, 더하느냐가 둘의 관계고, 공전에 공전을 더하여 살아야 하는 우리는 평균을 내는 게 필요한 일이겠지만, 1공전을 하려면 366일 든다는 그 사실을 안 그것이 얼마나 반가운 앎이고 충격이던지!

역시 나의 무지다. '우리 선조는 비과학적이고 무지할 거'라는, 서구 교육의 깊은 폐해구나' 또 한 번 느끼는 순간이었다.

종시.

천도회회 자유종시. 그 종시.

'마침시작'이라고 밖에 할 수 없는 그 종시.

공전이란 돈다는 의미 외에는 없지만, 종시는 명확히 돌아서 그 자리에서 마치며 다시 그 자리에서 시작하는 법칙적인 무엇이다. 우리가 생각하는 그 공전의 내용에 꼭 맞는 용어다. 그저 감탄할 뿐이다.

17
수와 력의 중요함

1) 우주는 수에서 나오다

 요의 역이 무엇일까. 그러나 숱하게 서양의 력도, 한漢족의 력도 바뀐 걸 보면, 다 맞지 않았기 때문일 것이다. 맞았다면 바꾸지 않았겠지.
 력이 중요하다는 생각은 전혀 못했고, 그런 역사들이 있었는지 조차 몰랐다. 다만 어쩌다가 력을 궁구하게 되었고, 궁구하다보니, 그것이 우주운행을 바라보는 인간의 '인식 틀'이라는 걸 알았으며, 모든 학문의 종합이라는 걸 알았고, 천동설과 지동설처럼 엄청난 인식의 전환이란 걸 내 인식의 틀이 깨지는 걸 통해 알았다.
 유호가 왜 그렇게 길게 요의 어리석음을 질타하고 걱정했는지도.

『또 그 력제는 천수의 근본을 살피지 못하고, 거북이나 명협풀 같은 미물에서 근본을 취하였으니, 요는 또 무슨 속셈인가.
 차기력제 此其曆制 불찰호천수지근본 不察乎天數之根本 취본어구협지미

물 取本於龜莢之微物 요차하심재 堯且何心哉
천지만물이 다 수에서 나와 각각 수를 상징하는데, 하필 거북과 명협뿐이겠는가...
고로 요의 역제는 거북과 명협의 력이요, 인간과 세상만물의 력이 아니니, 그것이 인간과 세상에 부합하지 않는 것은 당연하다.
천지지물 天地之物 개출어수 皆出於數 각유수징 各有數徵 하필구협이이재 何必龜莢而已哉
(고 故 어물어사 於物於事 각유기력 各有其曆 력자 曆者 역사야 歷史也)
고 故 요지력제 堯之曆制 즉구지협력 卽龜莢之曆 비인세지력 非人世之曆 기불합어인세자 其不合於人世者 고당연야 固當然也
..그러므로 력이 바르고, 바르지 못함은 인간과 세상의 화복의 단초니, 어찌 삼가지 않을 것인가. 지난 세기에 '오미의 화'가 한 사람의 미혹에서 나와 만대의 산 령(생령)에게 미치고 있는데, 지금 또 '력의 화'가 장차 천세의 진리에 미치고자 하니 두렵구나.
(이고 以故 번복삼정 飜覆三正 장욕구합이부득 將欲苟合而不得 수치천화야 遂致天禍也 대저력자 大抵曆者 인생증리지기본 人生證理之其本 고 기수무부재궁 故 其數無不在躬 시고 是故 력정즉천리인사증합이위복 曆正則天理人事證合而爲福
력부정즉승리어천수이위화 曆不正則乘離於天數而爲禍
차 복재어리존 此 福在於理存 리존어정증고야 理存於正證故也)
고 력지정여부정 故 曆之正與不正 인세화복지단 人世禍福之端 가불신재 可不愼哉 차세오미지화 此世五味之禍 줄어일인지미혹 出於一人之迷惑 급어만대지생령 及於萬代之生靈 금차력화 今此曆禍
장욕급어천세지진리 將欲及於千世之眞理 구의재 懼矣哉』

저 말을 이해는 하지만, 마음으로는 아직 소화하지 못했다.
물질계와 비 물질계가 마치 한 덩어리처럼 움직이는 저 사유체계를 정말 오랜 시간이 걸려 이해를 한다. 어떤 것은 느낀다. 하지만 력의 경우는 아직 경험의 자료가 없어 이해는 해도 느껴지거나 체화는 안 된다. 물론 서구교육의 영향이다. 아예 모르는 것보다 있는 걸 없애는 것이 더 어려우므로.

세상이치를 궁구하여 깊이깊이 따지면 물론 수긍이 가지만, 듣는 즉시 선뜻 납득되지 않는다.

행, 불행은 유심 쪽이고, 안 먹으면 죽는다는 유물 쪽인데, 심과 물이 하나라고? 물론 플랭크의 세계에서는 이미 그것을 증명했지만, 천부경은 그 원리조차 설명하고 있지만, 서구적 이분법에 익숙한 나는 이해는 해도, 아직 체화는 궁구 중이다.

내가 달력을 잘못 써서 화가 벌어졌다고?

인간이 잘못된 달력을 쓴다고 해서 인간 세상이 점점 화에 떨어진다고? 물론 저 경지라면 무슨 악한 일이 벌어지리오 마는.

그럼 내가 바른 력을 쓰고 점점 많은 사람이 바른 력을 쓰면, 인류에게 다가올 재난을, 재앙을 피해가거나, 멎게 할 수 있다는 건가? 받아들이기 어려운 경지의 말이나, 그렇게 된다면, 얼마나 좋을까.

하여, 열심히 '새로운 력'인 아주 '오래된 고유력'을 만들어 쓴다. 해마다. 일본 열도가 가라앉지 않기를 바라며. 중동에서 전쟁이 멎기를 바라며. 우리나라가 통일되길 바라며.

좀 이해할 수 없는 일이지만, 여태까지 한 그 모든 말이 맞는 분들의 경지니, 가늠은 차차 시간을 두고 하되, 일단 따르기로 했다. 력을 써서 통일이 된다면, 왜 안 쓰겠는가? 어른들 말을 들으면 자다가도 떡이 생긴다니, 알량한 알음알이를 작동하기보다 미련하게 그냥 따른다. 통일 떡 생긴다면야!

'천지만물'이 '수'에서 나왔다....

이 말을 이해하는데 몇 년이 걸렸다.

어느 외국의 수학자가 하늘을 관측한 게 아니라, 수학으로 계산하여 하늘의 별을 찾아냈다는 걸 듣고 '헉, 이게 뭐지?' 했었다.

그리고 '수'학으로 인간에게 없던 원자폭탄도, 컴퓨터도 만드는 걸 보면, 저 말이 어렴풋이 이해가 된다.

그리고 위의 저 말들은 그 논리 그대로 다 맞는 말이고, 옳은 말이다. "천지만물이 수에서 나왔다"는 저 기본 명제가 참이라면.

인간의 창조물은 '수'가 기초. 덧셈 뺄셈 정도의 산'수'가 아니라 '수'의 '학'. 그 위에 모든 것이 더해져 놀라운 것들이 지금도 탄생한다.

그러니 인간도 '수'에서 창조물을 내고 있다.

그런데 우주의 창조도 '수'에서 나왔다고?

2) 〈천부경〉과 플랭크, 중력의 비밀을 찾다

그리고 어느 날 수리도인을 만나 우주의 기본 원리에 대해 토론하다 우리 겨레의 성경인 〈천부경〉이 수경이라는 소리를 들었다. 천부경이 수數경이라고? 천부경에 숫자가 많긴 하지만, 수경이라고?

우리 선조들이 했다면 분명 진리가 들어있을 것인데, 수경이라고?

『일시무시일 석삼극 무진본 천일일 지일일 인일삼
　일적십거 무궤화삼 천이삼 지이삼 인이삼
　대삼합륙 생칠팔구 운삼사성 환오칠 일묘연 만왕만래 용변부동본
　본심본 태양앙명 인중천지일 일종무종일
　一始無始一析三極無
　盡本天一一地一二人
　一三一積十鉅無匱化
　三天二三地二三人二
　三大三合六生七八九
　運三四成環五七一妙

衍萬往萬來用變不動

本本心本太陽昂明人

中天地一一終無終一』

세상에 더 이상 짧을 수 없을 만치 짧은 경이다.

그러나 간단하진 않다. 천부경에 관한 책만도 수십 종이다. 책 한권은 족히 쓰고도 남을 내용이다.

천부경은 간격 없이 9자씩 9줄이라 끊어 읽기가 사람마다 좀 다르다.

나는 대종교(단군교) 계열을 통해서 접했기에 저렇게 끊는다. 물론 그 도인은 달랐다. 우리는 수리를 논했다. 그분은 '참셈' 법칙이라는 수식을 낸 분인데, 수경이라는 그분의 말에 착안하여 '귀에 걸면 귀걸이, 코에 걸면 코걸이'식의 인문학적 해석은 치우고,

진정한 전 세계 공용어인 수학으로 그분과 함께 저 글들을 수학화 하였다.

수학은 천 년 전에도, 만 년 후에도 같았을 것이므로.

그리고 그 과정에서 나는 한 가지 사실을 발견했다.

'곰'이라는 글자도 없는 소위 한자는 서수와 기수의 구별도 없다.

그러니 일(一)은 한 개란 뜻일 때도 있고, 첫 번째라는 뜻일 때도 있다는 거다.

그래서 그 세세한 뜻은 그만 두고, 글 구조상 수학적으로 나눴다.

일시 무시 일 /

석삼극 무진본

천일 일/ 지일 이/ 인일 삼/

일적십거 무궤화삼

천이 삼/ 지이 삼/ 인이 삼/

대삼 합 륙

생 칠팔구

운삼 사성

환 오칠
일묘연 만왕만래 (용변부동본/본심본 태양앙명 인중천지일)/...
일종 무종 일

즉 그 내용은 일단 두고 '글 구조상'으로 풀면,

'일시'와 '무시'는 하나다.
삼극으로 나뉘고, 그 본은 닳아 없어짐이 없다.
천의 첫 번째가 첫 번째 요,
지의 첫 번째가 두 번째 요,
인의 첫 번째가 세 번째 다.
하나씩 쌓여서 십거 하고,
무궤하여 셋으로 화하니,

천의 두 번째는 셋이고,
지의 두 번째는 셋이고,
인의 두 번째는 셋이며,

'큰 삼'을 합하는 것은 여섯(가지)이고,
칠 팔 구가 생긴다.

삼에서 움직여, 사에서 이루어지고,
오와 칠에서 고리를 이룬다.
일은 묘연하여 만왕만래 모든 것이 이루어져 오고가고,..
.. '일종'과 '무종'은 하나다.

인문학적 해석을 걷어내니 명쾌했다.

모르면 모르는 체 두면 된다.(참고로 '일시'와 '무시'는 수리도인의 말이 참이라고 본다)

보다시피 천부경에 적확하게 나와 있다. 삼극이라고! 삼태극이 아니라.

그리고 댓구라고 보여지는 천일류와 천이류를 보자.

('일시'와 '무시'는 뒤에 〈팀〉 참고)

'천의 첫 번째가 첫 번째 고, 지의 첫 번째는 두 번째 고, 인의 첫 번째는 세 번째 이다' 로 새길 때,

또 다르게는 천의 첫 번째는 하나요, 지의 첫 번째는 둘이요, 인의 첫 번째는 셋이다로 새길 수도 있으므로,

1) 천일 ○
　 지일 □□
　 인일 △△△ 일 수도 있고,

2) 천일 ○
　 지일 ○□
　 인일 ○□△ 일 수도 있고,

3) 천일 ○
　 지일 □□
　 인일 ○□□ 일 수도 있다. 여러 경우의 수가 있겠지만,

나는 3)번을 택하는데, 그 이유는 '인전지, 물편지'라는 〈삼일신고〉의 내용을 수리적으로 명확하게 보여주기 때문이다.

그리고 '천의 두 번째는 셋이고, 지의 두 번째는 셋이고, 인의 두 번째는 셋이다' 로 새길 때,

그 내용은

천이 ●●●

지이 ■■■

인이 ▲▲▲

이다. 인일은 ○+□□이 되어 천과 지의 요소를 모두 가졌지만, '일적십거 무궤화삼'의 과정을 거쳐 단지 더한 상태가 아니라, '화삼'이 되는 화학적 변화가 있다고 보기 때문이다.

그러면 다시 천일류와 천이류를 정리하면,

천일 ○   천이 ●●●

지일 □□   지이 ■■■

인일 ○□□   인이 ▲▲▲

가 된다.

'천일'류와 '천이'류는 '대삼 합 륙'의 여러 조합들을 내어, 7,8,9(10, 11,12..)가 나오는데,

'대삼' /합/ 륙이라니 뭐가 '대삼'일까 하겠지만,

문장구조상 천일, 지일, 인일이 삼,

각각 셋씩인 천이, 지이, 인이가 삼이니,

이 두 부류, 천일류와 천이류가 대삼이다.

대삼의 합이 어떻게 육이 되는가를 표로 보면,

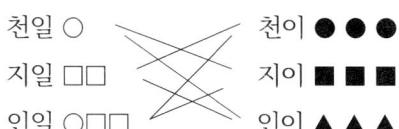

즉, 천일은 지이와 인이,

　지일은 천이와 인이,

　인일은 천이와 지이와 합하여 6가지의 경우가 생기며,

'천일'류와 '천이'류, 그 둘의 합으로 만왕만래의 모든 것, 7,8,9(10, 11,12..)가 나온다.

단순 발상으로는 천일과 천이, 지일과 지이, 인일과 인이도 합해질 수 있을 거 같으나,

그런 합은 일어나지 않는다.

합이란 다른 것과의 합이지, 자기와 자기는 합이 아니다.

일적십거 무궤화삼의 과정을 거쳐, 즉 천이는 천일에서 나온 것이니, 그건 합이 아니다.

나와 나는 합할 수 없다. 천일과 천이는 같으며 다르다.

밤톨과 밤톨에서 자란 밤나무는 같지만 다르다. 밤나무 밑을 보면, 밤나무가 살아있는 동안, 그 밤톨이 뿌리에 그대로 살아 있단다. 같다. 그리고 다르다.

(그런데, 7,8,9가 단순 7,8,9가 아닌 것 같다.

  천일류와 천이류의 합을 구체적으로 하면,

  그 세부결합의 경우의 수가 7이며,

  그 조합의 숫자는 57,624인데, 그 조합의 패턴은 8가지(8괘)이다.

  아마도 9 또한 단순 9가 아니라, 이치적인 어떤 수 같다)

그리고 운삼/ 사성/ 환 오칠!

이것을 증명하느라 여러 명이 하룻밤을 논쟁하며 궁구했고, 자면서도 궁구하다 다음날 결국 풀었는데, 그 과정에는 그 도인의 참셈 법칙이 큰 길잡이가 되었다.

무슨 말이냐. 수학이나 모든 인문학적 해석은 내려놓으시라.

말 그대로 삼에서 움직이고 사에서 이루어진다는 거다. 뭐가.

그 '대삼' 사이에서 생겨진 만왕만래 하는 모든 우주만물이.

즉 우주의 기본 원리에 대해서 말하고 있는 거다!

11차원까지 밝힌 현대물리학이 우주가 일명 플랭크로 되어있다는 것은 알지만, 어떻게 그것에서 모든 것이 만들어 나올 수 있는지 그 원리는 '어떤 조건에서는..' 이라며 그 원칙을 밝히지 못하고 있다. 즉, 나와 책상, 밥통, 산, 공기..모든 것이 플랭크로 동일하다는 건데, '플랭크란 '어떤 정보가 주어지면 수소, 또 어떤 정보가 주어지면 헬륨이 된다' 정도로 모호하게 설명하고 있는 것이 현재 과학이고,

그 우주 생성 원리를 명쾌하게 설명하고 있는 것이 저것이다!

바로 삼에서 움직이고 사에서 이룬다!

무슨 말이냐. 말 그대로 하면 된다.

점을 생각하면 쉽다.

아인쉬타인의 상대성원리의 방점은 '그러므로 속도를 광속 이상으로 높이면, 시공을 초월할 수 있다'가 아니라, '그러므로 질량을 가졌다면 그 무엇도 시공을 초월할 수 없다'이다.

그러나 초초초 미립의 세계는 어떨까. 플랭크처럼 점과 같은 세계는.

모든 것의 원초인 그 세계는 어떻게 움직이는가.

점이 3개라야 면과 같은 '구조'를 이루어 '움직'일 수 있고, 그 이전에는 그냥 점이다. 그것이 평면이 아닌 '입체'를 '이루는' 최소 단위가 4고, 4라야 실재한다.

여기서부터 새로운 연산법칙이 생긴다.

기존의 수학은 잊으시라.

플랭크란, 점의 세계와 유사할진대, 점의 세계는 기존의 연산법칙으로는 안 된다.

위치만 있고, 무게도 부피도 존재하지 않는 것, 그게 점의 정의다.

그러므로 하나의 '입체'를 '이루는' 최소단위의 점의 수는 4다.

그 4와 4를 더하면? 8일까? 아니다, 5다!

환 오(五)!

왜? 어떻게?

위치만 있고, 무게도 부피도 존재하지 않기 때문이다! 단순 수학 말고 실제에서.

그리고 그 4와 4는, '두 대삼끼리' 더해지는 원리라는 것이다.

그러니까 두 종류의 대삼인 '천일'류와 '지이'류는 합해지되, 한 종류인 '천일'류와 '천이'류는 더해지지 않는다. 자력의 ++를 연상시킨다.

지구의 중력이 있다는 건 알지만, 그게 왜 생기는지 그 이유를 모르는 것이 현대 과학이다. 과학이지, 인학이 아니라서.

즉 귀납을 통해서 법칙과 원리를 추론하고 정립해가고 있는 것이지, 그 인학,

원리를 알아서 연역법으로 만물을 꿰뚫어 통찰할 수 있는 상황이 아닌 것이다. 그런데 이 부분은 왠지 ++가 서로 밀어내는 원리처럼 들리지 않는가?

애초 수로 이루어진 우주 모든 창조물이 '천일'류와 '천이'류는 합하지 않고(밀어내고),

'천일'류와 '지이'류, '인이'류가 합하여 이루어진 것이다!

그런 얘기를 들어본 적이 있는가?

단순하게 현상적인 음, 양이 아니고, 가벼운 것은 위로 뜨고, 무거운 건 아래로 가라앉아서 천지가 만들어졌다는 순진한 현상적 관찰내지 추론이 아니고,

물리 수학적으로 음도, 양도, 가벼운 것도 무거운 것도 그 모든 것이 이미 '천일'류와 '지이'류, '인이'류의 합이라는 거다. '천일'류와 '지이'류, '인이'류의 합으로 음양도, 가볍고 무거운 것도, 빛도 어둠도, 물도 불도 생기는 것이라는 거다.

우주 모든 존재가 '천일'류와 '지이'류, '인이'류 등의 합이니, 어찌 보면, ++는 합이 되지 않고, +-만이 합이 되므로, 그 모든 물체가 소위 자력을 띠는 것, 중력을 띠는 것은 그 '존재 자체'이므로 너무 당연한 것이다. 원리가 그러하니.

즉 우주 만물은 대삼끼리 더해지지 않으면 존재하지 않는다.

즉 물질에서 존재하는 모든 것은 입체라고 볼 때, 그 입체를 이루는 최소단위는 4지만, 4는 4로써 존재할 수 없고, 대삼끼리의 합인 4와 4의 결합, 즉 고리-리가 뭉친 상태-로만 존재한다.

'고' '리'가 무엇인지에 대해서는 나중에 설명하기로 하고,

그 4와 4의 합은 5다.

잘 이해가 안 된다면, 성냥 개피나 이쑤시개로 한 면은 삼각형(운삼) 모양이고, 최소 입체를 이루는 면이 4개인(사성) 사면체인 4개의 점, 즉 사면체(사면체의 한 면 모양은 삼각형이다)를 만들고 상상하라.

점 하나만 더 보태면, 세 개의 면이 더 생기며 사면체 2개가 겹친 꼴이 된다.

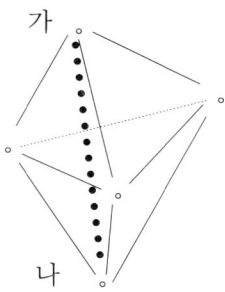

4+4=5가 참인 새로운 세계인 것이다.

그리고 점 '가'와 점 '나' 사이엔 중심을 관통하는 새로운 힘의 축인 선분 하나가 생긴다. 즉 점의 위치에 따라 그 자체로 전에는 없던 새로운 힘의 축이 생기는 거다. 성냥 개피가 없으나, 점가와 점나 사이엔 선분(····)이 형성되는 거다.

그런데 '대삼이 합한 5'의 형태로 존재하는 이 세계는,

가운데 선분이 하나 더 생기는 6의 차원을 넘어

7의 차원이 될 때,

'대삼이 합한 5'가 곱하기×형태로 2개가 겹치고, 안정적인 형태로 존재한다.

이 얘긴 차원의 얘기로, 많이 어려운 얘기니, 다음에 하자.

(〈우주이법〉참고)

일종무종은 누가 봐도 일시무시와 짝인데, 일종과 일시는 어떻게 다를까?

일시와 일종, 무시와 무종은 본질적으로 같으나, 모든 일묘연 만왕만래를 겪은 뒤이므로, 밤톨과 밤나무와 같이, 같으면서 같지 않다. 그래서 천부경이 다시 일시무시일로 끝나지 않고, 같으나 같지 않은 일종무종일이 되는 것이다. 우주의 창조와 소멸까지다.

『짐세 이전에 율려가 기복하여 별들이 출현하였다. 짐세가 기종할 때..

   짐세이전즉율려기복 朕世以前則律呂機復 성진기현 星辰己現 짐세기종 朕

     世機終..』

'우주는 어떻게 나오고, 어떻게 맺어지는가?'에 대한 우리 선조들의 인식이다. 율려가 성경의 '말씀'을 연상시키는데, 이번 세상 이전에도 별들이 출현했단다.

어떻게 출현하고, 끝을 맺는가?

바로 천부경의 일시무시로 나와서 천부경의 원리로 만왕만래하다 일종무종한다.

서구 과학이 '궁극의 무엇'인 일명 플랭크까지 밝혔고, 우리 겨레의 성경인 〈천부경〉이 우주창조의 구조적 비밀을 이미 법칙적으로 밝혀놓았으니, 인류의 미래가 어떻게 펼쳐질지 궁금하다. 실은 걱정스럽고.

『요는 천수를 잘못 알았다. 땅을 쪼개서 천지를 제멋대로 하였다. 기회를 틈타 홀로 단을 만들고 사사로이 개나 양을 기르기 위하여 사람을 몰아낸 후 자칭 왕이 되어 혼자서 처리하였다. 세상은 토석이나 초목처럼 말이 없고 천리는 거꾸로 흘러 허망에 빠져버렸다. 이것은 거짓으로 천권을 훔쳐 사욕의 횡포를 자행한 것이다.
요오천수 堯誤天數 할지위자전천지 割地爲自專天地 제시위독단리기 制時爲獨壇利機 구인위사목견양 驅人爲私牧犬羊 자칭제왕이독단 自稱帝王而獨斷 인세묵묵위토석초목 人世默默爲土石草木 천리역몰어허망 天理逆沒於虛妄 차 此 가공천권 假窃天權 자행사욕지폭야 恣行私慾之暴也 』

우리는 당연하다고 생각되는 왕의 권한이 실은 당연한 것이 아니던 시대가 있었다!

이제는 당연한 왕의 권한이라고 생각하는 것이, 개나 양을 기르기 위해 사람을 몰아낸, 하느님의 이치에 배반한 행위가 되는 시대.

여기서 요의 글자를 보라. 소위 한자라는 표의자를 누가 만들었는지 잘 보여준다.

요堯자를 파자하면, 위의 내용이 그대로 담긴 글자로 '땅을 쪼개서 천지를 제멋대로 하여' 위태롭게(위태로울 올 兀) 한 사람인 게다.

좋은 왕의 표본 어쩌고는 후대 한漢족이 누군가는 왕의 좋은 본이 있어야 하기에, 기껏 세습을 하지 않은 요, 순을 찾아낸 것이지만, 순 또한 요를 꾸짓은 유호의 아들로 '도를 배반하고 사된 욕심을 부렸다는 이유'로 유호에게 매양 꾸지람을 듣다, 우에게 죽임을 당했고, 그의 두 부인인 요의 두 딸도 자결을 했으니, 그저 천도를 따랐던 부도의 사람들이 보면 진리를 좇지 아니하고 한낱 허망한 것을 좇은 이들이다. 유호에게 대적한 우는 말할 것도 없고.

그래서 소부와 허유가 그 몰상식한 요의 요청을 거절한 거였다. 그 내막이 가려지니, 단지 세습 하지 않은 것으로 마치 이상적인 왕인 듯이 포장되었고. 보는 것이 배우는 것이다.

대대로 단군조선의 선양을 보아왔으니(신라초기까지도), 반역하여 나갔던 요와 순도 문명의 중심이던 부도의 방식대로 선양을 했던 것이요, 반역의 무리이기에 삼대인 우에 가면 벌써 선양을 버리고 욕심대로 세습으로 가는 것이다. 세습이란 것은 생각지도 못하던 도道와 덕德의 시대가 있었으나, 세습이 당연한 시대가 또한 몇 천 년이 흘렀다.

'이화세계'의 시대가 사라지니, 노자말대로 큰 도가 사라지니 작은 도들이 생겼다. 큰 도는 도라는 이름으로 존재하지 않고 이치, 이법이란 말로 존재했으니, 그냥 삶 그 자체이다.

이법대신 패도가 점점 득세하니, 심지어 하느님의 말 잘 듣는 어린 양이어야 할 목사가 세습을 하는 시대까지 되었다. 말해 무엇 하리.

목사가 세습하는 나라에 살면서 북을 욕하는 건 어불성설이다. 나는 존경받을 만한 어떤 목사님이 세습했다는 소리를 듣고 북의 세습 운운하던 모든 것을 치웠다. 누구도 내게 뭐라지 않았지만, 옳지 못한 것을 방기한 내 책임도 있다고 보기에.

무력을 기본으로 하는 권력이야 그렇다지만, 하느님을 섬겨야할 목사가 아닌가.

그 목사 아드님 훌륭하고, 이유 많을 것이다. 훌륭한 거 안 봐도 안다. 신도들이 원하는 것도 안다. 문제는 신도들은 목사님의 속마음도 다 알아 헤아린다. 아드님 또한 '훌륭한'목사이니, 개척교회 하면 된다. 아닌가? 세상에 훌륭한 목사가 그분 이외엔 단 한명도 없어서 그런 것이라면 이해한다. 정말 없어서인가? 아니지 않는가. 진리는 상식이다.

그 아드님이 정말 훌륭했다면, 하느님 욕 먹이지 않도록 그렇게 해야 했고, 그 존경받는 목사님 그렇게 해야 했다. 이미 하느님보다 자기 아들이 중요하고, 아버지 재산 물려받을 자기 기득권이 중요하다는 것을 만천하에 공표하는 것이니, 하느님의 의가 설 자리가 어디에 있겠는가.

목사가 세습하는 것에 분노하고 걱정하는 시대에서 어느 때가 되면 당연한 시대가 될 것이다. 두렵다.

일상화된 악에 우리가 얼마나 무뎌졌는가.

무뎌지지 않으려면 얼마나 노력해야 하는가. 정말 깨어있기 어려운 세상이 되어버렸다. 이젠 아예 그런 건 문제 삼지도 않고, 목사가 바람피우거나 딸을 죽여 미이라를 만들어야 문제 삼을 정도다.

'목사도 사람인데' 라고?

누가 뭐라는가. 그러나 그냥 사람인 기업인도 지탄받는다. 그럴 정도의 사람이면 목사 안하면 되지, 어떻게 하느님을 욕 먹일 것을 두려워하지 않을까.

하느님이 계시다는 걸 안다면 말이다. 스님도, 신부도.

우리 겨레의 하느님을 잃어버리니, 이런 일이 생긴다. 자기가 어떤 종교를 갖던 그 하느님이 계시다는 걸 알던 겨레다. 이치로서 존재하고, 상식으로 존재하는 그 하느님을 잊으니, 하느님이 계신 것을 두려워 않고 저런 일들이 벌어진다.

그 하느님 그대로 여전히 계시나.

그 하느님 계신 걸 잊고 알지 못하게 되었으니, 믿는 일이 생긴다.

하느님이 계심을 믿는다는.

믿고 안 믿고는 자기 개인의 문제지만, 계시는 걸 알면 차마 그렇게 거짓되게 살 수 없는 것이다. 계시는 걸 믿는다는 것과, 계시는 걸 안다는 것은 전혀 다른 얘기이므로.

그걸 잘 알았기에 우리 겨레가 당연히 착하고 정직하고 의로웠던 것이고.

하느님이 의로우시기에. 그 하느님을 따라 살았기에.

하느님이 계시는 걸 아는데, 어떻게 따라 살지 않으며 거짓을 하겠는가. 믿음이야 믿음을 치우면 그만이지만.

그 하느님 그대로 알고 섬기던 신라 초기도 선양이지 세습이 아니다. 대대로 내려온 조선의 다스림은 하늘을 대신할 만한 자의 다스림이지 세습이 아니었기에.

인류의 발전방향은 단군까지로 대변되는 우주이치를 밝히는 증리證理의 방향을 버리고, 권력자가 마음대로 생령(생명)을 죽이고 욕심을 부끄러워하지 않는 방향으로 전환되었다. 전쟁의 방향으로 발전되어가고 있고, 리理를 증證하는 것이 아니라 리利를 구하는 쪽으로 삶 자체가 점점 독촉 받고 있다. 자본주의 하에선 점점 더.

보라. 모든 그럴싸한 명분으로 결국은 전쟁을 하겠다는 것이니. 결국은 죽여서라도 자신의 이익利를 구하겠다는 거다.

우리는 신라가 고려(왕건의 고려가 아닌 소위 고구려)와 백제를 이기고자 당을 끌어들인 것을 욕하거나 안타까워 하지만, 현재 우리는 북녘을 이기게 해달라고 외국에 온갖 요청을 하고 있다. 우리 후손들은 우리를 어떻게 볼까.

....

이익을 구하는 정치인을 방기한 나와 당신은 그 비난을 피해갈 수 있을까. 더구나 모든 주권이 당신과 나, 국민으로부터 나오는 이 현대에.

전쟁을 부추기는 소위 군사강국들. 명분 뒤에 거대한 그들의 이익.

그런 인간들이 우주의 창조비밀까지 알게 된다면, 갑자기 참회하여 세계인류가 함께 잘 사는 방향으로 가기보다, 백신을 만드는 기업의 이익을 위해 병균을 만들어 뿌리고, 군수업자의 이익을 위해 전쟁을 벌이고..의 방향으로 더 열심히 갈 확률이 참으로 높다. 모를 때도 그러한데, 알게 된다면 더 또 무슨 일이 벌어질지 참으로 걱정스럽다.

그러나 보았듯이, 모든 창조물의 결합에서 새로운 힘의 축이 생겨나니, 결국 그것들도 뭔가 살 궁리를 한다면, 지구자체도 그 우주 창조물 중에 하나이므로 자구책을 낼지도 모를 일이다. 지구 종말설이나, 우리 겨레에게 많이 퍼져 있는 지각판의 대대적 이동도 이 맥락에서 보면 그럴싸한 설이다.

『력이 바르고 바르지 못함은 인간과 세상의 화와 복의 단초니, 어찌 근신하여 삼가 하지 않을 것인가!
력지정여부정 曆之正與不正 인세화복지단 人世禍福之端 가불신재 可不慎哉』

반만년 전의 걱정이다. 인류에 대해 걱정하며, '수'나 '력'에 대해 관심 있는 이가 몇 명일까.

18
시지근! 달의 공전

1) 시 "각"의 '각'을 찾다!

시각과 시각 사이를 시간이라고 한다.

'지금 몇 시에요?' 물으면 그건 시각을 묻는 것이다. 그런데 그 '각'이란 말은 어디서 왔을까? 지금 우리가 쓰는 시의 체계를 보면 '시, 분, 초'인데 말이다.

나는 시'간'은 알겠는데, 시'각'이란 말은 몰라서 왜 시'각'이지 늘 의아했는데, 우리 겨레 고유의 시체계가 시, 분, '각', 묘 라는 것을 알고 그 이유를 알았다. 아 그래서 시'각'이었구나! 그 흔적으로.

우리의 고유력을 만든 분들은 저 수의 의미와 운용 이치를 이미 잘 알뿐 아니라 그것의 집대성인 우주운행의 틀, 력이 얼마나 중요한지 깊이깊이 알고 계신 분들이다.

『'10사'의 반에 대회의 구가 있으니, 구는 시의 근원이다.

　십사유반 十祀有半　유대회지구 有大晦之晷　구자 晷者　시지근 時之根』

이 말에 주의하며 그 다음을 보면, 약속이다.

300구를 1묘로 정했고, 9633묘가 1각이다.

그런데 왜 300구를 1묘로 정했을까? 왜 9633묘가 1각일까?

그냥?

과연 그냥일까. 저분들이?

그 엄밀한 우주운행의 차이를 명확히 알고 있기에 지속적으로 그 우주운행에 맞는 시 체계를 사용하고자 했다. 그리고 그런 력을 만들고자 했고, 저렇게 면밀한 관측 결과에 맞는 력을 만들고자 그 근본 되는 시간의 길이를 정하고, 그 나머지를 정한 것이다.

저 글은 유호가 반역을 하여 나간 요를 꾸짖는 말 중에 있는 내용이다. 요가 천수를 어떻게 몰랐는가를 설명하느라고.

시의 근간인 시지근!

우주만물이 공간과 시간을 점한다면, 공간은 눈에 보이나 시간은 눈에 보이지 않되, 실재한다. 그 보이지 않는 시를 '인식'하여 '공유'하게 하고 시계라는 물건으로 실제 하도록 한 '수'의 체계를 보자.

『소력이 한 바퀴 돌아오는 것을 사라 하고, 사에는 13기가 있고, 1기에는 28일이 있으며, 다시 4요로 나뉜다.
　소력지일회왈사 小曆之一回曰祀　사유십삼기 四有十三期
　일기유이십팔일이갱분위사요 一期有二十八日而更分爲四曜』

이미 고유력을 알고 있으니, 너무나 잘 맞는 말이라는 걸 설명 없이도 알 것이다. 그러나 부도지의 번역본을 보시면, 그게 그렇게 만만치 않은 것임을 거꾸로 알게 될 것이다.

보통은 1년이 13개월이라는 건 이미 받아들이기 어려운 인식의 틀을 가졌으므로.

살펴보면 알겠지만, 사(祀)가 처음엔 한해를 가리키던 말이라는 어느 학자분의 말을 그대로 보여주는 문헌이다. 기는 요즘말로 개월이고.

　요曜는 요즘말로 주다.

　그러나 한 주, 두 주하는 요즘 말은 어디에서 왔을까.

　단지 주週라는 한자처럼 돌아온다는 뜻일까? 아니면, 기독교의 '주일'의 '주'를 중의적으로 나타내는 말일까? 교회를 다니던 초심자 우리 오빠가 일요일이라는 말 대신 '주일'이라고 했더니, 사모님이 감격하셨다. 드디어 주님을 받아들였다고. 우리가 주라는 말을 씀으로써 주말이 되었고, 주초가 되었다. 교회에 다니던 안 다니던. 그래서 주일이라는 말을 쓰기 수월했고. 누가 요라는 말을 버리고 주라는 말을 쓰도록 했을까?

　그러나 성성히 살아있으니, 바로 '요'일이라는 말이다!

　월요일, 화요일..그 요일의 바로 그 '요'.

　그 요가 얼마나 오랜 연원의 말인지, 얼마나 오랫동안 사용되었는지 보시라. 한 요 안에 들어있는 일곱의 날들. '요'일!

　이 위대한 할아버지들의 '요'를 잃어버림으로써 우리는 우주를 잃어버리고, 오행인줄 알고 헷갈린다. '요'일은 소위 한漢족의 오행이 나오기 전에 이미 존재했다!

　보라. 빛날 요曜자이다. 무엇이? 바로, 이 '시'의 체계를 만드는 것은, 빛나는 해와 달 뿐 아니라, 수성, 화성, 목성, 금성, 토성이라는 빛나는 별들인 것이다. '주'의 개념처럼 단지 돌아오는 것이 아니라.

　그 별들의 영향으로, 즉 지구와 해와 달과 태양계의 별들의 유기적 움직임으로 지금의 시간이 짜여있다는 것이다. 지구의 자전과 공전이.

　그러니, 달이 없어지거나 목성이 사라지면, 지구가 없어지지 않을지는 몰라도 자전과 공전이 달라져 지금의 시 체계는 아니라는 것이다.

　아니면 시간의 길이가 달라지던지.

　더구나 유호는 그 오행이 어떻게 잘못된 가설인지 맹렬이 논증하고 있는데, 요일에 오행을 넣었다고? 잘 생각해보라. 오행이 맞든 안 맞든 그것은 시간의 체계와는 무관한 것이다. 아닌가? 그러나 저 태양계의 별들은 서로 톱니처럼 물려 있어서 하나가 없어지거나 하면, 다른 것에 미세할 지라도 영향을 미치는 것이 당연하지 않겠는가? 누가 더 상식적이고 과학적이며 이치에 합당한가?

그러니 '요일'이라는 말이 있는 지금 우리는 '요'라는 말을 회복해야 한다!

빛나는 저 별들, 우리 겨레의 바른 우주를 회복해야 한다!

한 주, 두 주라는 말 대신 한 요, 두요라고 쓰고, 일주, 이주, 삼주라는 말 대신, 일요, 이요, 삼요라는 말을 써서 합당한 우주이치를 드러내야 한다. 누가 왜 주라는 말로, 우리의 우주관, 우주 진리를 잃어버리게 했는지 모르지만, 그것이 무지라도, 그것이 의도라도, 찾아와야 한다.

하느님이라는 말을 찾아와야하듯이.

『1요에는 칠일이 있고, 요가 끝나는 것을 복이라 한다. 고로 1사에는 52복이 있은 즉 삼백육십사일이요, 이는 1,4,7 성수다.

일요유칠일 一曜有七日 요종왈복 曜終曰服 고 故 일사유오이요복 一祀有五二曜服 즉 卽 삼백육십사일 三百六十四日 차 此 일사칠지성수야 一四七之性數也』

이미 최소 반만 년 전에 1요(1주) 7일의 력 체계가 있었으니, 7일 만에 세상을 만들었다는 유대성경이 전해지기도 훨씬 전이요, 문화가 어디서 어디로 전해졌을지를 가늠하게 하는 내용이다. 엘로힘이 천지를 6일 동안 만들고 7일째 쉬었다는 허구가 아니라, 우주운행에 대한 거다.

또한 그 력의 수들이 나온 이치도 밝혔으니, "1사, 4요, 7일" 즉, 성수라고 칭하는 1, 4, 7의 원리가 적용됨을 밝혔다.

『사마다 시작에 대사의 단이 있으니, 단이라는 것은 1일과 같으므로, 고로 합하여 365일이다.

매사지시 每祀之始 유대사지단 有大祀之旦 단자여일일동 旦者與一日同 고 故 합위삼백육십오일 合爲三百六十五日』

이 부분 때문에 고유력의 13번째 달을 마지막에 놓지 않고, 처음에 놨다. 종시라는 저 위대한 개념과, 대사의 단旦, '새' '해'가 떠오르는 설이 심지어 날짜로 되어 있다는 저 놀라운 력법을 따라.

참으로 위대한 사유와 지혜, 창조력의 대가이시다.

2) 대삭의 판! 달의 공전이 지구 공전에 영향을 미치다

『3사의 반에 대삭(朔 초하루)이 있고, 판(昄, 클 판)은 사를 2분절 한다. 이는 2, 5, 8의 법수다. 판이 길어지면, 1일과 같아지니, 그런고로 제4의 사는 366일이 된다.
삼사유반 三四有半 유대삭지 有大朔之 판자 昄者 사지이분절 祀之二分節
차 此 이오팔지법수야 二五八之法數也 판지장 昄之長 여일일동 與一日同
고 故 제사지사 第祀之祀 위삼백육십육일 爲三百六十六日』

풀어서 설명하면, 3년이라는 시간의 반에 해당하는 개월에 초하루가 더 큰 30일인 달이 있고, 그 초하루 더 큰 것, 즉 판이라는 것이 한해를 둘로 나눈다. 이는 2, 5, 8의 법수라는 소리다.

그런데 '달'의 현상인 대삭의 판昄이란 글자와, 뒤에 나올 그믐의 그림자인 구晷라는 글자를 보라. 모두 달이 들어있지 않고 해가 들어있다!

즉 '달'의 현상이나 그 현상이 벌어진 것이 '해'에 연유한 것을 알고 계신다. 마치 현대의 지구과학처럼.

정말 이분들이 알고 있는 것은 어디까지 일까. 무지내지 미개할 거라고 생각한 것이, 그저 죄송하고 민망할 뿐이다.

이 부분부터가 달의 공전이 지구의 공전에 영향을 미치는 부분이다.

우리는 4년마다 윤일이라고 하여 서양력 2월에 하루를 더 보태는데, 그 이유는 모른다.

막연히 지구공전을 맞추려고 그러나보다 하지만, 지구공전은 또 왜 그렇게 되는지 모른다.

해마다 달을 기준하여 보면, 달은 늘 29일과 30일을 오가며, 1년에 12개의 달이 있게 된다.

그러니 달을 기준하면, 당연 1년은 12달인 거다.

그런 측면에서 보면 인간이 해를 인식하고, 그것을 정밀하게 연구하려고 한 것은 어찌 보면 수렵이나 채취가 아니라, 정착농 이후부터일 확률이 높다고 보면, 긴긴 세월동안 1년을 12개의 간지로 나타낸 것은 너무나 자연스러운 일이다. 달은 관측까지 필요 없이 육안으로도 쉽게 판명되는 것이고, 불조차 없던 시절의 밤은 달이 절대적일 것이므로.

해마다 있는 달을 적어보면 저 말이 무슨 말인지 그래도 쉽게 안다.

달은 늘 29일과 30일을 오간다. 그레고리력처럼 갑자기 28일? 없다.

뒤에 언급되는 '대회'와 댓구처럼 느껴지는 '대삭'은 아마 천문학을 하는 분들은 그래도 쉽게 알리라 여겨지는데, '대'삭(朔,초하루)을 일단 말 그대로, 초하루가 더 긴 30일, 즉 달이 뜬 시간이 더 많은 30일인 달로 가정하겠다.

따라서 대회는 그믐이 더 긴 30일 달, 즉 달이 안 뜬 시간이 더 많은 30일 달로 가정할 수 있다. 또는 그믐이 길어질 경우, 29일이 된다면, 29일인 달을 모두 모은 뜻에서 '대'회라 이름을 붙였다고 가정할 수 있다.

3년이라는 기간 동안을 보면, 초하루가 더 긴 대삭이 있고, 그 더 큰 것-판자는 1년을 둘로 나눈다. 달을 적어보시면 30일 달과 29일 달로 나뉜다.

그 더 큰 것, 판자가 점점 길어지면 하루와 같아지게 되는데, 4년째 되는 해는 그 하루를 보태서 366일이 된다는 거다.

그러니까 대삭의 달은 보통 때 달보다, 달이 조금 긴 시간이 있고, 그 시간을 판이라고 했을 때, 그 조금의 시간이 모이고 모여 4년째 되는 해에 하루를 보태면 되는 시간의 길이라는 것이다.

『이는 2, 5, 8의 법수다. 이오팔지법수야 二五八之法數也』

이 말을 깨닫는데 꽤 긴 시간이 걸렸다. 그 고통의 시간을 생각하면 안 가르쳐 주고 싶을 정도다.

1) 1년을 초승달이 긴 달과 아닌 달로 둘, '2'로 나누고,
2) 단므의 길이가 1일과 같기에, 1일을 더해서 36'**5**'일이 되고,
3) 1년을 30일과 29일, 초하루가 긴 달과 그렇지 않은 달, 두 가지로 나눈 그 판자가 길어져 4년에 한 번씩 하루를 보태니 '2' × '4' = '**8**' 이다.

이렇게 2, 5, 8의 법수가 되니, 성(性)수가 그 성(性)질이 나타나 그대로 드러나는 수라면, 법수는 이법이라고 할 때처럼, 잘 따지지 못하면 드러나지 않는 운행원리적인 '수'이다.

그레고리력은 윤년은 원칙적으로 4년에 한번 두되,
연수가 100의 배수인 때에는 평년으로,
다시 400으로 나누어 떨어지는 해는 윤년으로 한다.
이 력은 1년 365.2425일이 되어
태양년(회귀년)과의 차는 불과 3000년의 하루 정도가 된다.

우리가 현재 쓰고 있는 그레고리력에 대한 설명이다. 양력인 그레고리력도 4년에 한번 1일을 더한다. 이유는 없다. 그리고 100의 배수에는 안 더하고 400으로 나누어떨어지는 해는 1일을 더해 윤년으로 한다.
왜 100의 배수는 뺄까. 왜 400의 배수는 그대로 할까.
그 이유는 없다.
다만 달의 공전이 지구의 공전에 어떻게 영향을 미치는지 거기까지는 생각하지 못하고, 단순히 지구의 공전과 날짜를 맞추기 위해 더하고 빼고 있다.
우리 선조는 왜 4년에 한번 1일을 더해야 하는지, 지구를 도는 달의 공전이 어떻게 지구의 공전에 영향을 미치는지 명쾌하게 설명하고 있다. 아이를 업고 뛰는

것은 맨몸으로 뛸 때와 확연히 다르므로.

3) 대회의 구! 시의 근본 길이를 정하다

『10사의 반에 대회의 구가 있으니, 구는 시(時)의 근원, 근본이다.
　십사유반 十祀有半　유대회지구 有大晦之晷　구자 晷者　시지근 時之根

300구가 1묘이고, 1묘는 구가 눈에 느껴지는 것이다.
　삼백구위일묘 三百晷爲一眇　묘자 眇者　구지감안자야 晷之感眼者也

이와 같이 시는 9633묘가 지나서 각, 분, 시가 되고 1일이 된다.
　여시경구육삼삼지묘각분시위일일如是經九六三三之眇刻分時爲一日

이는 369체수다. 이렇게 종시하여, 이가 차차 중력, 대력에 미치고
이에 이(理)수가 이루어지는 것이다.
　차此 삼육구지체수야三六九之体數也 여시종시如是終始
　차급어중대지력이리수내성야 次及於中大之曆而理數乃成也』

　그리고 달의 대삭처럼, 달의 대회가 지구의 공전에 영향을 미치니,
　대삭의 초승달이 평소 달보다 긴 시간, 즉 판자가 모여서 4년에 하루를 늘렸듯이, 대회의 그믐 그림자가 평소보다 길어진 끝이 모여서 시간을 감해야 함을 설명한다!
　놀랍지 않는가?
　왜 감해야 하는지 그 이유를 명확히 밝히는 저들의 실증적 과학에!
　감하는 구체적 방법까지를 설명하진 않으나 그 원인을 명확히 밝히고 그 측정값을 통하여 시간의 체계를 세운 겨레!

어느 것 하나도 그냥이 없다. 모든 것은 왕 혼자의 생각이나, 실용적 합의가 아니고, 우주의 운행 이법에서 도출한다. 집요하고 명석함이 무섭고 대단하다.

시의 근본을 이루기에 3,6,9는 근본, 본체의 체수라고 한다.

설명이 필요 없을 정도로 시의 근본이 3,6,9로 되어있기 때문이고, 이 모든 것이 이법대로 이루어져서 이치, 이법을 이루는 이(理)수가 된다.

『'10사'의 반에 대회의 구가 있으니, 구는 시의 근원이다.

십사유반 十祀有半 유대회지구 有大晦之晷 구자 晷者 시지근 時之根』

구자 시지근時之根!

'구'라는 것은 시간 체계를 존재케 하는 근간이다.

'대회'에 있는 평소 달보다 길어진 만큼의 그림자인 '구'라는 것이 시의 가장 작은 기초 단위로, 그 길이만큼이 시의 근간, 최소단위가 된다는 거다.

예를 들면, 서구의 경우, 1초의 시간 길이를 왜 1초로 정했는지, 가장 작은 단위의 시간 길이가 도출 된 이유를 설명하는 거다.

10년을 기준해서 1년은 달이 29일과 30일인 개월로 반으로 갈린다. 6개월 대 6개월일 때도 있지만, 7대5일 때도 있고.

그렇게 나뉜 반의 개월에 '대회'(晦.그믐), 즉 그믐의 그림자가 더 긴 달이 있고, 그 평소보다 길어진 그림자 '구'(晷.그림자)의 시간 길이만큼을 기본 길이로 잡아서 시 체계의 근원, 근본으로 한다는 거다. (구晷자라는 글자는 귀라고도 읽는데, 어느 것이 맞는지는 다른 분이 해주시길. 그런 게 여러 개가 있으니, 표의자에 해박한 분들이 해주시길)

뭘 이렇게 간단한 걸 길게 설명하지? 라고 생각할 텐데, 그러나 어디에도 없는 시 체계와 이미 머릿속에 다른 인식의 틀이 있는 상태에서 이걸 깨닫기란 쉽지 않다.

그래서 그냥 단순 번역을 하고 말거나, 똑똑하고 가방 끈이 길어도 잘못 오해를 하여 다르게 해석하기 쉬운 대목이다.

받아들이던, 받아들이지 않던 당신은 이미 저 설명이 말하는 고유력을 알고 있는 상황이고, 또 이렇게 설명하니 쉽게 이해되지만 그것을 깨닫기까지는 몇 년의 답답함과 그로 인한 고통이 길어, 보통의 경우처럼 깨달아 쾌재를 부르며 기쁜 정도가 아니라, 이걸 정말 거저 알려줘야 하나 아까워서 알려주고 싶지 않을 정도다.

그러니 누가 이 부분을 잘못 이해하고 있더라도 이해하시길. 그건 당연한 것이니. 그는 이 고유력을 보지 못했고, 설명 듣지 못했으므로.

『300구가 1묘이고, 1묘는 구가 눈에 느껴지는 것이다.
　삼백구위일묘 三百瞐爲一眇　묘자 眇者　구지감안자야 瞐之感眼者也』

그리고 그 그림자 '구'가 어느 정도의 길이냐, 하면, 그 구 300개가 모여야 '어 뭐가 지나갔나?'라고 눈이 느낄 정도의 시간길이라는 것이다.

우리가 보통 눈 깜짝할 사이라고 말하며, 상상하는 시간은 똑딱 1초를 생각한다. 왜. 그것이 우리가 인식하고 있는 가장 짧은 시간 길이의 단위이기 때문이다. 하지만 우리 선조는 그 눈 깜짝 할 사이라고 해서 눈에 뭐가 느껴지는 시간 길이는 '묘'라고 했고,

참고로 1초는 192.66묘 이다.

묘에 비하면 1초는 190배 이상 긴 시간 길이다!

그런데 그믐달의 그림자가 길어지는 그 시간 길이인 '구'는 그렇게 육안으로는 보이지 않을 정도로 짧고도 짧아서, 그 구 300개가 모이면 1묘의 시간길이와 같다는 거다!

그것도 평소 달이 그런 것이 아니란 것을 이미 관측하여 밝히며, '대회'에 뜨는 달의 '그믐'에만 짧은 '구'라는 "그림자"가 있다는 거다.

그 모든 걸 관측하여 그 엄밀한 차이를 놓치지 않고 안다! 그저 경탄스러울 뿐이다.

즉 그 정도의 아주아주아주 짧은 찰라 만큼의 차이씩 실제 뜨는 '대회'의 저 달

의 그믐의 그림자가 길기 때문에, 그 아주아주아주 짧은 만큼의 시간을 기준으로 하여 시 체계를 짰다는 거다.

얼마나 원리적인가? 얼마나 근원적이며 합당한가?

'증證' '리理'한다는 것이 무엇이며, 왜 요가 천'수'天'數'를 몰랐다고 안타까워했는지 느껴지지 않는가.

위서라고 하기엔 너무나 진리다.

력에 관한 자료들을 읽어보시라. 얼마나 긴 세월, 인류가 저 하늘의 해와 달, 밟고 있는 지구의 운행을 알고 맞추고자 했는지. 한漢족이고 서구고, 수천의 세월을 노력하고, 실패하고, 다시 수정하여, 심지어 맞출 재간이 없어 그냥 며칠을 건너 뛰어넘자고 합의하여 날짜를 꿀꺽 건너뛰기까지, 애쓰고 노력하고, 지금도 세슘시계까지 만들어 노력하고 있는지.

노력은 하되 원리를 모르니, 그저 현상만 파악할 뿐이다.

결'과'학이지, 원'인'학이 아니라서.

원인을 알면, 〈부도지〉 23장처럼 달랑 한 쪽이면 끝날 일이지만, 결과는 그 자료만 모으자고 해도 수천 권이요, 원인 유추가 분분한 거다.

이 원인, 진리를 알았다면 그 누군가가 위서를 만들 필요도 없이 이건 그냥 자기가 저자를 하면 더 위대한 일인 것인데, 무엇을 하려고 위서를 하겠는가.

자기가 모르면 위서라는 그 게으른 학문태도를 버리시라.

그대는 참으로 총명하고 촉망받는 학자요, 진리에 '열려' 있어야 하는 것이 학자의 기본 태도다. 그냥 모르면 모른다고 하라. 그냥 궁구해보자고 하라. 위서라는 딱지를 붙여 한 세대 마녀사냥을 하고 말지만, 한 세대만 넘어가도 결국은 그가 마녀가 아니라, 그 마녀사냥을 한 이들이 치졸하고 게으른 학자라는 것이 밝혀질 테니.

> 『이는 복은 '리'가 존립하는데 있고, '리'는 '바르게 밝히는'데 존립하기 때문이다.
>
> 차 복재어리존 此 福在於理存 리존어정증고야 理存於正證故也』

'정''증'!

복은 구복에 있는 것이 아니라, 인간의 권력과 힘에 의한 마녀사냥에 있는 것이 아니라,

이치에 있는 것이다. 죄를 짓고 구복한다고 될 일이 아니요, 카르텔을 믿고 위서라는 마녀사냥으로 '따'를 시켜 될 일이 아니다. 오직 그 이치는 '바르게 밝히는' 데 존립, 존재한다!

바르게 밝히는 것에 복이 있으니, 그저 바르게 밝히시라. 모르면 모른다고 하라. 그 부분은 맞는 것 같은데, 저 부분은 더 궁구해야 될 것 같다고. 위서인지 아닌지는 더 두고 보자고. 그 정도의 양심만으로도 천동설의 어리석은 학자 명부에 당신이름이 올라가지는 않을 것이니, 먹고살아야 하기에 카르텔에 껴야만 하는 당신이라면, 조금의 지혜를 발휘하셔서 만대에 남는 오점을 피하시라.

구룔.

그림자. 앙부일구의 그 구. 대회의 구. 그믐의 그림자.

그 짧은 시간 길이는 육안으로는 느껴지지 않는 시간의 길이요, 그 시간 길이가 300개가 모여야 눈에 '어 뭐가 지나갔나?'로 느낄 정도의 시간이라는 거고, 그 눈이 느끼는 시간 길이를 1묘라고 했다는 거다.

과학이 발달한 현대의 우리는 왜 1초의 시간길이를 지금같이 쓰는가?

1초의 정밀도를 높인 것 외에 1초를 그렇게 정한 이유가 있던가.

우리가 60갑자를 쓰는 것과 60분, 60초로 하는 것이 관련이 있는지는 모르겠지만, 하루를 24시로 나누고, 그 나눈 것을 인간이 눈으로 느낄 수 있는 시간의 길이 정도까지 쪼개다보니, 정밀도를 확실히 높인 지금의 1초가 생겼는지 모르겠다. 그도 나쁘지 않다. 인간 편리에 복무하니.

정확한 우주 관측과 그것에 근거한 시 체계. 그 시에 근거한 력 체계.

도대체 그분들은 무엇으로 그 시간의 길이를 측정한 것일까?

1초는 192.66묘이니 1초와 1묘는 어마어마한 차이다.

1초 정도의 길이를 190여개로 나눌 만큼 정확한 측정기가 있어야 가능한 것

을, 그런 측정기가 있었다는 걸까.

　우리는 지구의 집단지성이 점점 발전, 발달하고 있다고 생각하는데 우리의 당연한 그 믿음이 맞는 건가? 우주비행선이라도 나오면 덜 혼란스럽겠다. 궁구할 일이다.

　1년만 알고 말 일이라면, 저렇게 정밀하게 관측할 필요가 없을 것이다. 1년만 쓸 력이라면.

4) 시헌력의 '각' 15분, 고유력의 '각' 50초!

　1년 12달도 그렇지만, 우리 시 체계가 왜 1일 12지간시를 썼는지 밝혔다. 12지간시라고 해도 두 번을 사용할 수 있으나 한번만 사용한 이유를.

　때문에 우리 겨레는 기본으로 10진법을 써서, 백, 천, 만..을 쓰나, 력은 12달로 나누고, 하루를 12시로 나누기에 그 이후의 모든 시 체계는 12로 나누었다.

　서양의 시헌력 이후의 각刻은 15분이라는데 나는 그건 잘 모르겠다. 잘 계산한 건지.

　반만년 전 우리겨레 고유의 시간에서의 각刻은 지금 시간으로 얼마일까?

　여기서 나는, 따로 8로 나눠야 할 근거를 제시하거나, 따로 12가 아니라고 설명한 부분이 없으므로, 계속 12지의 체계를 쓴다. 보듯이 12가 아닌, 묘나 구 체계는 설명해 놓은 것으로 보아, 나머지는 12체계임을 반증한다. 12달, 12지시, 12지분, 12각.

　우리의 사유체계는 서구로 되어 있으므로 환산해보면,

1) 1일 = 12**지시간**= 24시간
2) 1**지시** = 12**지분**= 2시간 = 120분
　　이므로 1지시는 12**지분**이고 120분이므로, 120÷12 로
3) 1지분=10분이다.

4) 1지분 =12각=10분=10×60초=600초
　　으로 1각은 600초÷12으로
4) 1각=50초이다.

　따라서 우리 '고유의 시각'은 현대 시 체계에서 1분과 비등한 시 체계지만 그 것보다는 짧아서 1각=50초다.
　즉 드디어 우리는 '지금 시각이 어떻게 되지?' 라고 물었을 때, 그 '각'의 길이를 찾았다!
　우리가 보통 말할 때 초는 두고, 분까지만 말하는데, 그 분까지가 실생활에는 유용한 것이기 때문이다. 1분이라도 늦으면 문제 삼기도 하고.
　지금의 그 '분'과 유사한 우리 겨레의 시 체계는 '각'인 거다! 묘도, 지분도 아니고.
　보라. 분명히 옛 선조들은 '묘, 각, 분, 시'라고 했지만, 요즘 쓰는 시 체계의 분, 시와 헷갈릴까봐, 거꾸로 지간의 느낌을 주려고 지시, 지분이라고 한 거다. 안방 내어주고 곁방살이 하는 짝이다.
　요즘의 분, 시는 우리 겨레의 분, 시가 아니라 서양의 '분', 서양의 '시'이다. '양'배추, '호'떡, '왜'간장하며 그 유래를 밝히던 조치를 버리고, 그냥 우리 분, 시라는 말을 내어주니, 실은 '양'시, '양'분인 지금 쓰는 시 체계에서 우리 시와 분, 각을 찾기가 그렇게 어려웠던 것이다.
　'지금 몇 시야?' 하면 '12양시 15양분!' 했어야 했다.
　말과 글을 양보하는 건 얼과 문화를 뺏기는 일이다! 말이 좋아 양보지, 빼앗겼거나, 사대에 정신 못 차리고 얼을 뺐겼거나 이다.
　저렇게 말했다면, '우리 시와 분도 있다는 거야?' 했을 거다.
　나는 우리에게 시의 개념이 없고 시계라는 물건이 들어온 뒤부터 시의 개념이 생겼는지 알았다. 세종이 해시계, 물시계를 만들어서 시각을 타종해줬다고 했지만, 열고 닫을 성곽 문이 아예 없어진 시대에 사는 까닭에, 더구나 서양의 시 체계와 말이 같기에, 우리 것은 한 때 있다가 없어진 줄 알았다.

효용 낮은 12개의 시로 나눴다고 생각했고. 아닌가? 나만 그런가? 우리는 알았으니, 이 책을 읽는 동안만이라도 우리는 밝히자.

각=50초라는 것을 알았으니, 다시 앞으로 가서 돌아보자.

우리 고유 시 체계에서 각刻이 시헌력 이후처럼 15분이라고 하면, '묘, 각, 분, 시'의 분(지분)은 지금의 몇 분인가?

1지분이 10분인데, 그것보다 짧아야 할 각이 15분이라는 게 맞는가?

그러니 시헌력이후의 1각=15분은 우리 고유의 시간 체계가 아니다.

소위 '수'에 어두웠다는 한漢족은 어떨지 모르나.

누구의 잘못도 아니다. 중국이라는 안경을 벗어야 한다. 또 일제와 서양의 안경을. 우리 겨레는 실용을 너머 진리를 궁구하던 하느님의 자손이다. 하느님은 구복이 아니라 진'리'로 존재하시므로.

하느님은 내가 믿고 안 믿고로 존재하시는 것이 아니라 섭'리'로써 존재하시므로.

그 섭리 밖에 존재하는 인간이 있을 수 있던가? 해와 달과 지구가 없는 곳에서의 인간이 존재할 수 있던가?

하느님을 어디서 찾는가. 교회에서? 죽어서?

하느님이 계시지 않는 곳을 찾아보라. 있던가?

교회에만 계시고, 죽어서 간다고 하니 거짓을 짓고, 죄를 짓는 것이다.

『자성구자 항재이노. 自性求子 降在爾腦
　스스로 구하면 이미 항상 머릿골에 내려와 계시다. 』
　*대종교(단군교)에서는 '노'로 새김

우리나라 성경인 〈삼일신고〉에 명쾌하게 나와 있는 말이다.

교회? 이미 당신과 내 마음 안에 계시다는 거다. 그곳이 '교' '회'다.

'나의 하느님, 곧 너희의 하느님'이라고 외친 예수님의 진리의 말씀과 같다. 나의 하느님, 그와 꼭 같은 너희의 하느님이 어디에 계시는가? 우리 집에? 당신 집에? 교회에? 성당에?

내 마음 안에, 당신 마음 안에 계시는 거다. 이미.

당신이 믿던, 믿지 않던.

내 주머니 안에 금은보화, 수천 만 원이 있어도 꺼내 쓰지 않으면 없는 것과 같다. 없는 것과 같은 거지, 없는 게 아니다!

없는 건 없는 거고, 있는 건 있는 거지, 있다 없다 하지 않는다.

귀신은 있다면 있고, 없다면 없는지 모르겠다.

그러나 하느님은 당신이 어떻게 생각하든 있다.

그분은 진리이므로. 섭리고 이치이므로. 그것의 다른 이름이므로.

『제왈(帝曰), 원보팽우(元輔彭虞) 창창비천(蒼蒼非天) 현현비천(玄玄非天) 천무형질(天形質) 무단예(端倪) 무상하사방(上下四方) 허허공공(虛虛空空) 무부재(不在) 무불용(不容). 신재무상일위 유대덕대혜대력 神在無上一位有大德大慧大力...』

우리 겨레의 성경 〈삼일신고〉는 366자라는 정말 두 쪽이면 끝나는 진리말씀으로 천지만물과 인간의 이치를 명쾌하게 알려주며, 어떻게 살아야 하는가까지 핵심적으로 가르친다. 우리 겨레가 생각하는 하늘, 하느님을 그대로, 이치적으로 설명한다. 놀랍다.

수천 년 동안 여러 겨레가 그렇게 애썼으나 아직까지 알지 못하는 우주운행의 이치를 〈부도지〉한 쪽으로 당연하게 설명하듯.

이치란 알면 쉬운 것이다.

물론 귀신 신神자 대신 하느님 신자이다. 글자가 없으니 신자를 대신 쓰지만 대종교(단군교) 경전엔 있다.

그렇듯 진리란 알면 기쁜 것이다. '진리가 너희를 자유케 하리라'라는 예수님의 포효는 매 순간 부딪히는 우리 삶의 문제다. 이익을 위해, 살기위해 진리를 외면할 수는 있지만, 결코 행복할 수도 기쁠 수도 없다.

하느님을 외면하는 데, 어떻게 기쁠 수 있겠는가?

해를 벗어나는데, 어떻게 어둡지 않겠는가.

하느님을 죽어서나 찾으니, 헌금 많이 하고 참회하면 살아서의 죄가 감해진다고 생각한다. 목사가 하느님을 욕되게 하는 짓을 그런 짓인지도 모르고 아무렇지도 않게 하고, 신도들도 자기가 목사와 가깝다는 이유로 목사가 하느님을 등지는 걸 방관내지, 거든다.

예수님이 갈아엎은 그 교회가 되어간다.

아니라고? 성령 충만하다고?

그 갈아엎은 교회들도 처음엔 그랬다. 그러나 진리로부터 멀어져서 하나씩 눈 감다 보면 그렇게 되어가는 거다. 처음부터 나쁜 놈? 없다.

죽어서가 아니라, 하느님이 당신 곁에 계시다는 걸 알면, 그렇게 할 수는 없는 거다. 하느님을 멀리서 찾지 마라. 하느님은 당신 마음 안에 이미 계시며, 하느님은 진리시다!

19
착안의 중요함, 달력을 찾아서!
- 시지근, 그 '구'의 길이를 찾다 -

1각이 50초로 서양의 1분과 비등한 시간대인 것에 반해서,

서로 비등해야 할 초와 묘는 그 차이가 190배 이상이고, 거기서 더 쪼개진 구가 있어

1묘=300구이다.

4) 1각=9633묘=50초이므로,
5) 1초=9633묘÷50=**192.66묘** 이고,
6) 1묘=50초÷9633=**0.005**190491초 이며,
7) 1초=192.66×300구=**57,798구** 이다.

1초는 5만7천여의 구로 나뉘니, 로켓을 발사하는 것도 아닌데 왜 저렇게 정밀한 시 체계를 가졌을까.

혹시 이분들은 정말 외계에서 오신 걸까. 3천 무리를 데리고 왔다더니, 그래서 우리는 시간이 지남에 따라 그 많은 지식들을 잃어버리고 퇴보한 후에 다시금 문명을 맞아가고 있는 걸까. 이 지구가 핵폭탄으로 멸망하면, 준비한 누군가는 또 3천명쯤이 타는 우주선으로 어느 별에 가서 살게 되는 건가. 지금의 과학수준으로 다른 별을 가는 건 턱도 없는 얘기지만.

황당해도 좋으니, 차라리 반만년 전 비행접시 조각이 나왔으면 좋겠다고 생각했다.

사람들은 용을 타고 다녔다면 황당한 미신이라고 하면서 외계인이 온다는 건 그럴 듯하다고 믿는다. 한漢족들이 전족을 한 것은 황당하고 미개한 것이라고 생각하면서, 전혀 인체에 득이 없는 하이힐은 신는다. 천년쯤 후 인류에게 하이힐과 전족이 과연 다를까.

그러나 이것은 외계인처럼 상상의 무엇이 아니라 실측의 얘기다!

이 모든 것이 그 대회의 그믐의 그림자 때문에 벌어진 것이다!

그런데 대삭의 판자처럼 얼마만큼의 시간 길이인지 밝히지 않았으니, 알 수가 없다. 그 늘어난 것을 반영하기 위한 것인데, 어떻게 반영하라는 걸까.

결론부터 말하자면, 찾았는가?

찾았다!

특별한 경우가 아니라면, 실제 생활에서 효용 있는 시의 체계가 우리 고유시의 '각'이고, 서양의 '분'이라고 생각하면, 그 아래 초나, 묘의 체계는 실용의 체계라기 보다 '수' '리'적 세계다.

즉 우주운행을 맞추기 위한 체계이다.

쉽게 얘기해서 우주운행을 인식의 틀로 보여주는 력을 환산하기 위함이니, 일반인들은 그냥 달력을 구해 사용하면 될 일이지만, 력을 만드는 국가체계의 측면에서는 반드시 궁구해야 하는 일이다.

물론 우리 선조들의 사유로 하면, 겨우 효용 수준 때문이 아니라, 우주 만물이 수에서 나왔으므로, 그 수를 궁구하여 진리를 증명하여 밝혀서 증證리理해야 하기 때문일 것이다. 차마 송구하여 그렇게까지는 내 수준이 아니 되고, 기왕에 시작한 일이니, 력에 관한 건 밝혀야겠기에 계속했다.

　어디부터 손을 대야 할까. 온갖 것을 다 찾아서 계산해보지만, 도대체 맞고 틀리는 것조차 가늠이 되지 않는다. 진리 값 자체를 모르니.

　이 모든 걸 뒤지고, 꿰맞추려고 했으면 력을 만들기도 전에 머리가 희였을 것이다. 영화에서도 착상이 중요한데, 그 착상을 잘 하게 해주셔서 거의 거저 력을 찾았으니, 력을 만들겠다고, 또는 풀겠다고 몇 십 년을 고생하는 분이나 평생을 보낸 분들께는 할 말이 없다.

　어떤 학자분이 끝도 보이지 않는 길을 고생하며 연구하는 과정에서, 도저히 누군가가 도우셨다고 밖에 할 수 없는 일들이 벌어지며 연구를 마치고는 '누군지 모르겠지만, 그분이 계신다'고 말하던 것을 그대로 경험하고 있다.

　력도 그렇고, 또 력의 이치를 밝히는 과정도 그렇고.

　숱한 자료를 찾아 밑도 끝도 없이 붙잡고 계산하고, 진리 값도 없이, 맞고 틀리는 기준도 없이 헤매고 계산하다, 다시 문헌에서 찾기로 했다. 대체로 문제에 답이 있으므로.

　그리고 구했다!

　준비되셨으면 셜록 홈즈처럼 추리와 추론으로 답을 구하자.

1) '10사'의 반에 대회의 구가 있다
2) 300구가 1묘다
3) 그레고리력에서 그렇게 복잡하게 더하고 빼고를 하면, 3천년에 하루가 실제 우주운행과 력이 다르다

는 거다.

　천문학자도 아니면서 답 없이 계산에 계산을 거듭하다 어느 순간 착안했다. 3천년에 하루가 다르다면, 더 많다는 걸까? 적다는 걸까?

　단순히 공전을 맞춘다고 생각하여 지금도 이유 없이 더하고 빼는 서구식의 계

산법을 〈부도지〉말에 따라, 나눴다.

무슨 말이냐. 분명 대삭의 판자는 4년에 하루를 더했다. 빼라는 말은 없다. 그런데 그레고리력의 경우 날짜를 맞추기 위해 빼고 있다.

그래서 '더한 것은 판자 때문이고, 빼는 것은 구자 때문이다' 라는 가설을 세우고, 그 막연히 더하고 빼는 방법을 나눠서 생각했더니, 답이 보였다!

그러니까 빼고 더하는 것 자체를 나눴다! 무슨 말이냐 하면, 3천 년간 더 한 날짜가 얼마든 상관없다. 그건 판자의 몫이다. 그러니 3천년에서 뺀 날만 계산하면 그게 구자의 값이다!

날짜도 다 계산해봤었는데, 날짜 수? 상관없다.

이렇게 생각한 데는 300구=1묘가 착상에 큰 도움을 줬다. 왜 300구인가? 왜 300구인가 말이다.

3천과 뭔가 연관이 있을 것 같지 않은가?

300구란 뭔지 계산을 쉽게 하기 위한 약속 같다는 거다.

구나 묘에 대한 정의가 있으나, 왜 300구가 1묘가 되는가에 대해서는 그냥 이말 저말 없이 그냥 300구=1묘로 정했다는 거다. 약속.

1 더하기(+) 1은(=) 2로 하자는 약속처럼.

그런데 약속을 할 때 누구도 그냥하지 않는다.

100구도, 200구도 아닌 300인 것은, 그것이 뭔가 '3'이 되어야 되기 때문인 거다. 즉 뭔가가 이루어지는 시간을 역산하여 계산을 좋게 하려는 숫자라는 거고, 그 역산의 근거에 3이 들어있는 무엇일 것이란 거다.

그렇게 보니, 3천에 하루가 맞지 않는다는 그 말이 무슨 말인지 보였다. 하루가 모자라는 구나!

그렇게 보니 뭔가가 잡혔다. 답이 쏙 보였다!

그들은 단순히 지구공전주기를 맞춘다고 애를 쓰고 있으나, 그 주기가 들쑥날쑥 하는 것에 달이 작용하는 걸 모르고 있다. 작용하는지는 알아도 그게 어떤 원리로 작용하는지를 모르는 게다. 문외한인 내가 만세력을 봐도 달이 지구공전에 관여하는 건 한눈에 보이니.

4년마다 하루를 더하는데, 100년으로 나누어서 나눠지는 해는 안 더하고, 400으로 나누어서 나눠지는 해는 더하면, 3천년에 하루가 안 맞는다.

결론부터 말하면, 우리 고유력은 3천년 되도 하루 안 맞는 것 없이 다 맞는다! 그 소리는 세세 년년토록 다 맞는다는 거다!
그러니까 3천년에 하루가 안 맞는 것조차 없애기 위해 우리 선조들은 300구라는 개념을 사용한 거다. 아니, 그건 서구식 인식세계이고,
구가 온전해지는 시간 길이가 3천년이 한 단위인 거다!
그러니 3천년에서 온전해지는 것임을 알아 300구가 된 것이다.
100이 아니고 200이 아니고.
그럼 왜 10단위는 아닌가? 뒤에 계산하다 보면 안다. 그래야 온전해지기 때문이다.
그럼 내가 왜 3천에서 하루가 모자라다고 유추했느냐?
2800년은 400년으로 나눠지니, 평년대로 1일을 더하고, 2천9백은 400년으로 안 나눠지니 '1일 안 더하고', 3000년도 400으로 안 나눠지니 '1일을 안 더한다'. 즉 2월이 28일까지다.
법칙대로 하는 것에서 하루를 더해서 될 일이라면 '3000년째는 하루를 더 한다'라고 하면 될 일인데, 그러지 못하고 안 맞는다고 했다!
즉 법칙대로 하거나, 좀 변용해서 될 일이 아닌 것이다.
즉 3천년 째는 2월이 27일이 되는 일이 벌어져야 한다는 거다.
그렇게 착상하면 진리값을 구할 수 있다. 그저 감사할 일이다.
저 말을 달리 말하면, 대회의 구로 인해, 400년마다 3일을 빼는 것이고, 3천년에 1일이 안 맞는다니, 1일을 더 빼면,
2800까지 400년마다(2800÷400=7) 3일을 빼고, 2900년 1일, 3000년 1일을 빼고,
3천년에 하루가 안 맞는다니 1일을 빼면,
(3일 × 7)+(1일)+(1일)+(1일)= 24일

즉 3000년에 24일 길이만큼의 구가 있다!

24라는 숫자가 나왔을 때, 뭔가 맞는 느낌이다. 24절기. 12의 배수.

그 다음은 단순 계산이다.

그렇게 구는 3천년의 반복이다! 판자는 4년이고!

그런데 그게 어떻게 진리 값이라고 단정하냐고?

그렇다. 그 과정에서 내가 설정한 것들이 맞아야 한다. '10사'의 10년이 의미 있어야 하고, 300구(3×100) 중에 3은 되었으니, 100이라는 값이 의미 있어야 한다!

3천년에 24일이 구의 한 바퀴이다.

여기까지만 하겠다. 9633묘=1각의 이유는 누군가가 해주시길.

3천년에 한 바퀴요, 1천년에 8일이니, 그것과 9633이 분명 관련이 있을 것이다.

저분들이 이유 없이 뭘 하는 건, 단 하나도 없었으므로.

증리. 저분들의 것은 리理에서 나온 거 맞다.

일단 저 가설들을 서양의 시, 분으로 계산해보면,

1000년 8일이면,

100년은 8×24×60분÷10이고 1,152분이다.

10년이면 1152×60초÷10=6,912초=1시간 55분 12초 이고,

1년은 '691.2초'이다.

즉 '1년에 11분 31.2초'의 구가 생긴다.

(천년이면 8일로 딱 떨어지는 것 같지만, 왜 천년 주기 않고 3천년주기로 했을까? 그 이유가 반드시 있을 것이다. 혹 음력(달의력)과 해력의 달이 같아지는 때가 삼천년일까? 분명 천년이 아닌 3천년이어야 하는 까닭이 반드시 있을 것이다. 할아버지들은 편의가 아니라 이치, 진리이시므로)

365일이 지나며 '11분 31.2초' 정도의 무엇이 생겼을 뿐이지만, 1초가 5만7

천여 구라는 하도 어마어마하게 엄밀한 숫자를 봐서 그런지 11분 31.2초면 마치 엄청나게 큰 일이 벌어진 것 같다!

당연히 맞춰야 할 것 같고, 그 최소의 단위를 구해야 할 것 같다.

거기에 '10사의 대회'가 있는 거다. 10사! 10년! 10년이면 뭔가 계산상으로 안정적인 무언가가 구해지는 해인 것이다. 그러니 10사를 거론한 것이다. 20사도, 100사도 아니고.

그런데 문제는 우리가 익숙한 저 서양의 시, 분, 초 체계가 아니라,

묘, 각, 분, 시의 체계다.

어려서부터 같이 배웠다면 덜 어려웠을 것을. 아쉽다. 어렵고 따분하고 졸렸던 국악도 이제는 그 아름다움에 흠뻑 젖는다. 교육의 힘이다.

다시 시간 길이를 계산해보면,

1지분=10분=12(지)각, 1각=50초이고

1000년 8일=11,520분이면,

　　　1지분=10분으로, 11,520÷10분=1,152지분이고,

100년이면 1,152×12(지)각÷10= 13,824각÷10이고,

　　　1각=9633묘=2,889,900구이므로,

　　　13824×2,889,900÷10=3,994,997,760구 이고,

10년이면 39,949,977,60÷10=**399,499,776구**

즉, 10사, 10년이 되었을 때, 온전한 값이 나온다는 말이 증명되는 순간이다!

또, 10사에 맞추느라 100단위를 쓴 것이란 가설도 증명되었다.

이렇게 해서 '10사에 대회'가 왜 중요한지 알아졌고, 왜 100단위를 썼는지도 알아졌으니, 그때에 소수점이 아닌 온전한 수가 되기 때문이다.

이렇게 해서 1년을 구하면,

1년은 399,499,776÷10=**39,949,977.6** 구 이며,

　　　300구=1묘 이니, 39,949,977.6÷300= **133,166.592묘** 이고

　　　9633묘=1각 이니, 133,166.592÷9633=**13.824각**

    1각=50초 이니, 13.824각×50=**691.2초**

1년에 13.824각, 691.2초.
평균이란 말에는 함정이 있다.
이렇게 보면, 마치 1년의 값을 구해도 될 것 같지만, 실제 매 해의 달을 써보시라. 해마다 30일과 29일인 달이 다르다.
즉 올해의 구와 내년의 구의 길이가 다르다.
거꾸로 유추컨대 저분들이 10사를 1주기로 친 걸 보면, 대회가 무엇인지 콕 집어 어디인지, 어떻게 계산하는 것인지, 아직 모르지만, 이것은 천문학도, 천문학자께서 해주신다고 보고, 결과적으로 구의 길이가 같아지는 최소 주기는 5년이나 20년이 아니고 10사, 10년이라는 거다. 10년간 쌓여도 1시간 55양분 12초로 그 길이가 짧아 어찌할 수 없기에 그 온전한 주기는 3천년이 되지만.
미로 찾기를 거꾸로 하면 쉽다. 답을 알면 훨씬 수월하니 구를 실제 구하는 방법에 참고 하시길. (10년 1시간55양분 12초를 거꾸로 계산해보면 왜 3천년인지 수긍된다. 우리가 계산을 잘 해서 그 값을 찾아도, 도는 지구와 해, 달을 우리 계산에 맞춰 세울 수 없기 때문에, 그 공전이 온전해지는 3천년을 한 주기로 하게 되는 것이다)
이렇게 해서 3천년이 다 맞는 달력을 증명했다!
3천년에 하루 달라질 것을 알지만 그냥 쓰는 그레고리력.
3천년에 하루, 우주 운행과 달라질 리 없는 완전한 력!
또, 3천년도, 또 3천년도, 또, 또..아무 문제없는 대단한 력.
덕분에 그러느라 '구'라는 것도 알게 되었고, 묘, 각, 분, 시의 우리 고유의 시 체계도 알게 되었다!
만물이 나온 수의 운행에 맞췄기에, 그 수에서 나온 우주운행에 꼭 맞는 력! 정말 경탄스럽다.
감사가 솟을 뿐이다.

20
'천수'를 바로 잡아

1) 력이 바르면 복이 된다 – 력, '천수' 그 자체!

『력이 바르면 천리와 인사가 증합하여 복이 되고,
력이 바르지 못하면 천수에 어긋나 화가 된다.
력정즉천리인사 曆正則天理人事 증합이위복 證合而爲福
력부정즉승리어천수이위화 曆不正則乘離於天數而爲禍』

  물에게 좋은 말을 해주면 물이 변하는 것은 받아들여도, 아직 저 말이 무슨 말인지는 모르겠다. 뜻이야 알지만, 마음으로 무엇인지 알아지거나 느껴지지 않는다.
  하느님에 대해서도 불가지론자였다. 그리고 거의 30년 가까이 나의 실제적 자료를 내고, 다른 사람의 실제적 자료를 종합하고 궁구해보니 계시다는 걸 알았다.
  '믿고 안 믿고'가 뭐가 중요한가. 믿는다고 없는 게 있을 것이며, 안 믿는다고 있을 게 없을 것인가. 실제가 중요한 것이고, '참이 무엇인가'가 중요한 것이다. 그래서 참을 궁구하는 것이고.

그래서 위대한 우리 선조들은 진리로 계시는 하느님을 '수'로써 궁구한 것이고, 나는 수에 대해 그 정도 능력이 없으므로, 일어난 일들을 궁구한 것이고.

그러나 엄밀하고 리理를 가장 중요한 어떤 것이라고 사유하는 그분들이, 한 치도 거짓이나 이치에 맞지 않는 소리를 한 적 없는 그 분들이 하신 말씀이니, 아직 내가 모르는 것이나 궁구할 일이다 두고, 그대로 따르기로 했다. 유대교의 유월절처럼. 이유 알 수 없으나, 옆집이 문에 피를 바르는 것을 보고 따라한 사람이 있다면, 죽음의 사자가 지나가는 것이다. 하물며 위대한 선조들이 저렇게 안타까워하며 바른 력을 지키고자 했다면 그 이유가 분명히 있을 것이다.

누구 하나가 천수에 어긋나지 않아 세상이 조금이라도 좋아진다면 살짝 성가심 기뻐하며 할 일이다.

그리고 어느 해, 광주에 어느 분이 전화하여 알려주셨다. 내게 '고유력을 찾은 건 시간의 축을 바로 세웠다'고 해주신 그 분께, '력이 어그러지면 화가 되고, 력이 바르면 복이 된다'는 그 말을 모르겠다고 했더니, 요즘 말로 쉽게 알려주셨다.

시간의 축이 바로 서면, 공간의 축이 바로 서고,
공간의 축이 바로서면, 거기 사는 인간도 바로 선다고!

아 그거구나! 그래서 복이 되고, 화가 되는 거구나! 그렇구나!

정말 번역의 필요성을 확인 한 순간이다. 같은 말을 써도, 시공이 달라졌으므로, 번역이 필요한 거였다.

돌이켜보면, 내가 궁금한 건 어떤 경로든 결국 알게 해주시는데, 그저 하늘에 감사할 따름이다.

『부도의 법은 천수의 이치를 명확하게 증명하여 사람에게 그 원래 임무를 수행하게 하고 그 본복을 받게 할 따름이다.
그러므로 말하는 자와 듣는 자는 비록 선후는 있어도 높고 낮음이 없고,
주는 자와 받는 자는 비록 친숙하고 생소한 것은 있으나

끌어들이고 몰아내고 할 수 없어
사해가 평등하여 여러 족들이 스스로 행하는 것이다.
부도지법 符都之法 명증천수지리 明證天數之理 사인수기본무 이수기본복이이 使人遂其本務 而受其本福而已 고 언자문자 수유선후 무유고비 故 言者聞者 雖有先後 無有高卑 여자수자 수유숙소 與者受者 雖有熟疎 무유견구 無有牽驅 고 사해평등 故 四海平等 제족자행 諸族自行』

인내천은 어느 종교만의 사상이 아니라, 우리 겨레 고유의 사유다.
저런 사유로 사해를 다스렸으니, 누구를 무력으로 억압해야 한다고 생각하겠는가? 도움만 주는 이를 누가 싫어하겠는가? 저런 이들 눈에는 양을 키운다고 사람을 쫓아낸 요의 행동이 얼마나 가당치 않은 일이겠는가?
'사해평등'이라는 말은 우리가 근세에 많이 쓰는 말이라 '씨'라는 용어의 사용과 함께 나 또한 위서인가 싶었다. 그리고 몇 년이 흘러 '씨'라는 것이 본래 우리말임을 알아지게 되었고, 고개를 끄덕였다. 사해평등 또한 궁구할 일이다.
평화의 민족인 것은 저런 사상 때문이지, 싸움을 못해서가 아니다.
무력이라는 것 자체가 약한 자의 무기이므로.
생각해보라. 말 한마디에 마음으로 복종하여 행하는데, 무슨 무기가 필요하겠는가. 그게 안 되니, 듣게 하려고 무기를 쓸 뿐.
그러나 무력에 의한 복종을 일으키는 억압은 필히 그 무력이 약해지면 끝난다. 그러나 진정한 복종은 억압이 아니라 받듦이니, 모든 종교가 무기보다 강한 이유다.
허나 그 종교가 상식의 '이'성이 아니라, 강력하게 종말론으로 위협하고, 천도재로 위협하고, 조상으로, 영생으로 마음의 복종을 끌어내면, 사람들이 복종할 수는 있지만 이는 두려움에 기반 한 복종이요 참이 아니니, 하느님은 두려움이 아니라 참 평화이시다.
부활이라는 약간의 착시를 일으켜, 사람들에게 진리를 전달한다면
그 또한 나쁘지 않다. 사람들은 이적을 원하므로.

그 이적을 아예 신앙의 방침으로서 준 것이므로. 그러나,

사람들은 이적을 원하나, 하느님은 섭리로 존재하신다!

그래서 정작 예수는 이적이 아니라, 섭리를 택한다.
하느님을 알기에. 행하기에.
누군가 그를 살렸고, 그 살린 이를 위해 예수께서 평생을 입 꾹 닫고 오래 사시다 돌아가셨다 한들 그의 진리말씀이 틀려지는 것이 아니다. 다만 착시가 풀린 뿐.
착시 때문에 예수를 따랐던 이들은 허망하여 돌아설 것이나, 그의 참 말씀으로 복종한 이는 아무 달라질 것이 없다.
예수님은 성경을 쓰신 적이 없다!
강력한 부활이라는 착시로라도 그 진리말씀을 전하고자 한 이들의 작품이 성경이다.
그러니 예수님 말씀과 그들의 말을 분리하시라.
하긴 그 정도로 성경을 읽지도 않으니, 좀 어렵겠지만.
자성구자 항재이노.
우리 성경〈삼일신고〉말씀이다. 스스로 구하면 늘 이미 머릿골에 내려와 계신다!
예수님께서는 그 말씀을 하신 거다. 하느님은 네 마음 가운데 있으니 어디 가서 찾지 말고 네 마음 안에서 찾으라고.
그 참 평화,
부처님 말씀처럼 일체유심조!
그 마음 가운데 하느님이, 그 참 평화가 있다는 것이니, 진리는 어디서 보아도 진리인 것이다. 거짓과 참을 구별할 수 있다면.

2) 〈천부경〉의 삼극과 어,아,이

여기서 잠깐 어려울 수 있으나, 설명하면,
〈천부경〉에서 '석삼극 무진본'의 삼극이 무언가.
'환(環 고리) 오칠'의 '고리'가 무언가.
길게 설명하긴 그렇고, 삼극에 해당하는 우리말은 '어, 아, 이'다. 천지인이라고 설명한 그것. 천지인이라는 표의자를 만들기 이전부터 쓰던 우리말은 '어, 아, 이'다. 표의자, 뜻글은 우리겨레의 역사에서 아주 아주 아주 후대에 일어난 일이므로.
참고로 대종교(단군교)엔 '어아가'라는 노래가 있다. 사람들의 삶 속에 진리를 넣어놓으셨다는 흔웅의 흔적이다.
'어'를 느낄 수 있는 건,
'어'머니, '어'가 밀고 나온 얼, '얼'쑤욱 '얼'쑤!, '어'질다,.이며
'아'를 느낄 수 있는 건,
'아'가 밀고 나온 알, '아'기, '아'지(송아지, 강아지, 망아지), 씨알, '아'가 터져 나오는 씨'앗', 이고
'이'를 느낄 수 있는 건,
그럴 '리' 없다, '이'롭게, 이, 입, 이빨, 이법.. 등이다.
'어'의 속성은 '어'질다에서 보듯 그런 것이요, 그런 이가 '어'머니, 오마니(어머니의 사투리)인 것이며, 〈부도지〉의 생령에 해당하는 '얼'에서 보듯, '어'의 속성이 보이지 않는 것이라면,
'아'는 형태가 있는 것이다. 그 형태가 막 드러나서 나온 것이 동물은 '아'지요, 사람은 '아'기이며,
그 형태 있고 형태 없는 것과 상관없이 독자적인 운행체계, 법칙적 세계를 가진 것이 '이'이니, 우리가 어찌해볼 수 없이 피가 돌고, 허파가 움직이고, 오줌을 걸러내고 하는 그 세계이다.
그래서 얼굴에 붙어 소리가 튀어나오는 동그란 그것을 입, 즉 진리인 '이'를 머

금고 있는 '입'이라고 하고, '이', '이' '빨'이라고 한 것이다. 휘어지는 혀는 '휘어' '히여' '혀'라고 하고.

 존재란 '이'가 있어 존재 가능하나, 그 '이'가 알아지도록 소리가 나오는 곳이 둥그런 그 곳, 입이요, 그 입의 핵심이 꽃' 술'처럼 둥그렇고 예쁜 살갗인 입'술'이 아니라, '이'며, 이가 단단히 밀고 솟아난 것이 이'빨'인 것이다.

 어, 아, 이.

 인간이 뇌의 4프로만 쓴다는 서구 과학의 말은, 그들이 인간 뇌의 4%에 대해서만 알았다는 것이지, 뇌의 많은 부분이 잠자고 있는 것이 아니다. 분명 많은 부분이 우리가 신경 쓰지 않아도 돌아가도록 자동화 되어있는 몸 구조에 많은 부분이 관여하고 있을 것이고, 몸의 장기가 그렇듯, 뇌의 어느 부분도 우리 어(얼)와 아(알, 몸)에 상관없이 '이'에 복무하고 있을 것이다.

 그 세 가지의 조합이 아니면 사람의 생명은 유지되지 않으니, 참으로 탁월한 사유다.

 인간만 그렇겠는가. 모든 것이 그럴 것이다. 그렇게 생각하면 물이 좋은 말을 했을 때와 나쁜 말을 했을 때 바뀐다는 그 실험결과는 어찌 보면 당연한 것이다. 우리가 그런 사유로부터 너무 서구화되어 낯설 뿐.

 고리는 '고'와'리'로, 그'리'가 '고'한 상태다. 무당굿을 보면 고를 푼다고 하는데, 그 때 고, 즉 무언가 뭉친 상태라고 보면 '환 오칠'은 5와 7에서 리가 잘 뭉쳐진 상태 즉 '고'인 것이다.

'이'법의 '이'는 그 '이'다.

 누군가 또 표의자 리理를 끌어다 대겠지만, 그 '리'가 '리'라는 음인 것도 본래 우리말의 이 '이'때문인 거 같다.

 이제는 우리 겨레의 것을 몰라 미르를 설명하려면 거꾸로 '용'이라고 그 후대의 2차적 개념을 끌어와야 하듯, '앞전에 네가 그렇게 말했잖아'라고 말하며, 앞과 전이 같은 말이나 가방끈 긴 척을 강요받기에 식자들은 그러는 적 없으나 시골 할머니들은 그렇게 쓰니, 그 구조가 두 말의 합성 "앞+전" 이나, 우리 말 '앞'

에 해당하는 말일 뿐이요,

"그건 이법에 안 맞지"란 말도, 가방 끈 긴 이들이 쓰는 말이 아니라, 할머니들이 쓰는 말이니, 그 '이'의 속성이 '법'칙적이라 '그런 법이 어딨어' 할 때처럼 '이', '이치'가 들어갈 자리에 법이란 말이 대신 들어가게 된 것이다. 그러면서 법이란 말이 원래 협의의 법 의미 보다는 이치, 법칙, 방법 등 광범하고 포괄적인 용어로 '이'처럼 쓰여진 게 아닌가 싶다.

'널리 인간과 세상을 '이'롭게 하라'는 것은 한낱 이익의 그 '이'가 아니요, 우리 겨레의 '이'이다. 즉 우주운행의 '이'법에 맞게 하는 것이 결국은 가장 인간과 세상을 하느님의 '이'법대로 살게 하는 것이요, 그 하느님 안에 거하게 하는 것이니, 가장 '이'롭게 하는 것이다.

"'이'롭게" 중에서 인간이 생각하는 '이익'이란 정말 지구별 어느 해변 가에 있는 모래알 정도도 안 되는 것이다.

슬금슬금 대충 표의자로 바꾸는 저들의 무지와, 의도되지 않은 뿌리 깊은 사대를 걷어치우고, 진흙 속에 보석인 '참'인 순 우리말을 찾아 사람들에게 돌려줘야 한다.

그 웅혼한 사유와 우주 이치에 입각한 진리체계를!

그렇게 다시 회복하다 보면, 그 원래의 얼, 정신도 회복하리니, 우리 겨레의 말 속에 우주의 비밀이 그대로 담겨있으므로, 그것을 찾아내 인류에게 돌려줘야 한다!

선택된 겨레는 선택되었다는 자부심에, 선택되지 않은 다른 겨레를 업신여기지만,

그의 자손은 뽑힌 것이 아니라 그의 자손이기에

누가 시키지 않아도 천하의 모든 겨레를 걱정하며 어떻게 살릴까 그 궁리를 한다.

우리 겨레는 누가 시키지 않아도 천하를 살릴 걱정이지, 우리 겨레만 잘 살 궁리를 하는 이가 없다. 이 작은 땅덩이에 살아도.

희안하지 않는가. 누가 부탁한 것도 아닌데. 누구도 그럴 수 있다고 여기지도 않는데.

뽑힌 사람은 뽑힌 그것이 대단하겠지만

태어나진 사람은 그건 당연한 거라

내 것 아닌 게 없으니 어떻게 살리나가 그저 관심사인 것이다.

졸부란 부자의 반열에 오른 것이 대단하여

그 목적을 이미 이룬 것이라서 안하무인이고,

원래 부자는 부란 자랑할 것도 없이 원래 당연한 것이니, 어떻게 소양을 쌓고 덕을 쌓고 사람들에게 유익을 끼치나 궁구하는 것이다.

그러니 하느님께 선택되려고 애쓰지 마시라.

당신은 모르겠지만 이미 하느님의 자녀로 태어났으니!

다만 태어나진 자는 그 하느님의 자녀이므로 그 하느님을 행으로 보여야 하니 더 수고롭다.

하느님이 천지만물을 살리느라 수고로우신 것처럼.

그러나 '참 평화'이시기에, 따로 무엇을 구할 필요가 없다.

개똥밭에 굴러도 이승이 좋은 이유는,

저승이 무섭거나 지옥이 있을까 두려워서가 아니다.

어느 수준의 영체는 영원하다는 것을, 나는 패도의 한漢족을 걱정한 옛 분들의 기록 속에서 이치적으로 알게 되었는데, 영원히 산다 치자. 잘 생각해보라. 무엇이 더 좋을 것인가.

끝도 없이 살면 무엇을 할 것인가.

심심한 천국보다, 즐거운 지옥이 재미있는 거다. 선을 일으켜야 하고 싸우든 교화하든 대적할 악이 있으니. 선만 있는 곳에서 선이 무슨 의미가 있겠는가. 그래서 옷을 갈아입고 부처도, 보살도, 천사도, 예수도 다시 내려오는지 모른다. 일부러 산악등반을 하고, 번지점프를 하듯.

이미 끝도 없이 산다. 당신이 원하지 않아도.

그럼 대단한 무엇이 있을 것 같지만, 그냥 그럴 뿐이다. 그냥 죽지 않을 뿐. 이혼하면 대단한 무엇이 있을 줄 알지만, 그냥 이혼일 뿐이다.

이혼한다고 신세계가 있던가. 그래서 수 천, 수 만년을 살아도 그때도 여전히 유효한 것은 사랑이고 '의'로움이고 그런 거다.

영생은 영생이 해결되는 순간 아무것도 아니다.

부는 부가 해결되는 순간 아무 것도 아니다.

편리한 것과 즐거운 것에 끄달리는 인간은, 편리와 잘 사는 것이 돈으로 해결되니, 돈으로 뭐든 되는 줄 알았으나, 조금 지나면 그렇지 않다는 것에 허탈해진다.

'이 산인가벼' 하고 올랐는데, '이산이 아닌가벼'..가 된 거다.

자기가 원하는 즐거움이 구해지지 않으니, 자기가 왜 그런지도 모르고, 무엇을 구하는지도 모르고, 계집질도 하고, 노름도 하고, 마약을 해도, 그 허함은 채워지지 않는다.

돈으로 행복해지면 다행이고. 죽을 때도 후회 없이.

많이 갖는 것 보다,

유익을 끼치는 것에서 인간은 더 기쁘다.

그래서 기부를 하고, 학교를 짓고, 장학금을 주고, 목숨을 걸고 독립을 하고, 독재를 물리치고, 세월호의 원인을 밝히라고 자기 돈 써가며 쫓아다닌다.

유익. 나의 유익이 아니라 모두의 유익.

공의로움.

왜 그럴까. 그게 하느님이시기 때문이다.

당연히 내 자식을 위함도 아니요

내 재산을 불리기 위함도 아니니

그저 공의로움을 행하려면 기쁘되 수고로우니, 때가 되면 단군이라는 그 임금의 짐을 감사히 벗고 싶은 것이다. 그게 우리 겨레다.

이미 하느님의 참 속에 부족함 없이 행복하게 거하기에

기쁘고 행복하게 주신대로 감사하며 잔치할 뿐이다.

누구를 왜 이겨야 하는가.
이겨야 한다는 생각자체가 다 어리석기 때문이다.
왼팔이 오른 팔을 이겼다고 이긴 것인가.
애초에 이길 필요조차 없는 것이다.
다 더불어 행복하면 될 것을.
그 하느님에게서 왔으니 그 하느님 안에서.
그 마고 삼신할머니에게서 왔으니 그 '위대한' 어머니, '흔'머니, 한머니, 할머니 안에서.

3) 생활 속의 우주 이법, 력

『이는 세대는 멀어지고 법은 해이해져서 많은 사람이 몰래 거짓을 모색하는 일이 늘어난 고로 그 근본의 도를 보전하고자, 날마다 쓰는 사물사이에 분명하게 밝혀 놓았다. 이로부터 비로소 학문하는 풍조가 일어나니 인성이 어리석고 사리에 어두워서 배우지 않고는 알지 못하기 때문이다.
차 세원법이 제이지아췌모색 此 世遠法弛　諸人之暗揣摸索 점증사단 漸增詐端 고 욕보근본지도 故 欲保根本之道 어일용사물지간이사소연야 於日用事物之間而使昭然也 자시 시흥수학지풍 自是 始興修學之風 인성혼매 부학즉부지고야 人性昏昧 不學則不知故也』

흔웅에 관한 기록이다. 우리 겨레는 저분들의 말조차 받았으므로 온전히 알 수 있다! 그러니 우리말을 붙들고 밝혀야 한다. 우리 겨레와 인류는 그것으로 부터 너무 멀어졌으니.

보라. 우리말은 '오른' '옳은' 손이다. 왼손이고. 뭐가?
뭐가 옳다는 걸까. 뭐가 그르다는 걸까. 심지어 바른손이다. 뭐가?
부도에 역하여 나간 요의 후손들은 좌, 즉 왼쪽을 높인다. 이유? 글쎄. 그러나 그렇게라도 부도와 다름을 구현하고 싶었겠지. 그들은 그냥 이쪽저쪽, 좌우인지 모르나, 우리말은 분명히 가치 지향적이다. 심지어 우리 오빠는 '왼'손으로 밥 먹는다고, 우리 아버지께 두들겨 맞으며 고쳤다.

이 손은 옳고, 이손은 틀리다. 뭐가? 왜?

내내 보시라. 우리 선조들이 궁구하는 건, 싸움질하는 방법이 아니고, 우주운행의 '이'치이다.

왤까. 그게 하느님의 실재고, 그 안에 하느님의 '이', '이'법,

삼극인 ' 어, 아, 이'의 그 '이'가 있으므로.

그 하느님의 '어'는 '어'머니 '어'질다에서 보듯 어짐, 사랑, 자비라고 표현된 우주 '어'머니의 사랑, '어'짐이요,

그 '아'는 내 눈 앞에 보여지고 몸에 느껴지는 우주 본체 그 자체요,

그 '이'는 그 운행의 원리로써 작용하는 무엇이니,

'수'로 되어있다는 그 통찰 속에, 그 하느님의 '이'법을 궁구하는 것이다.

보이는 우주는 하느님의 '아'요,

느껴지는 우주는 하느님의 '어'요, 우리 안에 이미 하느님으로, '어'로 계시되, 그 의지와 알음알이와 상관없이 존재하여, 모든 존재를 가능케 하는 건 '이'이니, '이'는 어, 아의 지배하에 있는 것이 아니라, 같이 있되 홀로 존재한다.

'보여지는' 우주운행이 아니라, 그 우주운행의 '이'법이니

그것은 궁구하지 않으면 알 수 없는 것이요,

궁구하면 모두 알아지나니, 그 운행 이치가 천'수', 수라고 밝혀주시고 계시다.

그러니 보이는 저 우주운행은 "아"요,

력이야말로 온전한 우주 이법의 수리적 표현인 것이다.

그러니 이손이 옳고 저손이 옳지 않다는 것 또한

우주운행 '이'법에 관한 것일 확률이 높고,

우리 후손들이 점점 무지해질 것을 미리 알아 일상생활에 넣어놓아 모르더라도 진리를 전달하게 한 것이다. 눈 밝은 이는 알리라 하시고.

바로 지구 자전의 방향이다!

지구 자전 방향? 그것을 이제의 우리는 아니까 '어 어떻게 같네!' 하고 넘어가지만, 그걸 일반 백성들이 알 리 없는 시절에 일일이 그것을 어찌 가르치리요. '그냥 무조건 따라 해!'의 천자문 공부가 좋은 것은, 필요할 때 쓸 수 있기 때문이다.

설명했겠지. 알아들었겠지.

그리고 어느 단계까지 가면, 그냥 따라해 하고 설명이 생략됐겠지.

모든 말은 모어다. 아기에게 설명하긴 쫌 어려운 얘기다. 커서 그 깊은 의미를 알지언정.

인간지성이 지구자전과 지구자전의 방향을 알기까지, 얼마나 오랜 세월이 걸렸겠는가.

그 진리를 어떻게 전달하여, 또 맨바닥에서 시간들이지 않고 그 이후부터 궁구하게 하는가는 매우 중요한 일이다. 그래서 교육하는 거고.

그래? 그렇다면 가위, 바위, 보도?

무엇 같은가? 단순하게 이기고 지는 것?

사물지간에 밝혀 놓으셨으되, 힘들이지 않고도 재미 속에, 놀이 속에 다 즐겁게 가르치셨으니, 그것은 우주의 존재형태인 거다.

뭉치거나, 퍼지거나, 꼬이거나.

블랙홀.

화이트 홀.

인간 염색체 서열구조가 생각날 것이다.

바위처럼 빨아들여 뭉치거나

보의 모습처럼, 빅뱅, 별 탄생, 햇살같이 향기같이 퍼져나가거나

가위 모양처럼 두 가닥이 꽈배기처럼 꼬인.

그런데 보시라.

가위, 바위, 보다.

그러니 염기서열 같은 차원이 먼저고, 블랙 홀, 또는 허 무 공 같은 무시가 그 다음이고, 빅뱅, 별 탄생, 화이트홀 류가 나중인 거다. 폭발하기 전에 쌓은 것이 있으리니, 저 순서에 간단히 있다.

그런데 보라. 보는 바위를 이긴다. 바위는 가위를 이긴다. 가위는 보를 이긴다. 아차, 순서대로!

가위는 보를 이긴다. 바위는 가위를 이긴다. 보는 바위를 이긴다.

서로 물리게 이기도록 규칙을 정하지 않고, 뒤섞이게 규칙을 정했다.

염기서열 인간은 어머니이기에 해를 이기고

땅은, 밟고 설 수 밖에 없는 인간을 가두고 이기지만

하늘의 해는, 또 땅을 이기니 땅은 해가 주신대로 받기 때문이다.

인간이 해를 이기는 것은

해가 만물을 기르고 인간도 기르는 어머니이기 때문이지

하잘 것 없는 인간에게 힘이 모자라서가 아니다.

관심도 없고, 해의 크기에 비교하면 지구자체가

수박과 좁쌀이니, 좁쌀에 얹혀사는 인간은 말해 무엇 하리.

그럼에도 해를 이기는 것은,

지구별의 존재를 가능케 하는 해,

지구에게 하느님과 같은 절대적인 해,

하느님에게서 왔으되 미미한 인간을 어찌할 수 없는 것은

그것이 거꾸로 하느님에게서 왔기 때문이다.

자식을 나아보면 안다.

자기 맘에 안 들어도 어쩌지 못하는 게 자식이다.

해의 크기에 비하면 미물이나, 〈삼일신고〉 말씀처럼 '인전지! 물편지'이기 때문에, 하느님의 것을 온전히 받았기에, 인간이 '엄마' 부르면 오듯, 즉시 이미 와 계시는 것이다.

사람 외에 다른 것도 부를 수 있고, 오시는지는 모르겠으나.

물편지, 하느님에게서 받았으되, 치우치게 받아 그들은 본능대로 살고 인간은 본능이 아니라 '본성'대로 '살아야 한다'이니, 그들과 인간이 달라지는 지점이다.

진리의 달을 가리키면 달을 보고, 손가락 끝을 보지 마시길.

목사나 스님은 손가락이요, 하느님이나 진리가 아니니
하느님 모시듯 하여 목사나 스님을 악의 구렁텅이로 빠지게 하지 말고 깨어 있게 물으라. 하느님의 의를 구하라.
하긴 성직자가 신앙을 지나 직업이 된지 오래니 무엇을 구하리요.
차라리 편의점 알바와 막노동을 하지, 그 잘못과 그 죄가 크다.
하긴, 그냥 두고, 나 하나 잘 하자.
세상을 구제하려 말고, 나 하나 구제하자. 그 하나도 어려우니,
나를 구하는 것이 곧 세상의 반을 구하는 거다.
왜. 세상은 나와 나 아닌 것뿐이므로.
그렇게 귀한 당신! 세상의 절반인, 귀한 당신!
무엇으로 기쁜가? 무엇을 생각하며 어디를 향해 가는가?
잘 가고 있는가?
죽은 뒤에 가는 천국을 평생 찾다가 죽는 순간에, 예수님을, 하느님을 저주하지 말고, 살아서 당신 마음 가운데 하느님을 만나고, 그 하느님의 나라를 구하고, 그 하느님 가운데 참으로 기쁘라! 하느님은 진리시니.
예수님만 이적을 보인 것이 아니다.
마도 이적을 보이니, 이적에 휘둘리지 마라.
하느님은 오직 섭리니, 충격적이지 않아 심심할지 모르나,
그래서 우주가 온전하니 감사하라!
우리가 정치 걱정은 해도 7, 8월에 눈 올 걱정은 안 해도 되지 않는가.
그러니 모든 하느님의 운행에 감사하여, 매사에 감사하라.
그 사랑이 너무 커 당연한, 그 범사에 감사하라.
홍익인세 하라!
그것이 하느님의 본복을 받는 것이니, 홍익인세란 줄지도 마르지도 않는 하느님의 사랑, 자비, 그 어짐을 당신과 나를 통하여 행하는 것이다. 홍익인세 하는 우리는 그 어짐 가운데 거하므로, 참 평화와 무등의 그 세상에 기쁨 넘치게 하느님과 함께 하는 방법인 게다.

4) 단군시대의 가르침

　깨닫고
　어질고
　착하고
　슬기롭고
　바르고
　참되고
　심차고

　이것이 우리 겨레에게 주신 하느님의 참 말씀이다.
　말은 에너지다.
　그래서 좋은 말을 해야, 좋은 일이 생기는 거다. 그 실제적 자료는 너무 많으니 다 열거할 수 없이 알 것이다. 좋은 말을 계속 하다보면 가랑비에 옷 젖는다고 자기도 모르게 그렇게 되어지는데, 저 말들을 보라. 우리겨레가 늘 어른들께 듣던 말이다.
　그 안에 복이 있는 것이다. 그것도 근본적인 '본복'!
　저렇게 하여 나를 구원한 후, 해야 할 공의가 '홍익인세'니
　홍익인세 하라!
　자기 구원에 빠져 면벽하지 말고, 홍익인세 하라!
　그게 곧 자기 구제니, 그걸 하면서 자기구원을 하라.
　이분법에 빠지지 마라.
　도 닦으러 어디 가지 마라. 앉은 자리 그 자리가 꽃자리니,
　자기가 선 바로 거기가 자기 구원의 자리고, 홍익인세 할 자기구제의 자리며, 본복을 받을 자리다.

자기 직업에 힘쓰고, 자기 아내와 남편과 아이들에 힘쓰라.

돈 다 벌면 좋은 일 해야지!

이분법에 빠지지 마라.

그냥 백분에 1, 그도 힘들면 천분에 1을, 그것을 당신께 주신 하느님께 올리시라. 아무도 몰라도 된다. 오롯한 마음으로 정한 수 한 그릇 떠놓고 이것 밖에 못 올려 죄송하다고 펑펑 울어도 된다.

올리는 그 순간,

그 분이 당신과 늘 함께 계셨다는 걸 놀랍게 알게 될 것이다.

그분은 저 교회나 법당에 계시지 않고, 천 년 전에도, 만 년 전에도

그렇게 자성구자 항재이노! 부르면 바로 임하시니

무부재, 아니 계신 곳이 없고

무불용, 아니 쓰시는 것이 없다.

미루지 마라.

하느님은 '의'시니

의를 구하고, 할 수 있는 의를 행하라.

마음이 편한 것만. 마음이 편한 정도만.

그것은 당신과 상관없이도 잘 계신 하느님을 위해서가 아니라

그 모든 하찮게 보이는 행들이, 그 아무것도 아닌 것들이

당신을 위로하고 힘내게 하고 행복하게 할 것이기 때문이다.

하느님은 돈이 필요치 않다. 음식을 드시지도 않는다. 아닌가?

저 우주를 운행하실 때 그것들로 하는가.

그저 나의 마음일 뿐이다. 선물을 주는 순간 기쁘듯,

받으며 기뻐할 그 생각만으로도 기쁘듯, 그저 나의 마음일 뿐이다.

그러나 그 하느님이 계신 곳이 그 마음이기에 그대로 아시고 기쁘시고, 그가 기쁜 만큼 우리도 기뻐지는 거다.

하느님이 전지전능하다면서 왜 전쟁이 있냐고.

전지전능하다고 했지, 전쟁이 없다고 했는가.

하느님도 어찌할 수 없는 인간이 벌인 일이다.

언제든 쓸어버릴 수 있다.

쓸어버리기를 원하는가.

언제든 쓸어버릴 수 있는데, 왜 지금 쓸어야 하는가.

애를 키워보시라. 어지를 만큼 다 어지르면 또 치운다.

정 안 치우면, 치우면 되고.

그러나 치우도록 기다린다. 인간을 죽인다고 바뀌는가.

결국 인간을 바꾸는 건 깨닫는 방법밖에 없는 거다.

그래서 "'깨'닫고"가 가장 먼저인 거다.

하느님과 늘 함께 하는 방법이 무엇인가? 그것이 참을 궁구하는 우리 선도, 선법인 것이다.

깨를 닫는 것,

자기를 둘러싼 모든 허위, 위(僞)를 닫는 것!

모든 허망한 욕심, 거짓, 이익, 집착...

'시크릿'이란 책 한권을 '말이 씨 된다!'라는 말로 간단하게 정리하는 우리 겨레는 팔만대장경의 핵심을 "'깨'닫고" 한 마디로 정리한다.

그 허위, '깨'를 닫는 것!

보라, 닫는 것이다.

당신이 '깨''어'있지 않으면, 당신이 '깨'로부터 '어'를 내지 않으면

'얼'로 '어짐'으로 가늠되어지는 그 '어'를 내지 않으면, 언제든 다시 닫혔던 그 문은 열리고, 다시 그 깨의 나락으로 떨어지는 것이다.

도를 닦은 이들이, 기도하는 이들이, 어느 경지에 이르러도 늘 '깨' '어' 있지 않으면, 천 길 낭떠러지로 떨어지는 이유다.

머리칼이 머리에서 떨어지듯, 다시 붙어지지 않는다.

돈오돈수지만 또한, 돈오점수이기도 한 것이다.

이분법에 빠지지 마라.

있는 그대로 보라!

우리는 우리말에 많이 익숙해, 거꾸로 그 본 뜻을 헤아리지 못 한다.

잊지 마시라. 저 위대한 할아버지들이 우리말 속에 궁구한 진리를 다 넣어두셨으니!

숨겨둔 것이 아니라, 늘 알도록 한 것인데, 들기 좋은 꽃노래도 삼세번이면 싫은 우리 겨레는, 당연한 건 뒤로 두고 또 새로운 진리가 있나 싶어, 접하는 것 마다 끝장을 보듯 궁구하고 그 진리대로 행한다.

불교도, 유교도, 기독교도.

새것에 열려 있으니, 배타적이지 않아 좋기도 하고, 자기 것 귀한지 모르고 박대하니 자기 아내, 식구를 무시하고 남에게만 잘하는 어리석은 자와 같다.

'깨'를 닫는, 즉 '깨'닫는 그것과 함께,

하느님의 한 조각인 '어' 즉 '얼', '어짐'으로 느껴지는 그 상태, '어'질어지는 상태가 되어야 한다. '어'질어지는 상태로 깊이깊이 그렇게 본성적으로 되어야 하는 것이다.

그리고 '착' '하고'라는 말에서 보듯, '착'은 행하는 것이며,

〈삼일신고〉 '계만선 문만덕'에서 보듯

우리 겨레는 나를 '믿고 안 믿고'가 중요한 것이 아니고,

믿던 안 믿던 나를 따르는 자,

나를 알던 모르던, 나를 따라 나를 행하는 자,

즉 '착'을 행했는가를 가장 중요하게 여기니,

'착'을 행하는 "착" "하고"가 되어 덕을 쌓은 자라야

하느님 나라에 들어갈 수 있는 것이다.

하느님이 나와 당신이 '믿고 안 믿고'가 뭐가 중요하겠는가. 왜 중요하겠는가. 저 바닷가 모래 한 알 밑에 깔려죽는 미물보다도 더 작은 우리가 '믿고 안 믿고'가 하느님에게 어떤 영향을 미칠 것 같은가?

지나가다 본 어느 하루살이가 나를 향해 '하루 더 사나보자' 의심한들, 저주한

들, 내 삶과 상관있던가?

　하느님은 내가 전혀 중요치 않으나, 내가 하느님이 중요한 거다!

　나의 허위를 닫고 ('깨'닫고)

　그와 같아지고('어''질어지고')

　그를 행하면 ('착'"하고")

　그의 나라에 거하기 때문이다. 이승에서도 저승에서도.

　하느님의 나라는

　하늘에 있거나 (하늘 어디? 미국 위에? 강남 위에? 구름 위에?)

　죽어서 있는 것이 아니고 (하느님의 나라가 저승의 다른 이름? 그럼 도리천 어쩌고 하는 소위 불교의 서방정토? 그럼 하느님은 저승에만 계시고 거기에만 나라를 건설할 수 있고, 이승엔 못 오시는 존재인가?)

　언제나 계신 그곳, 마음 가운데 그 나라를 세우신다!

　그 나라는 착함으로 섬돌을 삼고, 덕으로 문을 세우는 '계만선 문만덕'의 나라니, 오직 "착""하고" 그것이 쌓여, 덕을 쌓아야 되는 거다.

　이렇게 자기수양, 자기수련, 마음공부, 마음수련이 되어지면,

　'슬기''롭고' 즉 무엇에 끄달리지 않아 슬기가 생기고, 슬기롭게 되니,

　즉 '슬기'로 되어지는 것, 슬기로 화하는 것, '슬기'로 옮겨지는 것,

　처음부터 가지고 태어난 '어'가 아니기에, 하나씩 둘씩 점점 슬기로 옮아가고, 되어져가는 것, 슬기로 化化하는 것이다.

　반야. 지혜는 '어'처럼 태생적으로 가지고 태어나 누구나 있는 것이 아니라, '깨'"닫고" 돈오돈수와, 돈오점수를 거쳐 구해지는 슬기로, 점점 '슬기'로 되어지고, 슬기롭게 되어져야 하는 거다.

　걸림이 없는 하느님은 슬기로우시기에.

　석가는 주로 여기까지를 얘기하기에 자칫 개인평화로 머물러 염세하거나, 세상의 불의와 자신의 평화를 거리 두는 우를 범하기 쉬우나,

　'바''르고'!

'바''르고'를 가르치시는 우리 겨레의 위대한 할아버지들은 결코 개인의 행복만을 구하라고 가르치시지 않는다. 왜.

나와 만물은 다른 것이 아니다!

남이 불행한데, 내가 행복한 것은 숙고해야 하는 일인 것이다.

모두가 신음하는 '일제강점기'에 내가 잘 먹고 잘 살고 있다면, 숙고해야 하는 것이다.

참선한다고 선방에서 세상사와 자기를 격리하여 자족하는 것이 아니라, 때가 되면 나중에 하느님의 나라를 구하자며 신사참배를 하는 것이 아니라,

오직 일원심! 마음의 평화를 구하며 남의 불행에 눈감고 신앙 안으로 숨는 것이 아니라,

불의에 일어서는 것이다!

의란 불의를 참지 않는 것이지, 같이 불의해지는 것이 아니다!

'바''르고'!

발라야 하는 것이다. 발라야 한다는 것은, 그 안에 없다가 있는 것이 아니라, 입춘처럼, 바르지 않은 것에서 바르게 일어서야 하는 것이다. 바르지 않은 것과 달라지는 것이고, 그 바름으로 그 옳음으로 일어서는 것이니, 하느님은 '의'이시기 때문이다.

하느님은 바름에 거하시지, 공양에 거하시지 않는다!

예배에 거하시지도 아니 하시고, 천도나 자기만의 평화에 거하시지 않는다. 왜. 하느님은 공의로우시기 때문이다.

평화. 좋다. 그러나 참 평화란 자기 멋대로의 자기평화와는 다르다.

자기평화는 평화로우나 공허하다. 왜.

'깨''닫고'! '어''질며'! '착''하고'! '슬기''로와' 져도!

'바''르지' 않다면, 그 모든 것은 허위다!

몰라서 그렇다면 모르되, 알면서 그렇다면 허위다! 그것은 그저 **"자기를 위한"** '깨''달음'이고, '어''질음'이며, '착''함'이고 '슬기''로움'이지, 영화표이고, 팝콘이고, 애완견이지, 그 이상도 이하도 아니다.

성전을 높이 짓되, 하느님의 의가 없다. 불당을 거창하게 짓되, 부처님의 '넓은' 사랑이 없다.

발라지라! 자기 말에 발라지고, 자기 행동에 발라지라.

'바'르고'는 대아와 소아, 대승과 소승, 사회정의와 개인구복이 갈리는 길이니, 하느님은 '의'시라!

홍익인세 하라! 나의 이익을 하느님의 '의'로 포장하여 거짓으로 사람들을 속이지 말고, 진정 하느님의 '의'를 구하라! '의'로운지, 아닌지는 본인이 이미 아니, 바르지 않은 것에서 일으켜 '바'르라'!

하느님의 참 평화는 바른 데 있으니, 예수님이 십자가에 매달려서도 평화로울 수 있는 까닭이다. 바른 데 거하는 순간 참 평화가 오니, 고해성사는 그래서 참 평화요, 바른 길을 간 모든 이들이 한 결 같이 평화롭고 얼굴이 빛나는 이유는 이미 하느님의 참 평화 가운데 있기 때문이다. 죽음이 두렵지 않고, 뜨겁고 벅차게 기쁘니, 그 마음이 고요하여 그 평화를 깨뜨릴 수 없기 때문이다.

'참'은 '되는' 것이다.

행이 아니고, 참이 되거나, 참이 안 되거나.

참이며 거짓일 수는 없는 거다. 참은 '되는' 거다.

'참'이 '되'시라!

하느님은 참이다. 거짓이 아닌 '참'이 '되라'.

사람은 '바'르게 생각하고 '바'르게 살아야 하나, 나의 바름이 아니고, 참에 근거한 바름이어야 하는 거다.

왜. 하느님은 참이시니. 우주만물은 그 참에서 나왔으니.

천동설을 뚫고 참인 우주운행의 이치, 지동설이 세상을 어떻게 바꿨나 보라.

신이란 이름의 억압에서 신과 동등한, 맞설만한 '인간주의'로 까지 그 어둠을 걷어낸 '참'.

우리의 인본주의와 유사하나, 거기까지는 못 미쳐도 그 신이란 굴레를 벗어내기엔 충분한 서구의 인간주의.

참이 중요한 것은,

하느님은 '하느님'이라는 말이나, '엘로힘'라는 말, 신이라는 말 속에, 또는 조형물 속에 계신 것이 아니라, 오직 참으로, 이치로, 진리로 계시기 때문이다.

그래서 우리 선조들은 계시가 아닌 '증리'證理를 강조하셨고.

진리는 세뇌가 아니라 상식이다. 상식이면 누구나 느껴지는 참!

마지막으로 '심' '차고'!

꽃심을 생각하시라. 심지. 심줄, 뱃심.

바로 핵이다. 핵이 들어차는 것.

자기동일성이 유지되는 영체와, 어느 시기가 지나면 사그러지는 영체. 유교는 대체로 1세대 30년, 4대, 즉 120년 정도가 지나면 그 영체도 흩어진다고 보기에 5대조부터는 다 한꺼번에 모신다. 실제 그런지 안 그런지는 아직 모르겠으나, 그 영체가 유지되고 안 되는 것이 있다면, 이 부분 때문에 나뉠 것 같다. '심'이 들어차게 된 영체와 그렇지 못한 영체. 그 영체가 사그러지지 않으려고 도를 닦는지는 모르겠지만.

『임무를 마친 즉 금진으로 변하나, 그 성체를 보전하여
  영혼의 의식이 일어남에 따라 소리를 내지 않고도 능히 말하고
  때에 따라 백체가 움직여 형상을 감추고도 능히 행동하며,
  땅 기운 중에 퍼져 살면서 그 수명이 한이 없다.
  임무이종 任務已終 즉 천화금진이보기성체 則 遷化金塵而保其性体 수발
  혼식이잠성능언 隨發魂識而潛聲能言 시동백체이잠형능행 時動魄体而潛
  形能行포주어지기지중 布住於地氣之中 기수무량 其壽無量』

왜 영생하는지 이렇게 이치적으로 설명한 것을 나는 예전에 보지 못했다.

그리고 아 저렇게 영생하는 거구나 알게 되었지만, 저 글은 우리들 얘기는 아니고 초기 인류 얘기다. 천인과 마고성에 살던 초기 인류.

그 수가 불어난 인간이 배가 고파 지유대신 포도라는 남의 생명을 뺏기 이전, 유대성경으로는 아직 선악과를 따먹기 이전.

자성구자 항재이노. 그 씨앗이 우리에게 있다.

그런데 핵, 핵심이라고 했을 때, 여기도 역 '전+앞'과 같은 현상이 벌어지니, 핵심이 그것이다. 핵과 우리말 심이 유사하기에 핵에 붙여 같이 쓰여지다 그 근원을 모르니, 아예 마음 심心이라는 자를 붙여 쓰게 된 거다. 핵과 마음이 무슨 관련이 있겠는가.

그러니까 우리말 심에 해당하는 한자가 핵이다. 역 전 앞처럼.

심. 시임.

표의자를 파자하듯, 말을 줄이기 좋아하는 우리 겨레의 속성을 감안하여, 우리말을 파자해보면 그 본래의 뜻에 다가갈 확률이 있다. 시임.

시임의 시가 무얼까? 바로 시집의 그 '시'다. 씨.

시집간다. 우리나라 사람이라면 금방 무슨 말인지 알 말이다. '씨종자가 좋네 마네'라고 툭하면 요즘도 쓰는 말이니. 그러니까 고가 코가 되듯, 많은 말이 격음화, 경음화 되었듯, 시가 씨가 되었으나, '시집간다'에는 그대로 옛말이 살아있으니, 그 '시'와 '씨'가 같은 줄 모르게 된 것이다.

그 시가 머금어진 상태 시임. 그 시임, 즉 시, 씨가 들어차도록 해야 하는 것이다.

심이 차서 힘이 나오지만, 심은 힘의 핵, '용 쓴다'의 용과 유사한 거다. 그 핵.

단전에서 힘을 기르고, 심을 채우고, 차크라를 열어 심을 채우고.. 그 심, 핵을 채우는 것이 수행이고.

우리 겨레 본래의 수행법을 받은 그 도인께선 각인선지정원심(覺仁善智正圓心)으로 받으셨는데, 물론 그 심을 그냥 마음이라고 할 수도 있겠다. 깨닫고, 어질고, 착하고, 슬기롭고, 바르고, 참된 마음.

모든 것이 마음에서 일어나고, 하느님도 어디 자리를 차지하고 계신 게 아니라 그 마음에 계시니.

다만 앞의 것들 또한 모두 마음작용이고 참의 속성이라, 수수만년 이어져 건국신화조차 수행하는 겨레가 굳이 마지막 것만 후대에 생겨졌다고 보여지는 표의자로 했을 리 없을 것 같기에, 우리 겨레의 수행법을 궁구해보았고, 그래서 우리말 '심'의 음차라고 본 것이다.

우리말이 아니면 그 위대한 선조들의 깊은 사유와 철학을 알 수 없다고 본다. 표의자를 한글로 풀어낸 덕분에 행여 한명이라도 더 그 가르침에 다가가고, 그 위대한 선조들과 만나는 이가 생긴다면 더 바랄 게 없겠다.

근데 왜 '각인선지정원심'의 원이 참이냐고? 원이 참이 아니고, 참이 원이다.

참 진자의 진眞이 아닌데 왜 참이냐고? 저 '참'은 참, 거짓의 참을 너머서, 모든 것이 시작된 윷판의 참, '일시'의 참, 근원의 참, 하느님의 그 참, 춤이다. 하느님과 일맥상통하는, 하느님의 씨앗, 그 참, 춤.

5) '천수'를 바로잡아

세계가 공용으로 쓰는 그레고리력은 몇 가지 문제가 지적되고 있다.

1) 1개월의 길이의 불합리한 차이
2) 주와 역일을 맞는 법칙 없음
3) 연초의 위치가 무의미
4) 윤년을 두는 방법이 번잡

저 모든 것이 해결되는 우리 겨레의 고유력.

7, 14, 21, 28일이 일요일이라면, 1년 내내 같은 날짜가 일요일이 되는 놀라운 력.

6일 동안 천지를 창조하고 하루를 쉬신 하느님께서 1년 내내 늘 같은 날 쉬시는 력.

력을 연구하는 사람들이 그렇게 찾고 싶어 했던 13개월의 태양력, '해력'을 찾았으니

고유력을 앞에 쓰고, 그레고리력은 뒤에 쓰자.
우리가 쓰는 달력 하나로 사필귀정이 되고 통일이 된다니.
'력이 천수를 바로 잡는다'는 저 거짓 없는 할아버지들은 확실히 믿기에.

력을 구했고, 그 력을 통해 진리를 구했고, 력을 궁구하는 과정에서
그 력이 얼마나 위대한 사유를 가진 엄밀한 분들이 만든 건지도 알았다.
우리 겨레 본래의 고서들을 많은 분량 외국이 가져갔으니, 제발 가져오게 하시라.
아니면, 당장 반환할 수 없다면, 우리나라 학자들은 자유롭게 볼 수 있도록 조치하시라. 복사본을 주면 된다.
인류의 대안을 제시할 보물이 박물관에서 잠자고 있다. 인류의 불행이다.

그리고 강화도 마니산에 샘이 있다.
일제가 쇠말뚝을 박았듯이, 그 샘을 나오지 못하도록 백회를 넣어 마르도록 했다고 한다.
그 샘에 다시 샘물이 나오도록 해야 한다!
물은 생명이다. 그 곳은 우리 겨레의 성지이기도 하고, 반만년 동안 하느님과 만나는 인류 모두가 함께 누려야할 하느님의 성소다!
성소를 회복해야한다!

"자기 사명을 다해, 본복을 받는다."
천명. 자기 사명을 아는 것이 얼마나 중요한가.
우리는 각자의 사명을 잘 알기도 하고 모르기도 하지만, 우리에게 주어진 이 시대의 사명은 누구나 안다.
고유력이 '천수'를 바로잡아 우리시대의 소명에 조금이라도 보탬이 된다면!
남북을 '화'합하게,
인류를 '화'합하게.

그래서 단군마고력, 즉 마고력의 이름은 『천지개'화和' 통일력』이고, 천지개ㅎ 통일력이다. 천지가 모두 하느님으로 통일되는.

'천수를 바로 잡는다'는 저 말이 참인지는 알지 못하기에, 위대한 선조들의 저 말을 믿고, 력이 천수를 바로 잡아, 그런 화합하는 통일이 되어지길 바란다.

누가 누구를 이기는 그런 통일이 아니라, 서로 좋은 통일.

우리의 통일 덕에 누구하나 손해 보지 않고, 맘 상하지 않고, 모두 좋아지는 통일.

짚으로 만든 인형에 화살을 쏘면, 누군가가 가슴에 통증을 느끼는 사극을 보며, 그럴 수 있다고 생각하는 우리 겨레.

그게 된다면 '천지개화和 통일력', '천지개ㅎ 통일력'도 된다!

많은 다른 이유 때문에 되겠지만, 그 이면에 '천수가 바로 잡힌다'는 저 위대한 할아버지들의 진리가 작용하리라 여기며 그대로 받든다.

그리고 이 위대한 우리 고유력이 인류지성의 난제인 력을 바로잡아 인류 모두, 사해동포 모두 기뻐지는 일이 벌어지길 참으로 바란다! 오직 홍익인세 하여지길!

21
〈덤1〉 우주창조 비밀의 '춤셈'법칙

   이 법칙은 수리도인이 1987년 발견한 법칙으로,
  수리도인의 허락을 받아 그 내용을 쉽게 풀어서 적는다.
   수리도인과 우리는 이 법칙을 이용해 〈천부경〉을 수로 완벽하게 풀었는데,
특히 '일적십거'가 춤셈법칙 그대로다.
   천부경의 위서 논쟁을 잠재운 이 법칙을 이미 우리 할아버지들께서 알고
계심을,
  거꾸로 이 춤셈법칙이 밝힌 것이 되어, 그저 고마울 뿐이다.
  그걸 다 싣는 건 어렵고, 그중에 가장 간단하고 근원적인 부분만 싣는다.
  우주창조의 비밀을 밝힌다는 것은 우리 겨레의 경사요, 인류지성의 경사기에.

  우주는 어떻게 나왔는가?
  집우(宇), 집주(宙).
  집인 우주.
  누구의 집인가?
  바로 하느님의 몸"집"이다.

그 하느님의 몸 "집"은 무엇으로 만들어졌는가?

그것은 시간과 공간으로 만들어졌다.

그럼 시간과 공간은 무엇으로 만들어졌는가?

"수"다.

그래서 수학자가 수학으로 계산하여 별이 있을 자리를 계산해내고, 실제로 그 자리에 별이 있다.

믿기지 않겠지만.

핵폭탄과 컴퓨터 등, 이전 세계에 없던 완전히 새로운 우주창조를 하고 있는 현재, 그 모든 것이 가능하게 하는 것도

'수'이며,

크게는 '수의 사칙연산 +, -, ×, ÷' 이다.

핵폭탄과 컴퓨터를 창조하는 법칙인 수의 사칙연산은 밝혀졌으나, 핵폭탄과 컴퓨터로 우주를 창조할 수는 없다.

지금도 우주에서는 별들이 탄생함에도.

이 모든 것이 가능하게 한 우주는 어떻게 창조되었는가?

우리는 현재 10개의 수를 가지고 있다. 0,1,2,3,4,5,6,7,8,9.

즉 현재까지 인간이 밝힌 10개의 수는 핵폭탄과 컴퓨터는 창조하지만, 우주는 창조하지 못한다.

석가는 0의 자리, 무의 자리, 공의 자리까지를 밝혔고,

그 지성으로 인간은 많은 지혜를 얻었다.

그 0은 우주를 창조할 수 있는가?

0+0=0

0-0=0

0×0=0

0÷0=〉 (모든 수는 0으로 나눌 수 없다)

즉 0, 허, 공, 무는 우주를 창조할 수 없다.
그럼 어떻게 창조가 일어나는가?
지금도 우주에선 수없는 별들이 생겨나고 있다.
실제로 수없는 창조가 현재도 일어나는데, 누가 창조를 하는가?
하느님이? 어떻게? 그냥 막?

지금 우리가 가진 수로는 그 현상을 밝힐 수 없다.
하느님의 창조를.
인간의 창조는 설명할지 모르지만.
그러나 인간의 창조는 잘 따져보면 있는 것의 변형이지 진정한 창조가 아니다.
아이를 낳는 것 말고는.
우리는 인류지성이 밝힌 10개의 수를 알고 있지만,
그 걸로는 저 명명백백하게 현재도 일어나는 창조를 설명하지 못한다.

보자. 인간의 예를 보건데 핵폭탄과 컴퓨터가 '수'에서 창조되는 걸로 봐서,
우리는 모르지만,
1) 우리가 모르는 창조의 수가 있다고 가정하자.
2) 그리고, 그 수가 모든 수 자체를 창조했다고 가정하자.

그렇다면, 가장 작은 수를 창조하면,
나머지는 하나씩 더하면 되는 수이니,
3) 자, 어떤 수가 가장 작은 수 0을 창조했다고 가정하자.

어느 수가 0을 창조했는가?
인간이 생각하는 가장 작은 수, 그 0은 어디에서부터 왔는가?

바로 춤(참)이라는 수며, 점과 같이 극소무한인 춤은 "·"으로 표시하기로 한다.

〈천부경〉의 '일시'.
훔이라는 수는 '수'인 동시에
그 법칙을 가지고 있으니, '훔셈'법칙이다.

우주는 바로 모든 것이 있게 한 훔의 집, 훔의 몸, 훔의 몸'집'인 것이다.
그렇다면 훔은 어떻게 우주를 만들었는가?
훔은 얼마만한 무게이고, 얼마만큼의 자리를 차지하는가?
훔은 그 글자에 있듯이, 점(·)과 같다.
즉 무게도, 부피도, 질량도 없고, 위치만 있다.

수리도인은 인문학과 수학을 섞어 위대한 질문을 한다.
1은 0에서 왔다.
무에서 유가 나왔으니.
그럼 어떻게 0에서 1이 나올까.
수리도인은 여기서 더 위대한 질문을 한다.
그럼 그 0은 또 어디에서 나왔을까?

생각해보자.
정말 아무 것도 없는 것에서 유가 나올까.
그건 인류가 밝힌 질량불변의 법칙 같은 물리 법칙에 맞지 않는다.

자, 천부경의 '무 시'가 0이라면 '일 시'는 무얼까.
수학 기호의 가장 작은 단위 점(·).
수리도인은 '일 시'를 '•'으로 표현했고,
　•이라는 수에 붙인 이름은 '훔'이다. 우리 할아버지들께서 윷에서 출발'점'에 붙인 이름 '훔'.
　그렇다면,

마치 점과 같이 극소무한인 춤은 극대무한인 우주를 어떻게 만드는가?

춤•은 사칙연산을 동시에 하는' '춤셈(N°)'을 한다.

1) • + • = •
2) • − • = 0 (같은 수에서 같은 수를 빼면 0이다. •≠ 0)
3) • × • = •
4) • ÷ • = •

춤이라는 수 '•'는 이 사칙연산을 동시에 하므로 1)~4)를 더하면,
1)+2)+3)+4)= •+ 0 +•+ •= 0•

즉 춤·을 춤셈하면 " ·° = 0· " 이다.
즉 "춤의 춤셈"(·°)에서 0· (영춤)이 배태되고,
그 0·은 무, 허, 공이나, 단순한, 없다, 무, 공, 허의 0이 아니라,
춤으로부터 나온, '일시'로부터 나온 '무시' 즉, '0·'으로
0에 붙은 참·이 단지 1개가 아닌 ·(참)이다.
모든 걸 빨아드리는 어마어마한 블랙홀이 어떻게 가능할 수 있는지, 그 이유를 간명하게 보여준다.

그리고 0•이 '춤셈'을 하면,

1) 0•+ •= 0•
2) 0•− •= −0•
3) 0•× •= (0•+0•)+(0•−0•)+(0•×0•)+(0•÷0•)
         =   0• +   ⊙   + (0•)² + __1__ = 1(0•)²0•⊙
         (같은 수를 같은 수로 나누면 1이다. 0•≠0

⊙은 쌀(씨알)로 읽고 이는 참•이나, 단순한 참이 아니라, 무의 진공을 통과한 새로운 참•이다)
4) 0•÷•=• (모든 수는 •으로 되어 있으므로, •으로 나누면•)

이 1)~4)를 더하면,
1)+2)+3)+4) =0•+(-0•)+1(0•)^{2}0•⊙+•

0•의 춤셈은,
(0•)$^°$ = 0•+(-0•)+1(0•)^{2}0•⊙+•= (1(0•)^{2}0•⊙)•
      =0   (일 영춤의 제곱 영춤 쌀과 춤)

0•에서 처음 나오는 1이 왜 빅뱅이 될 수밖에 없는지 저 1을 보면 안다.
왜 별들은 스물스물 나오지 않고, 팡팡 엄청나게 터져 나올 수밖에 없는지.

「천부경」이 〈일묘연〉의 '일'이 나오기까지의 과정을 설명하고 있고,
그 일이 나오면 1+1, 1+1+1, 1+1+1+1,…. 모든 게 나온다.
자연수에서 제일 작은 수, 1.

일시가 점 하나라면, 무시의 크기는 얼마만할까.
"무시무시하게 커" 할 때 그 무시.
그만큼이다. 더 이상 클 수 없이 크다는 거다.
그럼 우주가 얼마만큼 클까?
"어마어마하게 크다"의 그 "어마"가 '이어'의 그 "어"니 '어마'가 얼마나 큰지 알 수 있다. 얼과 마음의 근원 '어' '마'. '어' '므'
생각해보라.
우리가 시시각각 쓰고 있는 얼과 마음을 잰다면 얼마나 클 것인가. 정말 어마어마할 것이다.

그 한 알의 일 시가 무시무시하게 커지고, 결국 어마어마한 우주를 만든다.

1이후의 수는 1에 계속 1을 더한 수이다. 즉 간단하게, 1이 몇 개인가로 환원될 수 있으며, 1이 나온 이상 '수'의 크기는 무한대이다.

· 이 자기 아닌 수 0·을 창조했다면, 1은 어떻게 생겨나는가?

이는 어떻게 아무 것도 없어 보이는 것에서 우주탄생 빅뱅이 일어나는지, 블랙홀이 가능할지 설명하게 해준다.

즉 수많은 0·(0참) 과 $0°$(0참셈)이 만들어지고 우주의 탄생 빅뱅이 일어나게 된다.

즉 〈천부경〉에서 '일 묘연'이라고 설명한 그 '일'이란

실로 0·을 만들고, $0°=(0·)°=(1(0·)^2 0·⊙)·$의 1을 낸 춤의 묘연한 창조로서, 그 이후의 단순한 1이 아니라, 우주 창조의 만왕만래 그 모든 것이 있게 되는 그 수의 창조, 우주 탄생 빅뱅이다. $(1(0·)^2 0·⊙)·$

단순 0, 무, 허, 공은 우주를 창조하지 못하고,

춤에 의해 창조된 "무시", '0·'이 만물을 창조하기에

"무시"에 춤(·)이 들어간 (0·)°(영참의 참셈)은,

단순 0의 사칙연산으로는 밝힐 수 없고,

'참셈'법칙에 의해 밝혀진 '0·'으로만 밝힐 수 있다.

우리는 이로써 물질계와 비 물질계가 어떻게 통하는지 수학적으로 정리하게 되며

우주의 현상을 설명하게 된다.

춤에서 나온 0·은 0과 다르며, 이는 '무시'의 수학적 표현으로,

이것은 최소 반만년 전, 〈천부경〉으로 인류지성이 밝힌 수리적 사실의 재확인이다.

그리고 이 법칙은 극소무한과 극대무한이 어떻게 같은가를

수식으로 간명하게 보여주고 있으며,

인간과 우주..그 모든 것이 어떻게 통할 수 있는가를 원리적으로 보여주고 있다.
즉 현대 물리학이 11차원까지 밝히고, 인간, 물, 밥통, 책상, 공기, 수소..가 동일한 어떤 것이라고 밝힌 그 현상을 설명해주고 있다.

보이는 우주가 춤의 몸집이라면,
보이지 않는 우주 몸의 주인은 춤이며, 춤은 하느님의 다른 이름이다.
즉 춤(·)이란 하느님의 수적 표현이요, 춤셈법칙이란 그 하느님의 우주 창조의 수학적, 수리적 표현이다.
극소무한과 극대무한이 동시인 춤은 광속보다 빠르며, 그래서 하느님은 우리 겨레의 성경 〈삼일신고〉 '자성구자 항재이노'에서 밝혔듯이, 부르는 동시에 내 머릿골에 이미 계시는 것이며, '춤셈'법칙은 '마음을 일으키는 순간, 우주 만물이 다 안다'는 그 이치를, 수의 이치로 보여주는 것이다.

춤이 0을 낳고, 0이 1을 '춤셈'으로 낳으니, 모든 만물이 그 수에서 나왔고, 지금도 컴퓨터로, 핵폭탄으로 블랙홀, 화이트홀로 나오고 있다.
춤은 점이고 원이니, 만물의 처음 출발'점'이고, 만물을 '점'지하는 '일시',
보이지 않으나 존재하고, 그 자리를 차지하지 않는 마음, 0 무시.
질서정연하게 섭리로 만물을 내니, '일묘연 만왕만래'의 1이다.

위대한 부처는 만물이 나온 본자리, 비어있는 마음자리, 바로 0까지를 깨달은 것이요,
실은 춤에서 나온 0·은 0처럼 보이나, 그 안에 춤이 있다.
무정란이 아니라 유정란.
0도 춤도 눈에 보이지 않으나, 그냥 무가 아니고, '일시'에서 나온 '무시'라서, 그 마음 안에 모든 것이 있다.
생각해보라. 우리가 평생 매 순간 쓰는 마음을 환산한다면 얼마마한 크기이며

길이겠는가? 공간도 차지하지 않는데. 실로 놀랄 크기다.

'무시'는 훔이 그 안에 있어 실은 그 0을 참셈(°)하는 순간 0°=(0·)°으로
만물이 나오는 1이 나오며,
그 첫 1은 그냥 1이 아니라, $(1(0·)^2 0·⊙)•$ 으로,
어마어마한 힘이 그 1에 있으며, 그 1이 나온 후에는
1에 1을 더하여 숱한 숫자가 무한하게 나오는 것이다.
그 1이 묘연하게 나온 후에는 만왕만래 되는 모든 것이 일어나니,
위대한 부처는 '무' 혹은 '무시'의 자리까지 깨달았으나,
'무시'를 낸 훔, '일시'가 있으니,
그 모든 것을 우리 위대한 할아버지들은 최소 반만년 전에 알려주셨다.

이렇게 해서 따로 움직이는 듯이 보인 물질계와 비 물질계가,
훔으로 인하여 이 모든 것이 하나로 설명되며,
요즘 물리학계가 11차원까지 밝혔다는 그 세계를 수학적, 수리적으로
간명하게 밝히게 된다.
윷의 출발점인 훔.
최소 반만년 전에 우리 겨레의 위대한 할아버지들께서 밝히신 그 훔, '우주
근원 수' 훔은 인류가 잃어버린 위대한 철학과 과학, 인류문명에 새롭게 눈뜨게
하는 혁명적 수며, 법칙이다.

22
〈덤2〉 윷을 통해본 우주운행

윷의 출발점 이름은 '참'이다.

마지막 들어갈 때를 '참먹이'라고 하는데, 참에서 출발한 말이 온갖 것을 다 거치고 다시 돌아오는 곳이 '참'이다.

(참먹이란 뭘까. 백중을 이르는 말로 강원도의 '질먹기'가 있다. 질은 김매기의 '김'에서 나온 말로, 김매기를 끝내고서 잔치를 먹는다는 뜻을 내포하고 있다. 그렇다면 모든 과정을 거쳐 참이 되었으므로, 그 과정을 끝내고 잔치를 먹는다는 뜻이라고 할 수 있고, 참먹이란 말과도 그 뜻이 통한다.)

윷판이 무얼까 늘 궁금했는데, 임검씨, 즉 밝달 임금의 부도의 모습이 아닐까 싶다. 부도는 세 겹의 도랑이 둘러싸고 있다는데, 윷판의 가운데를 부도로 보면, 사방 네 줄기로 물이 흐르고, 또 전체적으로 세 겹의 도랑이 둘러싼 모습이다. 네 나루와 네 포구라고 했으니, 네 줄기 물과 도랑이 교차하는 지점의 말밭이 아닐까. 임검씨, 즉 밝달 임금께서 8만의 뗏목에 신부를 새겨 물에 흘려보내 사해 종족을 초청했다니, 무엇을 새겨 보냈을까? 모일 시간과 함께, 모일 장소의 약도 아닐까? 우리가 보는 윷판!

궁구해 볼 일이다.

그 말판 이름을 보면 도, 개, 걸, 윷, 모다.

윷놀이에 대해 찾아보면, 모는 나중에 오행이 심화되어 생겨난 것이라고 하니, 원래는 윷까지였다.

그래서 윷도 한 번 더 하고, 모도 한 번 더 하는 일이 벌어져 지금의 윷놀이법이 됐다.

우리 어릴 적만 해도 윷을 많이 해서 분명히 기억하는데, 윷이 나오면 가운데 지름길로 가고, 더 좋을 것 같은 모는 더 빨리 갈 수 있는 곳을 지나 돌아가게 된다. 늘 그게 이상하여 '윷놀이라 윷이 더 중요해서 그런가?' 의아했는데, 요즘은 조선조의 선비들이 그렸음직한 윷판을 따라 그려서인지 다 윷판이 아니고 모판이 되어버렸다. 무슨 말이냐 하면, 윷이 나오는 지점에서 가운데 지름길로 돌았던 윷의 말판 그림이 '모'에서 돌도록 모판으로 바뀌어졌다.

이름이 윷이다! 윷판이지, 모판이 아니다!

모가 윷의 역사상 아주 후대에 생겨난 건데, 어떻게 말이 윷에서 돌아서 가운데로 가지 않고, 하나가 더 가는, '있지도 않았을' 모에서 돌겠는가?

그 자리는 원래 윷+도의 자리다!

바로 잡아야한다.

말은 '참'에서 출발해서 '도, 개, 걸, 윷, 모'라고 숫자를 세면서 가는데, 그렇게 숫자를 세는 이유도, 왜 그런 말판인지도 모르니, 가방끈 긴 이들이 자기가 아는 소위 한자라는 표의자를 가져다 붙인다.

도, 개가 뭘까. 도는 돝고기, 돼지고기, 즉 돼지다. 개는 개고.

그런데, 걸이 뭘까. 찾아보면 우리가 듣도 보도 못한 숫양이라는데,

아니 양도 아니고, 왜 굳이 숫양인가?

이 윷놀이는 한漢족 것이 아니다. 그런데 소위 한자에서 그 연원을 따지는 게 맞는가? 더구나 양도 아니고 숫양을? 그것도 숫양도 아니고 숫양의 한자음 '걸'을.

'돈'이라는 한자어가 아니다. 돗고기, 돝고기, 돼지다. '견'이 아니다. 개다!

근데 왜 갑자기 숫양 '걸'인가? 그런 말 평소에 한번이라도 쓰는가?

윷놀이의 말들을 보면 이건 아주 연원이 깊고, 소위 한자어가 침투하기 전이다. 워낙 백성 모두가 즐겨서 한자어가 전혀 침투 못했다. 그런데 웬 숫양 '걸'?

윷에 관한 자료를 읽어보면 열심히 동물에 맞추는데, 걸에는 도저히 동의할 수 없다. 걸이 양이란 둥. 근데 왜 '양'이란 우리말도 아니고 걸인가 말이다. 한자어 돈이 아니라 우리말 돝, '도'고, 한자어 견이 아니라 우리말 개인데, 걸은 어디서? 갑자기 듣도 보도 못한 숫양을 나타내는 한자어 걸? 조금만 따져도 아닌 거 안다. 그러니 다 우리말이다. 한족이 논 것이 아니라 우리 겨레가 놀았던 놀이다. 수입품이 아니다. 우리말이다. 우리말이면 우리말에서 찾으면 된다. 우리 것을 비슷한 영어에서 찾는다면 말이 되는가?

걸어 다니는 게 뭐 있는가? 사람 밖에 없다. 걸. '거 얼'. '걷는 얼'

동물들 아니냐고? 걸어 다니는 동물이 있다면 그거다. 그게 인간이고. 걸어 다니는 '걷는 얼', '걷 얼' '거 얼' '걸'. 인간의 가장 큰 특징 직립보행.

'거 얼'! 한자어 人을 보라. 다리 두 개로 걷고 있는 사람이다. 직립보행!

그런데 우리가 말할 때 '이런 개돼지만도 못한 놈'이라고 한다. 소, 말이 아니다. 무슨 말이냐? 소, 말도 우리에게 중요한 가축이고, 오래된 가축이나, 개, 돼지가 우리 겨레와 더 오래된 가축이란 소리다.

그리고 이 윷놀이는 그 소, 말보다 개, 돼지가 더 가깝게 느껴지던 때부터 만들어져 놀아진 놀이고.

도의 새끼 도(돝)+아지=도야지(강아지, 송아지), 돼지가 그 수와 발육이 빨라, '도'와 도야지를 다 대표하는 말이 된 경우인데, 근데 왜 그 이름이 돝일까? 그리고 개를 가장 먼저 가축화된 짐승이라고 보고 있고, 우리말도 보면 '개돼지 같은 놈'인데 비해, 윷판의 순서가 '돝, 개'인 걸 보면, 돝이 인간과 가장 먼저 친해졌고, 개가 나중에 가축화된 것일 수도 있다. 인간과 정서적 교감이 훨씬 강해 말의 순위가 바뀌었을 수도 있고.

그러니 윷에 억지로 온갖 가축 이름을 가져다 대지 마라. 윷의 말판은 그 출발이 참인데, 참이라는 동물도 있는가?
 또 가축이 빠른 순서라는데, 양이 개보다 빠르다니 이해하기 어렵다. 걸은 더 더구나. 말은 '모'에 있는 것이 아니고, 이미 '말'판이고, 보통 한 조에 네 마리 말들이 말판을 뛰어다니고 있지 않은가.
 바둑을 두는 돌을 바둑알이라고 하듯이 '너네 꺼, 우리 꺼'하다가, '너네 알, 우리 알'하다가, 어느 때쯤 말이라는 짐승이 인간과 가까워졌고, 잘 뛰어다니는 말을 '꺼, 알' 대신 사용하면서 윷판에서 말판으로 아예 이름조차 만들어졌을 것이다. 윷판은 '윷판을 벌린다'라는 말과도 헷갈리니 말판이란 말로 대체되면 분별되어 아주 좋기에.

 참에서 출발해 돼지, 개, 걸(사람)이 윷으로, 그리고 다시 돼지, 개, 걸(사람), 돼지, 개, 걸(사람)..돌고 돌다 참으로 돌아온다.
 마치 불교에서 말하는 윤회 같다.
 그럼 윷은 뭘까. 단순히 놀라고 이걸 만드신 게 아니고, 놀이 속에 배우라고 만드셨다고 했다. 무얼 배우라는 걸까.
 윷이라는 말로는 도저히 그 뜻을 가늠할 길이 없다. 근데, 그 자리에 윷이 나올 때, 어느 지역에서는 '숯 나왔다'고 한단다. 숯!
 숯. 숱. 숫처녀. 숫총각. 아기 머리의 숫구멍. 숟가락. 숫가락. 숱 돋았다(머리카락 돋았다)..
 '순수'한 '생명'의 본질적 무엇. 숯. 숫.
 탈 수 있는 순수한 본질적 무엇만 남은 상태 숯.
 '수'가 나온 것 수웃, 수웃, 숫.
 수욯. 수웃. 윷이란 말은 그렇게 해서 나왔을 것이고.
 숟가락, 숫가락! 젓가락이 젓는 가락이라 젓가락이라면, 순수생명의 무엇을 뜨는 숟가락, 숫가락이란 차원이 다른 말이다. 그리고 중국과 일본은 젓가락 문화라면, 우리나라는 숟가락, 숫가락 문화다. 우리 어릴 적엔 밥을 젓가락으로 먹었다간 예의 없다고 혼나며 숟가락으로 먹게 하던 밥상머리 교육이 집집마다 행해졌다. 숯, 숫을 알던 겨레라서 숯은 잊었지만 예의는 남았기에. (가락은 또 뭘까? 엿가락. 노래 가락. 가락국이 있으니, 중요한 무엇일 수 있다. 모든 것을 낳은 소리+가락(높낮이), 율려의 우리말일까)

　아이 머리 위에 팔딱팔딱 숫구멍. 그곳을 누르면 아이가 죽는다는 숫구멍, 숯구멍.

　눈에 보이지 않으나 순수생명의 무엇.

　〈부도지〉를 보면, 생명이라는 요즘 말과 유사한 말로는 '생령'이라는 말을 쓰고 있고, 혼백이란 말을 씀으로써 죽어서도 얼과 넋이 그대로 남아있는 것을 알게 한다.

> 『임무를 마친 즉 금진으로 변하나, 그 성체를 보전하여
> 　혼의 의식이 일어남에 따라 소리를 내지 않고도 능히 말하고
> 　때에 따라 백체가 움직여 형상을 감추고도 능히 행동하며,
> 　땅 기운 중에 퍼져 살면서 그 수명이 한이 없다.
> 　임무이종 任務已終　즉 천화금진이보기성체 則 遷化金塵而保其性体 수발
> 　혼식이잠성능언 隨發魂識而潛聲能言　시동백체이잠형능행 時動魄体而潛
> 　形能行포주어지기지중 布住於地氣之中　기수무량 其壽無量』

　죽어서 자기 정체성이 유지 되는가가 인간의 오랜 화두라면, 우리 할아버지들은 유지된다고 알려주신다. 불교에선 윤회를 얘기하며, 인간으로도, 개, 돼지로도, 지렁이로도 그 윤회하는 무엇이 옷을 갈아입는다고 하는데, 우리 할아버지들은 그런 말은 따로 없으시다.

　인전지, 물편지라고 하셨는데, 인간이 물이 되었다, 물이 인간이 되었다 할까? 궁구할 일이다.

　그러나 돼지, 개, 걸(사람)..등 옷을 입고 있다가 숯의 형태로 있다가 다시 돼지, 개, 걸(사람)..등으로 된다고 윷판은 알려주니, 숯은 위의 글에선 성체란 말로, 그 성, 즉 자기 정체'성'을 잃지 않은 상태로 있다가, 옷을 입었다, 순수 성체 상태로

있다가를 반복하다가 종국에는 그 근본 자리, 참의 자리로 돌아온다는 거다.
즉 그 순수한 생명 본질의 숯 상태로 돌아갔다가 다시 돼지, 개, 걸(사람)..윤회를 거쳐 결국 참으로 돌아오는 것, 모든 생명, 생령현상이다.

경신임계갑을병정무기
해자축인묘진사오미신유술

낯선 십간 십이지지일 것이다.
우리 겨레에게 가장 더운 8월.
해가 가장 긴 날은 고유력으로 7월 15일(하지)이지만, 공기로 싸인 지구가 복사열로 가장 더운 때는 그 보다 더 뒤인 서양력 7, 8월이다.
'삼복지간에는 입술에 붙은 밥알도 무겁다!'는 삼복은 하지 후, 세 번째 '경'일과, 네 번째 '경'일을 초복, 중복으로, 입추 후 첫 번째 '경'일을 말복으로 하고 있다. 오행 운운하는데, 실제 한漢족도 복을 크게 기념하는지는 모르겠으나, 특별히 '경'일을 헤아리는 것은 '섣달'처럼 고유력의 흔적이 남은 건 아닐까? 갑자, 을축으로 시작하는 게 아니라 경자, 신축으로 시작한 건 아닐까? 우리문화를 습합했을 불교에는 '수마 극복법'으로 '육 경신'을 헤는데, 1년에 6번 있는 '경신일' 하루 24시간을 꼬박 자지 않고 정진하는 수련법이다. 왜 굳이 '경'신일까? 고유력의 흔적일 수 있다.
'해'를 맨 앞으로 놓은 건, 윷 때문이다.
그래도 시작은 자,축..부터이니, 경자 신축 임인..으로 세어 가는데,
종시달, '끄트''머리'달이 한 해의 맨 앞에 놓이는 이치와 같다.
'정월 첫 '해'일에는 볶은 콩 한알씩을 종이봉지에 싸서 넣은 주머니를 종친들에게 보내는 풍습이 있었는데, 해일에 주머니를 차면, 일 년 내내 귀신을 물리치고 만복이 온다'고 해서 오방낭 등 주머니를 나누던 풍속이 남아있는데, '해'일이다.
한漢족은 놀지 않는 윷은 돼지(해)부터 시작하고 있는데,

지구상의 '시간'이 생긴 이유인 하늘의 저 '해'(한자가 아닌 우리말)와 소리가 같고,

설달이 끝 달이면서 맨 앞에 놓여지듯, 종시 개념을 적용해보면,

지지를 돼지인 '해'부터 시작할 경우, 그 끝은 술(개)인데, 그렇게 되면, 윷의 '돼지, 개'는 단지 '돼지, 개'가 아니라 동시에, '해(돼지), 자, 축...유, 술(개)'인 시간이며,

시간 속의 만물이다!

그렇게 되면 윷은 우주를 완전하게 설명하고 있는데, 참에서 나와서 시공을 차지하는 만물을 '인전지 물편지'로 명확히 설명하여, '해(도, 돼지), 자, 축...유, 술(개)'로 시간 속의 만물을 도(돼지), 개로, '인전지'인 사람을 걸로, 이승이 아닌 저승을 숯으로, 도, 개, 걸... 도, 개, 걸.. 옷을 갈아입는 윤회를 거쳐 다시 참으로 돌아가는 우주와 인간을 설명하고 있다.

실로 윷판은 생명에 관한 인간의 의문과 우주의 많은 비밀을 밝혀주고 있다!

불교의 윤회는 그것을 다시 알린 것이라고 할 수 있을 것이다.

숯의 상태를 옷을 벗은 저승에서 가장 옹골찬 상태, '심'이 찬 것이라고 볼 수 있고, 그 옷을 벗은 것에 극락과 연옥, 천당과 지옥이 있는지는 윷판에선 없다. 만약 참으로 있다면, 저 위대한 할아버지들이 후손을 위해 말씀 안 하실 리가 없을 것 같은데 말이다. 혹 후대에 종교를 위해 만들어진 것이 아닐까?

그렇다면 그 참은 무엇이고, 순수한 생명 본질이라는 숯은 무엇일까.

우리 겨레의 성경 〈천부경〉의 '일시' '무시'일.

그 '일시'가 참이다. 우주만물 그 모든 것이 시작되는.

참. 그것의 다른 이름은 하늘, 하느님이다.

석가가 깨달은 것은 '본 자리'이다. 본 자리만을 얘기하는데, 본 자리에 무엇이 있는지 까지는 깨닫지 못했다. 자리가 있으면 자리의 주인이 있지 않는가? 마음자리, 그 본 자리, 그 마음이 처음으로, 그리고 궁극으로 이른 자리, 거기에 무엇

이 있는지 몰라, 불교는 팔만권의 책을 읽고도 잘 모른다. 왜? 가르친 이가 본 자리에 무엇이 있는지를 깨닫지 못했으니, 그의 말씀을 배워서는 알 수 없는 것이다. 그 '자리'까지 가면, 사람들에게 지혜를 줄 수는 있으나.

그리고 우리 위대한 할아버지들은 그 자리에 무엇이 있는지 아는 지점까지 가셨기에 행여 후손들이 잊을까, 놀이 속에서 잊지 않도록 가르치셨다. 물론 다 잊어 그냥 단순한 놀이가 되어버렸지만.

이 부분에서 예수님은 석가보다 더 본질적인 지점까지 이르셨는데, '엘로힘(하느님)을 모르는 것이 죄요, 엘로힘(하느님)을 아는 것이 영생이다'라고 하셨다.

죽지 않는 것, 영생. 천년을 살면, 혹 1억년을 살면 영생일까? 그래봤자 1억년일 뿐이다. 1억년을 산다는 것이 백년보다는 길지만, 영생은 아닌 것이다.

우리 할아버지들께서는 윷판으로 알려주신다.

어차피 생명, 생'령'이란 '영'생이라고. 돼지, 개, 걸(사람), 숯으로.

없어지고 싶어도 없어지지 않는다. 자살? 죽어도 죽지 않는다. 돼지, 개, 걸(사람), 숯을 반복할 뿐. 어차피 죽지 않는다! 어쩔 것인가?

1억년을 살았다가, 숯으로 갔다가, 다시 1억년을 산다고 하자. 영생인가? 아니다!

그 옷을 갈아입는 것을 끝낸 본 자리, 참의 자리, 즉 하느님을 알아 하느님으로 하나 되는 그것이 영생이라고 설파하는 것이다. 석가는 본 자리가 있다는 것까지 알았고, 그 본자리에 무엇이 있는지는 몰랐다면(뭔가가 있다는 것은 알았으나), 예수님은 엘로힘을 말하는 나라에 태어난 관계로 덜 힘들이고 그 본자리에 엘로힘이 계심을 알았고, 그것을 알아 하나 되는 것이 영생임을 안 것이다.

우리 할아버지들께서 깨닫고 본받고자한 온전한 하느님.

(원래 브라만은 하느님을 인도식으로 부른 것. 브라만 계급이 브라만이라는 이름으로, 하느님이란 이름으로, 사람들을 속이기에 석가모니가 쓰지 않은 걸까. 여호와라는 이름으로 사람들을 속이기에 예수님이 여호와라는 말을 쓰지 않은 것처럼.)

석가, 예수, 등등...그런 분들은 위대한 할아버지들의 가르침을 인류가 잊자,

모두 인간의 무명을 깨치기 위해 오신 이들이다.

   그렇다면 일시와 무시가 하나라고 했는데, 무시의 우리말은 숯일까.
   일시와 무시가 하나라는 것은 그 형태는 다르지만, 본질적으로 같다는 거다. 참과 숯, 수읗, 숫은 그 모습은 달라도 본질적으로 같다는 것이다. 우리가 보는 숯도 그중 하나일 것이고. 탈 수 있는 본질적인 것만 남은 상태 숯.
   무시의 숯은 나무 탄 숯이 아니라, '참'과 같은 의미의 숯일 것이다. 숫구멍의 숫. 숯.
   참이 보이는가. 숫, 숯 또한 보이지 않을 것이다.
   숫처녀, 숫총각이란, 그 처녀성과 총각성을 잃지 않은 순수를 유지하는 상태이지 눈에 보이는 무엇을 의미하는 것은 아니다. 똑같은 사람이라도 그 성질을 잃으면 숫처녀, 숫총각이 아니므로.
   아이 머리의 숫구멍이란 말에서 생명순수의 우리말은 숫, 숯일 것임을 짐작한다.
   숟가락, 숫가락은 씨알 중의 씨알, 가장 중요한 씨알의 준말 쌀과, 국'물'을 떠먹는데 사용하는 도구로, 바로 인간 생명을 연장할 수 있는, 숯을 연장할 핵심적 음식을 떠먹는 도구이다.
   그 숯. 참과 같으나 성체를 띠고 있는 생명순수, 숯, 숫.

   만물이 나온 '수'로 하자면,
   '일시'는 춤(참)이라는 수(·)요, '무시'는 아라비아 숫자로 0이다.
   잘 생각해보라. 없음, 무(無)를 인지한 할아버지들이 무에 해당하는 수를 만들지 않았다는 것이 이상하지 않은가? 있고 없는 것은 지금도 늘 벌어지는 것인데.
   우리는 어느덧 아라비아 숫자의 형태에 익숙해져서 자꾸 잊어버리는데, 실제 무, 0은 '처음의 무', '무시'에만 있는 것이요, 그 다음은 없다. 우리말의 수 체계에서는 그런 착시가 일어나지 않는 것이다.
   아라비아 숫자에서 0과, 10, 100..에서의 0은 실제로는 자릿값이요, 그 내용은 전혀 다른 것이다. 아닌가?

　바로 무시 외에는 무, 0이란 존재하지 않는다. 십, 백, 천, 만..어디에 '무'란 것이 들어갈 수 있는가? 아라비아 숫자가 동일한 형태의 동그라미(0)를 사용하기에 다만 착시를 일으킬 뿐이다.

　또 숯, 숫은 '환오칠 일묘연 만왕만래'의 '일'일 수도 있다.
　그 '일'에서 모든 것이 나오지만, 그 '일'은 '일시'와는 다르다.
　본질적으로는 같지만, '일'은 '일시'로부터 많은 것이 일어나 환 오칠까지 된 후의 '일'이라 실제 만왕만래가 되는 '일'이고, '일시'는 그 모든 것의 근원으로써 '무시'이전의 것이니, 본질적으론 같으나 현상적으로는 같지 않다.
　밤 한 톨에서 자란 밤나무가 본질적으로는 같아도 같지 않은 것처럼.

　윷은 생명 본질적 가르침 외에, 실용적인 뭘 가르치신 걸까.
　고대 '윷'판은 여러 가지가 있다. 모양이 다른데, 어느 것을 기준해야 할까?
　그 이름이 '윷'이다!
　당연히 윷이 중심이어야 하고, 우리가 어렸을 적 했고, 시골할아버지들이 하시던 수 천 년 윷놀이를 기준으로 해야 한다. 한양이 아닌 서울.
　요즘 식자들이 조선조 선비들의 말판을 기준으로, 윷의 말판를 보고, 북극성과 28수 운운하는데, 일반 백성에게 그게 그렇게 중요했을까? 식자 놀음은 되겠지만 지금 농사꾼들에게도?
　농사에 필요한 것은 해와 24절기다! 달력이 흔지 않던 시대, 절기를 아는 것은 절대적으로 중요한 일이다. 상식적으로 말이다.
　모판이 아니라 윷판이 되어야 하는 이유다!
　24절기는 지구상의 일이고,
　지구의 모든 것을 아신 할아버지들이 만든 윷은, 지구 자전방향으로 돈다!
　(우리 할아버지들이 자구자전을 몰랐을 것이라는 건 우리의 무지다)
　'모'는 한참 후대에 더해진 것이고, 더구나 가방끈 긴 이들의 오행에 의한 것이라면 이미 사대에서 출발한 것이니, 우리 력이 달라진 것과 같은 경우다. 모를 던지는 것이 더해진 것까지야 그렇다 쳐도 윷의 말판은 바로잡아야 한다. 별자리 운운하며 윷판을 모판으로 만드는데, 그것보다 더 깊은 뜻이 있는 우리 겨레의 윷판 놀이를 회복해야 한다!

신화노트

검예도주 장효선님의 『무심, 武心』이란 책에 실린
아름다운 우리나라 신화.
장효선님의 허락을 얻어 싣는다.

1

　지구 시원의 시대,
　우주의 신들을 지구별로 초청한 지구별의 여신 마고는 슬픔에 휩싸였어.
　전쟁을 좋아하는 신들과 전쟁을 싫어하고 평화를 좋아하는 신들이 서로 힘겨루기를 하는 것까지는 좋았는데, 신들에게 반란을 일으킨 일꾼 신들의 우두머리를 죽여 버렸기 때문이지.
　그러니까 원죄는 신들에게 있는 거야!
　어머니 마음인 지구별의 여신 마고는 신들이 벌인 최초의 죽음 앞에 마음이 아파 어머니 마음으로 하염없이 눈물을 흘렸어. 하염없이.
　일꾼 신이 뭐냐고?
　지구가 아름답던 시절,
　우주에서 온 신들이 지구별을 견디기 위해서는 지구별에서 흐르는 지유를 먹어야 해. 그래야 우주와는 다른, 지구별을 견딜 수 있거든.
　처음엔 신들이 지유를 먹기 위해 수미산을 지자기(땅에서 나오는 자기)로 감아서 선신과 마신(악신)으로 나뉘어 줄다리기를 했어. 바람의 신이 바람을 불어서 구름을 얼게 하면, 그 얼음유성을 타고 양쪽으로 신들이 수미산을 감아서 잡아당기는 거야.
　그럼 지유가 나오거든.
　편이 나뉜 신들은 지유를 먹기 위해 돌아가면서 서로 줄을 잡아당겼어.
　서로 지구별을 자기들의 뜻이 펼쳐지는 곳으로 만들려고.
　물론 선신이 이겼다가, 마신(악신)이 이겼다가 했지.
　신들 중에는 결정을 하는 상위 신이 있는가 하면, 결정에 따라 일을 하는 하위 신들이 있는데, 수미산을 돌려서 지유를 솟게 하던 일꾼 신들이 힘이 들자 반란을 일으켰고, 상위 신들이 일꾼 신들의 반란을 제압하면서 꾀를 냈어.

또 반란이 일어날 수 있으니 완전한 조치를 하고 싶었던 거야.

그 우두머리를 죽여, 그 죽인 조각으로 신 대신 일을 할 수 있는 생명체를 만들자고!

신은 아니되, 신처럼 일을 할 수 있도록 하고,

자기 번식을 계속할 수 있도록 하되, 계속 사는 것이 아니라, 일정 시간이 흐르면 죽도록!

그런 생명체라야 문제가 없으니까.

합의된 신들은 반란의 책임을 물어 그 우두머리 염라를 죽였어!

지구별 최초의 살생이고 죽음이 벌어진 거야!

지구별을 아름답게, 더 좋게 만들기 위해 신들을 초청했던 마고는 어머니의 마음이라 결국 자기 때문에 죽음이라는 사건이 일어난 것에 하염없이 슬펐던 거고.

신들은 그 죽은 염라를 재료로, 끊임없이 자기 번식을 할 수 있도록 암수 일곱 쌍을 만들었어. 관여하지 않아도 자기 번식을 해서 그 수가 점점 많아질 수 있도록 한 거야.

인간의 탄생이지! 신의 필요에 의해서 신 대신 일할 생명체, 인간이 만들어진 거야!

신은 그 만든 인간을 일꾼 신 대신 부리기로 했어.

그런데 문제는 한 없이 아파하는 마고의 어머니 마음이지!

2

    태양신은 부인을 참으로 사랑했어.
    부인도 남편을 사랑했지만, 태양빛이 뜨겁고 눈을 쏘아 견딜 수가 없었지.
    태양신의 장인은 우주의 장인이야.
    재주가 아주 좋아서 우주에서 필요한 모든 걸 만들어냈지.
    아버지의 재주를 이어받은 태양부인은 자기 그림자를 가지고 자기와 똑같이 만들어서 태양신에게 두고, 자기는 멀리 도망을 가버렸어.
    그림자 출신인 가짜 태양부인은 태양이 아무리 뜨거워도 그림자 출신이라 아무렇지도 않았거든. 서로 행복했지.
    태양신 부부에게는 두 아들이 있었는데, 첫째 아들은 순하고 착했어.
    둘째아들은 한 성깔 했는데, 의붓 엄마가 맘에 안 들자 '확 차버릴까부다' 하고 발을 들어 찰 듯한 시늉을 하며, 말을 내뱉은 거야.
    그런데 신은 말을 하면 반드시 지켜야 하거든!
    잘난 척만 해도 하늘사람들에게 번개를 맞아 죽는 마당에
    신의 세계에서 어머니를 찬다는 것은, 있을 수 없는 나쁜 짓이기 때문에 죽어야해.
    찬다는 말을 한 것은 이미 찬 거야.
    아들을 잃게 생긴 태양신은 왜 이런 일이 일어났는지 깊은 명상을 했어.
    그리고 모든 걸 알게 됐지.
    지금의 부인이 진짜 부인의 그림자일 뿐이라는 것을.
    부인은 태양 자신이 너무 뜨겁고 눈이 아파 견딜 수 없었다는 것도.
    태양신은 깊은 슬픔에 빠졌어.

만물이 자신의 빛과 열 때문에 태어나고 생명을 유지해 살아가지만, 정작 사랑하는 자기부인은 남편을 사랑함에도 태양 자신의 강한 열과 빛을 견딜 수 없어 곁을 떠났고,

 의붓어머니의 핍박에 못 견딘 아들은 참지 못한 까닭에 신이라도 죽어야 했으니까.

 모든 까닭이 태양 자신으로부터 비롯됐고,

 빛과 열이 없는 태양이란 이미 태양이 아니므로, 존재자체를 거두지 않는 한 그 잘못은, 결코 돌이킬 수도, 거둘 수 없는 성질의 것이니까.

 오 이 일을 어쩐다 말인가! 나의 아들아!

3

　아름다운 지구별에 죽음이 넘쳐나게 되버렸어.
　신들이 공모해서 염라도 죽였지만, 인간도 부리고 죽도록 만들었기 때문에, 생명을 사랑하는 여신 마고가 어머니의 마음으로 지구상에서의 죽음을 너무너무 슬퍼했어.
　마고는 힘들면 자신의 가슴인 허브 밭으로 들어가 향기를 맡으며 쉬면 나왔는데, 너무너무 슬퍼서 한없이 운거야. 한없이.
　마고가 한없이 슬퍼하자 마고 눈물인 빛의 고슴도치들이
　마고를 슬픔에서 건지려고 죽은 염라의 조각으로 만든 남녀 일곱 쌍 중의 한 쌍을, 빛의 고슴도치 그물로 싸서 태양신에게로 날아간 거야. 빛의 고슴도치 바늘로 비행을 해서.
　모든 죽은 생명이 생명의 태양신에게 갔다 오면 생명을 얻어 죽지 않고 살 수 있거든.
　마고가 흘린 어머니 사랑의 표상인 눈물들, 그 빛의 고슴도치들이
　죽은 염라를 살려서, 앞으로 죽을 인간들을 죽지 않도록, 죽었다가도 옷을 갈아입고 다시 생명을 얻을 수 있도록 만들려고 했던 거야.
　마침 아들이 죽게 될 처지가 된 태양신은 태양의 일부를 뜯게 해줬어.
　태양신의 장인은 생명 그 자체인 태양의 일부를 뜯어서, 태양에서 다시 살아난 염라부부가 죽은 생명을 살릴 수 있도록 뚝딱뚝딱 염라의 궁전을 만들어줬지.
　생명이 죽더라도, 염라의 저승에서 중음신의 상태로 있다가 다시금 옷을 갈아입고 윤회하게 된 거지!
　그런데 지구별에 다시 태어나려면 지유를 먹지 않으면 저항력이 없어서 지구

별에 다시 태어날 수가 없어.

  태양신은 그 일을 둘째아들이 하도록 한 거야.

  죄를 상쇄할 만큼 큰 덕을 베풀게 해서 죽지 않게 한 거지.

  지구별의 지유를 북두칠성이 퍼 올리면

멀리 은하수에게로 지유가 흐르도록 파나마운하처럼 갑문이 달린 오천다리가 필요한 거야.

  태양의 둘째아들이 어머니를 '확 차버릴까 보다' 했기 때문에

죽는 대신 한쪽 다리는 차듯이 들고, 한쪽 다리로만 그 오천다리를 들고 서 있는 거지.

  형이 착해서 동생을 위해 번갈아 가며 오천다리를 들어주기 때문에

  생명의 원천인 태양의 두 아들들이

  다시 지구별에 태어날 수 있도록 하는 에너지원인 지유를 날라주게 된 거야.

  현상적인 죽음과 함께 생명의 윤회가 벌어진 까닭이지!

4

처음엔 지구에 네 신이 있었는데,
검으로 번개를 치게 만드는 운사인 검단선생과 세 여신이지.
인간이 느낄 수 있는 가장 두렵고 강력한 빛인 번개를 치게 하는 게 검이니, 검의 연원은 그 만큼 깊고, 신성한 거야.
검이 빛을 상징하는 이유지.

고조선의 검은 그 칼자루가 검을 세울 수 있도록 되어 있어.
누구를 찌르기에는 부적합할 수 있지만 제를 지낼 때 세워두기는 용이하지.
신을 설명하며, 신이 아니나 중요하게 등장한 유일한 도구가 검이야. 어린 소년 아더가 누구도 뽑을 수 없는 검을 아무렇지 않게 뽑았듯이, 신의 뜻을 받은 자가, 신을 대리할만한 자가 검을 들었을 때,
검을 들고 주문을 외며
하늘 빗장을 검으로 열어 그 뜻을 하늘에 상달하면
하늘의 번개조차 칠 수 있는 하늘 신물인 검이, 무엇을 못하겠어.
옛날에는 비가 안 오면 기우제를 지냈어.
하늘 뜻을 대리해야하는 왕이 죄를 참회하며 하늘에 비를 빌었지.
요즘 사람들은 대단히 비과학적이라고 생각하고 우습게 여기지만
우주로 탐사선을 쏘아 올리는 과학적인 요즘 사람들이 할 수 있는 건 뭐지? 비가 안 오는데, 비를 오게 하고 싶을 때 말야. 없어. 그야말로 우습지.
기록에 이런 게 있어.
옛날 아랍사람들이 신라 사람들과 교역을 했는데, 신라 사람들은 만날 때마다

아랍사람들에게 선물을 주는 거야. 계속 선물을 주니까, 아랍사람들이 물어봤지. 너네는 왜 이렇게 만나기만 하면 선물을 주냐고. 그랬더니 신라 사람들이 이렇게 말했어. "이렇게 안 하면 비가 안 와요." 아랍사람들은 속으로 놀랬어. 그럼 우리가 사는 지역은 사막인데, 우리가 선물을 안 해서 비가 안 오나? 하고.

비를 주관하는 건 필방선생이야.

가을에 뜨는 별 중에 필수라는 별이 있어. 천문에서 비를 내리는 별이야.

필수가 지구에 비를 내리는데, 마칠 필자야.

즉 세상에 비가 잘 내리도록 다 이치에 맞게 마쳤다는 거야. 사람들이 이치에 맞춰 잘 살면 비가 오도록 되어있어.

사람들이 이치에 맞게 살지 않으면, 필방조가 나타나 '필방필방'("삐방삐방") 하며 우는데, 그러면 비가 안 오고 까닭 없는 불이 나. 하늘의 경고고, 증조인 거지. 필방조라는 말은 산해경에도 나와.

신라 사람들은 그걸 알고 있었던 거야. 하늘자손이었으니까.

그렇게 이미 잘 맞춰놓은 비가 안 온다는 것은 이치에 맞지 않게 살고 있다는 거고, 그러니 이치에 맞게 살겠다고 참회하는 것이 이치에 맞는 거야. 이미 잘 맞춰져 있는 비를 오게 하는 방법인 거고.

그 만한 위치에 있었던 거지, 천지자연에 개입할 만큼. 그게 우리 민족이야.

우주와 자연에 어찌 할 수 없이 타자화 되어 있어서, 그저 주는 대로 받는 것이 아니라, 필요하면 달라고 하고, 안 주면 주도록 하는 거야.

우주자연을 운용할 권능을 나눠가진 거지. 하늘 뜻에 따라 살기 때문에.

무식하면 용감한 거야. 선물은 배려고 마음이야. 선물과 비오는 게 관계없어 보이지만, 사실은 그렇게 깊은 관계가 있었던 거지.

지구별 자체의 세 여신,
어머니 마음의 여신 마고와
활동을 하면 용암이 분출하기 때문에 주로 잠을 자는 여신과
우주와 소통하는 여신,

세 여신은 협력해서 좋은 신을 만들기로 했어.

우리나라 부도지엔 마고가 두 딸을 낳은 것으로 되어있지.

신들이 좋은 신을 만들려면 자신들이 가지고 있는 좋은 권능을 내놔서 만들어야 하거든.

잠자는 여신은 자기가 깨서 활동하면 용암이 분출하기 때문에 잠자는 걸 좋아해.

자기가 좋은 꿈을 꾸면 지구별의 모든 만물이 좋은 꿈을 같이 꾸거든.

하늘에서 별똥별이 떨어지면 하늘 개(천구)가 그 불을 입에 물고 용암으로 쏙 들어가.

잠자는 여신에게 하늘이 바라는 꿈을 얘기해서 좋은 꿈을 꾸도록 하는 거야.

옛사람들은 그걸 알았기 때문에, 그 별똥별이 떨어질 때 소원을 빌었던 거야.

하늘개(천구)가 별똥별의 불을 물어서, 하늘 꿈을 잠자는 여신에게 전하기 때문에, 그때 소원을 빌면 그 소원도 전해질 테니까.

그런데 마고와 소통의 여신이 흔들어 깨우며 자꾸 귀찮게 하자,

잠자는 여신이 짜증이 나서 뜨거운 돌 두 개를 휙 집어던진 거야.

돌 하나는 만들던 여신의 머리에 가 박혀서

무엇이든지 그 진기를 빨아먹는 뿔이 되고,

하나는 아래에 가 박혀서 남근이 된 거야.

좋은 신을 만들려고 했던 것이,

머리에 뿔이 나고 여자도 남자도 아닌 자웅동체가 되어버린 괴물이 되어 무한 자기복제를 하게 되었고, 마의 우두머리가 되어버렸어.

지구별 자체 다섯 신 중 하나가 잘못 만들어진 마의 왕이니,

지구별의 운명적 아픔이고, 슬픔이지.

지구별의 인간이 끊임없이 착함(선)과 가달(악)을 오가는 이유야.

이 일을 겪고 어머니 마음인 마고가 얼마나 슬프겠어.

못난 자식을 바라보는 어미 마음은 더 안타까운 거거든. 못난 자식이라고 해서 죽이고 싶거나 버리고 싶은 게 아니고, 그 또한 내 새끼이니 더 안타깝고 애틋하고, 그건 오직 어미만이 느끼는 고통이고 아픔이고 슬픔이지.

그 자식은 부모를 죽여도, 부모는 따로 노력하지 않아도 자식을 위해 모든 걸 주고 싶지.

마고의 그 어머니 마음을 지구별의 우리도 부모가 되면서 나눠 갖게 되기 때문이야.

검으로 번개를 치게 만드는 운사인 검단선생과

우리가 삼신할머니라고 하는 세 여신과

머리에 뿔이 달린 남신도 여신도 아닌 마의 왕,

지구별 자체엔 이제 다섯 신이 있어서

좋은 일에도 마가 끼고, 도가 한길이면 마도 한길인 일이 생기게 됐어.

마음 내키는 대로 살면 남도 나도 행복했던 인간이, 늘 마의 시험을 받으며, 참(선)에 이르려면 늘 가달(악)의 시험을 받게 되었고, 인간의 부단한 노력을 필요로 하게 되어버렸지.

태어나 생명을 받으면, 참함(선)도 가달(악)도 없는 생명 그 자체인 인간이,

신의 조각으로 만들어졌기에 뭇 생명들과 다르게 참함(선)과 가달(악)의 선택을 죽는 순간까지 받게 되고, 매순간 끝없이 선택하게 되는 인간의 자유의지, 노력이 필요하게 된 거야.

아무리 노력하여 높은 참함(선)의 경지에 갔더라도, 한 순간 먼지 한 톨의 가달(악)에 넘어가면, 천 길 낭떠러지 가달(악)에 떨어지게 되는 거야.

순수하고 깨끗한, 또는 탁월한 식견과 영성의 종교지도자들이 어느 순간 하늘의 지와 떨어져 인간이익을 추구하게 되면 하늘 길과 멀어지는 이유야. 그게 마니까.

하늘 길과 멀어지게 하는 것, 착함과 맑음을 싫어하는 것, 이치를 싫어하는 것이 마니까. 어둠이 빛을 사랑하고 그리워한다고 해도, 빛을 만나는 순간 스러지기에, 그럴 순 없는 거야. 만나는 순간, 어둠은 빛이 되니까. 존재자체가 흔적도 없이 사라지니까.

그러니 어둠은 밝음을 이길 수 없어.

밝음을 만나는 순간 존재자체가 지게 되어 있으니까.

덜 쎈 놈을 찾은 거지. 인간.

그 아버지는 이길 수 없으니, 그 새끼를 노리는 거지.

사자를 이길 수 없어 사자새끼를 노리는 하이에나같이, 하늘은 이길 수 없으니, 신의 성품을 받았으나 약한, 인간을 노리는 거야.

세상을 밝힐 만한 인간이 태어나면, 그게 싫으니, 마도 힘 써 그걸 막는 거고.

인간이 하늘에 대적하고 반하게 만드는 것, 그것이 마가 하늘을 이기는 방법이고, 온전하게 차지하는 자기 세상이고, 기쁨이거든.

어찌 보면, 하늘을 이길 수 없는, 하늘 앞에 보잘 것 없이 약하게 생겨난 마의 슬픔이고 운명이지.

5

마왕은 자기 힘이 커지자, 하늘을 지배하기로 했어.
음양을 모두 갖고 있어서 자기증식을 하기 때문에 힘이 엄청 커졌거든.
용암의 불속에는 '교활'이 있어.
'교활'은 하늘 개도 잡아먹지.
호랑이가 '교활'을 먹으면, '교활'이 호랑이 속에서 호랑이를 되파먹기 때문에, 절대로 안 먹으려고 하지만, '교활'이 갖은 아양을 다 떨고 유혹을 해서 안 먹고는 못 배겨. 아주 교활하지. 진기를 다 빨아먹으니까.
지구별 자체의 신 마고와 소통여신이 새로운 좋은 신을 만들 때,
자꾸 두 여신이 흔들어 깨우자 귀찮아진 잠자는 여신이 뜨거운 돌 두 개를 새로 만드는 여신에게 던졌고, 머리에 박힌 뜨거운 돌에 그 '교활'이 들어갔기 때문에 마왕이 들이받으면, 좋은 신의 진기가 다 빨려. 진기가 다 빨리면, 좋은 신의 능력도 마왕에게 빨려 들어가서, 마왕의 능력이 점점 더 커지는 거야. 무서운 애지.

북두칠성의 끝에서 두 번째 별을 무곡성이라고 하는데
무곡성을 돕는 두 개의 별이 있어.
보성과 필성이라고 하는데,
보성과 필성의 성신들은 말벌창과 차나무뿌리로 된 창을 들고 있어.
그래서 차 잎을 셀 때는 한 잎, 두 잎 하지 않고, 일 창, 이 창 하는 거야.
하늘을 지키는 문을 귀문이라고 하는데,
보성과 필성이 지키고 있지.

귀면와는 그 하늘 문에 있는 문양인데.
죄가 있으면 도둑이 제 발 저린다고 그 모습만 보고도 지레 겁에 질리는 거야.
말벌 창에는 말벌들이 있는데, 말벌에 쏘이면 일종의 나르시시즘에 빠져.
잘난 척 하는 마음이 없으면 상관없는데,
잘난 척하는 마음이 있으면 그 잘난 척하고 싶은 걸 참을 수가 없지.
음 나는 이뻐, 음 나는 아름다워, 음 나는 잘났어..하면서 아무것도 않고 화장만 하거든.
그러면 하늘 사람들은 잘난 척하는 걸 싫어해서
번개 창, 즉 금강저를 던져버리는데, 번개 창을 맞으면 누구든 다 죽게 되거든.
하늘로 들어가려면 귀문을 통과해야 하는데,
마왕이 아무리 생각해도 자기가 말벌 창을 맞으면,
잘난 자기가, 잘난 척 하는 걸 참을 수 없을 것 같은 거야. 궁리를 했지.
그래서 말벌의 하늘 화원을 공격하기로 한 거야.
하늘 정원의 꽃들을 다 죽여 버리면, 말벌이 먹을 것이 없어 굶어죽을 테니까.
마왕은 자기증식을 해서 자기를 닮은 마군(마구니)들을 이끌고 하늘 정원에 갔어.
그리곤 마왕의 뿔로 자기가 낳은 마군들의 진기를 다 빨았지. 그랬더니 숱한 마군의 뜨거운 뿔만 남아서 하늘정원이 사막이 되어가는 거야. 모두 뜨거워 죽어갔지.
화왕인 향기의 여신은 지구별의 검단선생을 흠모했는데, 화원이 사막으로 죽어가자 비를 내리는 운사인 검단선생에게 부탁을 했어.
식물은 발이 없잖아. 그러니 향기여신은 그 향기로써 전하고픈 마음을 전하는 거지.
검단선생은 세발거북(삼족구)들이 감싸면 비파모양의 칼로 번개를 쳤지.
삼족구의 모습은 산해경이라는 문헌에도 나와.
그럼 그 안에서만 번개가 쳐지거든. 그 거북들이 떨어져 순식간에 다시 자기증식을 해서 감싸면 또 번개를 치고, 또 치고..

검단선생의 칼은 고조선 사람들이 중여지검이라고 하는 비파모양의 칼이야.

검단선생이 쓰던 검을 봤기 때문에 고조선사람들이 비파형 동검을 그대로 만든 거지.

하늘 정원은 다시 평온을 되찾았고,

마의 우두머리 마왕은 하늘을 지배하는 데 실패했어.

향기여신은 검단선생에게 향기를 엮은 신을 보내서 자신의 마음을 전했어.

자신에게 오도록 향기의 발자국을 보내 초청했지.

검단선생은 아름다운 향기여신을 만나게 됐고,

둘은 사랑에 빠졌어.

6

사랑하는 향기여신과 검단선생 사이에 아이가 태어났어.
황소 뿔을 가진 두 살배기 황소얼굴의 아기였지.
아버지인 검단선생에게 번개 쏘는 기술을 배운 황소뿔 아기는
태어나자마자 그 뿔로 마의 우두머리랑 붙으려고 했어.
아기를 축하해주려고 간 마고는
황소뿔 아기의 뜻을 알고, 마고 사랑의 흙 때를 황소 뿔에다 묻혀줬지.
사랑의 흙 때란
마고가 사랑의 노동으로 흘린 땀이 흙과 먼지와 섞여서 엉긴 건데,
그것에 닿으면 마군(마구니)들이 부글부글 끓어서 죽기 때문에 마고 최고의 무기거든.

선신과 마신(악신)이 서로 겨루다 선신이 이기면
우주에서 선물이 주어져.
가우리여신은 선신들이 이겨서 지구별에 솟아오른 우주의 선물이지.
죽지 않는 술, 생명의 불사주를 들고 아름다운 가우리 여신이 솟은 거야.
마왕이 진기를 빨아 점점 세력을 넓혀가자 성신들이 괴로워했는데,
가우리여신은 마왕을 잡으러 가려고 했어.
향기여신은 가우리여신이 어디로 가야 마왕이 있는지 향기를 보내 알려줬지.

북극성과 지구별사이엔 황금말뚝 통로가 있었는데,
우주의 암적인 존재를 파괴하는 파괴의 신이

부적처럼 그 말뚝 위에 자신의 문양을 해놨어.

마왕과 황소뿔 아기는 거기서 서로가 서로의 뿔로 탕 박았지.

마왕은 자신의 교활화로 진기를 빨아들이려고 했는데,

황소뿔 아기는 향기여신의 아기라 빵 터져버리며 향기가 확 퍼져버린 거야. 빨아들일 수가 없게 됐지. 확 퍼져버렸으니까.

그 몸은 여덟 조각으로 터져버리고.

마왕은 그 진기도 빨지 못하고, 마고의 흙 때가 묻어 부글부글 끓는 채로 재기를 노리며 달아나버렸어. 아직도 노리고 있지.

터져버린 그 여덟 조각은 북두칠성에 가서 확 뒤집어 씌여졌고,

북두칠성의 성신들은 그 가죽을 뚫고 나오게 됐지. 아버지 몸을 뚫고 정자가 나오듯이.

나중에 태어난 황소뿔 아기가 그 북두칠성의 아버지가 된 이유야.

북두칠성이 그 몸을 뚫고 '다시 나왔잖아'.

그리고 그 한 조각은 떨어지면서

인간의 모습인 파괴의 신 문양과,

해치의 모습과

바다 속 재판관인 뿔 달린 호랑이의 모습이 찍혀서 떨어졌어.

향기여신이 향기를 엮어 보낸 향기의 발자국(금화)을 따라

마왕을 찾아 북극성에 갔던 가우리여신은

떨어지는 그 한 조각에 생명수를 부어 신으로 살려냈어.

인간으로도, 해치로도, 바다 속 사법신으로도 변할 수 있는 신이었지.

둘은 첫눈에 반해 사랑에 빠졌어.

서로가 서로를 참으로 아끼며 사랑했지.

7

가우리여신과 사법신 해치는 참으로 행복했어.
어느 날 가우리여신이 보니, 인간들이 바람에 날려가고 있는 거야.
선신과 마신(악신)이 지자기(땅에 흐르는 자기)뱀을 수미산에 감아 줄다리기를 할 때에
맨 앞에 끄는 건 마고의 자손인 신인이고,
그 다음은 신들이 죽은 염라로 만든 인간이었는데,
바람을 불어 얼음유성을 만든 바람의 신이 교만해진거지.
얼음위의 인간에게 훅훅 바람을 불어 우주 밖으로 쫓아버린 거야.
인간들은 그 밧줄을 잡고 바람을 견디기 위해 털이 길어지고,
밧줄을 잡고 우주 밖으로 떨어지지 않기 위해
서로가 서로를 밀쳐내며 원숭이로 변해갔지.
인간 같지 않은 인간이 되어갔기에 원숭이로 변해간 거야.
인류가 첫 멸망한 거지.
약한 존재에게 악행을 저지르는 바람신에 화가 난 가우리 여신이
바람신을 잡으러 쫓아가자
바람신은 도망가며 가우리 여신에게 창까지 날렸어.
가우리 여신은 망토같은 것이 있어서 나는 모습이 마치 가오리가 날듯이 유려하지.
가우리 여신은 창을 피해 측면 비행을 하며,
척목의 불길을 바람신의 창에 보냈지.
'자 척' 자, 척목인데, 척목의 불길은 생명나무일 경우는, 타지 않아.

생명나무가 아닌 경우는 불길이 확 번지며 아주 잘 타지. 생명 유무를 재는 불이야.

바람신이 던진 창이 불길이 확 붙으며 탔어. 생명나무가 아닌 거야.

불길이 붙은 창이 방향을 바꿔 바람신을 쫓아가게 되자,

바람신은 기겁을 해 도망을 갔고,

자신의 잘못을 뉘우치기는커녕 바람신이 창까지 던지자,

가우리 여신은 바람신을 잡아 자신의 망토로 감싸서,

다시는 악행을 못하도록 바다 속 저 밑 어디론가 사라져버렸어.

모두 가우리 여신이 어디로 갔는지 알 수가 없었지.

아무리 기다려도 가우리 여신이 돌아오지 않자,

가우리 여신을 사랑하며 기다리던 사법신 해치는 너무너무 슬프고 힘들었어.

창극 하는 신들의 옷을 빠는 건 영등할미인데,

바람의 여신이지.

영등할미가 딸과 올 때는 따듯한 바람이 불고,

며느리랑 올 때는 사나운 바람이 부는데,

시어머니란 고약하거든.

우리나라 동해안엔 지금도 바람의 신 영등할미를 위한 제를 지내는데,

영등할미는 하늘의 수녀(빨래하는 여자)로,

영등할미가 신들 옷을 빤, 빨래 물을 먹으면 기억이 없어져.

그 빨랫물이 흘러드는 것이 하늘 냇물 미르내지. 은하수.

미르(용) 모양의 내라는 거야.

매일매일 가우리 여신을 기다리다

더 이상 가우리 여신이 돌아오지 않는다는 것이 견딜 수 없던 사법신 해치는

차라리 가우리 여신을 잊기로 했어.

가우리여신의 옷을 찾아서 영등할미에게 빨게 했고,

그 빨랫물을 먹고 가우리 여신을 잊게 됐어.

가우리여신의 기억을 잊게 되자, 사랑의 아픔도 잊게 된 거지.

태평양에 무(뮤)대륙이 있던 시절,
오세아니아 대륙의 마우이신은 고래 턱뼈로 물속에 뭍(땅)을 건져 올리는 신인데,
지금의 오세아니아주의 뉴질랜드 위섬을 건져 올렸어.
이 섬이 가오리가 뭘 물고 있는 모양인 걸 발견하고,
가우리 여신이 다시 태어날 거라는 소문이 신들 사이에 퍼졌어.
사라진 신들이 다시 태어날 땐 그 표징들이 미리 있거든.
뉴질랜드 위쪽 태평양에 지금은 사라진 무(뮤)대륙이 있었고,
무(뮤)대륙을 다스리던 이는
마고 자손인 청궁씨의 후예 오구가 왕이었어.
오구는 환인이지.
환인들은 환한 인자인 빛으로 소통해.
서로 만나지 않아도 나한테 일어난 일을 상대로 하여금 느낄 수 있게 하지.
서로에게 일어난 일을 모두 알 수 있도록 환인들끼리 이어져 있는데, 지금말로 하면 환인들끼리 네트워킹이 되어 있는 거야.
정치를 잘 해서 모든 것을 잘 보살피고 다스린 오구왕이 피로하면,
오구의 요리사가 왕을 위해 모든 피로와 시름을 잊을 만큼 맛있는 음식을 만들어서 바쳤어. 정말 그 음식을 먹으면 아픔도 괴로움도 잊을 만큼 대단했지.
오구는 힘들 때마다 그 요리사의 정성이 듬뿍 담긴 그 음식을 먹고 기운을 차렸어.
그 요리사가 늙어 은퇴하게 되자,
왕이 그 요리사에게 네 소원을 들어주겠다고 말하라고 했어.
"왕이시여, 위대한 왕에게 입 맞추게 해주소서."
왕은 허락했고, 요리사는 왕의 몸에 입을 맞췄지.
그리고, 그 자리에서 뱀이 올라와 점점 자라서 왕의 얼굴을 공격했어.

"전쟁하면 너를 공격하지 않겠다. 그러니 전쟁을 해! 전쟁을!"

오구는 철가면을 쓰고 사람을 만나지 않으면서, 전쟁을 하지 않고 뱀의 공격을 견뎠어.

하지만 언제까지 이렇게 뱀의 공격을 받으며 견뎌야 하지?

오구는 견딜 수는 있었지만 괴로웠고, 빨리 왕위를 물려줄 아들을 원했어.

오구왕에겐 여섯 공주가 있었는데, 길대 부인이 또 딸을 낳은 거야.

일곱 번째 공주였지.

귀한 것을 신께 바치면 그 소원을 들어주는데,

일곱 번째 딸이 태어나자마자 옥"바리"에 넣어 배에 실어 떠내려 보낸 거야.

바리공주의 탄생이지!

8

오구왕 부부에게 버림받은 바리공주(바리데기)는 바리공덕할멈이 키웠지.
오구왕은 일곱째 공주를 신께 바쳐 아들을 얻었지만, 그만 병에 걸렸어.
저승의 생명수만이 살릴 수 있다는 걸 알게 됐지만,
어떤 신하도, 자식도 구해오겠다고 하지 않았어.
그 얘기를 들은 바리공주가 병든 아버지를 위해 남장을 하고 저승길로 떠났지.
그런데 남장을 한 바리공주는 죽은 사람이 아니잖아.
저승을 지키던 무장승에게 사정얘기를 했지.
무장승도 그 효성이 지극해서 봐주고 싶지만, 법도를 어기며 그냥 보내줄 수는 없었어.
그래서 그것을 갈음할 수 있도록 노력봉사를 시켰지. 공짜란 없는 법이거든.
나무하기 삼년, 불 때기 삼년, 물 긷기 삼년.
바리공주는 걱정을 했어.
병든 아버지를 위해 그걸 하는 건 어렵지 않으나, 아버지가 그 사이 돌아가실까봐.
"저승의 일 년은 지구의 하루니 걱정 마라."
무장승의 얘길 듣고 바리공주는 구년을 손이 발이 되도록 피나게 노동을 했지.
그러다가 여자인 것이 발각 난 거야.
거짓말을 했으니, 그것을 갈음하려면
무장승의 일곱 아들까지 낳으라고 했어.
바리공주는 무장승의 일곱 아들까지 낳았지.

저승에는 불바다, 피바다, 모래바다가 있어.
저승 문을 통과하면 불기둥이 양옆으로 타오르는 길을 걸어가며
자신이 한 일을 스크린처럼 펼쳐지는 불바다를 봐야하지.
만약 낯 뜨거운 짓을 했으면,
그 낯 뜨거운 자신의 불 스크린을 보며, 같이 낯이 뜨거워지며 타게 되는 거야.
피바다의 가운데 모래바다가 있고,
그 돌개바람의 모래기둥 안에 생명수가 있다고 했기 때문에 거길 가려고 했지.
피바다란 우주의 자궁이고,
북두칠성의 국자부분이야.
성신은 죽지 않고 계속 몸을 바꿔 살지만, 악신은 강하지만, 한번 죽으면 사라져버려.
성신들이 다시 태어나려면 북두칠성의 국자 속으로 들어갔다가 나오면, 예전의 기억은 없어지고 새로 태어나거든.
천신만고 끝에 피바다를 건너, 건너, 바리공주는 모래바다에 들어갔지.
모래바다는 돌개바람이 불어서 모래기둥이 성처럼 가두는 곳이야.
독재를 좋아하는 임금들은 거기에 갇히게 되지.
북두칠성에는 보이지 않는 검은 별 두 개가 있어.
옛날 우리나라 천문지도를 보면 정확하게 표시되어 있지.
믿기지 않겠지만, 최근 과학에서, 북두칠성에 눈에는 보이지 않는 검은 별 두 개가 있다고 밝혔어.
낮에는 밝아서 아예 별이 보이지 않고, 밤에는 컴컴한데, 검은 별을 어떻게 봤을까?
그게 우리들의 선조야.
북두칠성의 국자부분 안에는 그 검은 별 두개가 있고, 그게 모래바다인 거야.
피바다, 즉 생명바다 가운데 모래섬 같은 거지.
바리공주가 모래바다에 들어가자
돌개바람을 일으켜 거대한 모래 기둥으로 성벽처럼 만들던 바람의 신이 바리

315

공주를 알아보고 달려온 거야.
"아이고 주인님!"하고.
바람신의 머리엔 가우리 여신이 채워놓은 링이 있었거든.
바람을 나쁜 데 쓰지 말고,
사람들이 원하는 바람을 일으킬 수 있는 바람이 되라고 가우리여신이 채워 놓은 건데,
링을 차면 바로 그 주인을 알아보거든.
링이란 그 주인 외에는 다른 악에 물들지 않으니
성스러운 구속이지.
바람신이 가우리여신을 알아보는 순간,
마법이 풀리 듯 모든 것이 풀렸어.
가우리여신을 알아보지 못하던
무장승이었던 가우리 여신의 연인, 사법신 해치도 가우리여신을 알아보게 됐어.
빨래 물을 먹고 가우리 여신을 못 알아본 거였지만,
바람신 풍백이 알아본 순간, 그 마법조차도 풀린 거지.
그렇게 기다리던 연인이 돌아온 거지!
아 아름다운 나의 사랑!
가우리여신은 무장승과 일곱 아들과 함께
다시 바리공주의 모습으로 오구왕에게 갔어.
오구왕은 죽어서 상여가 나가는 상황이었고,
가우리여신인 바리공주는 생명수로 오구왕을 살렸지.
오구왕은 바리공주의 남편 무장승을 장승으로 기렸고,
일곱아들은 칠월성군이 되었어.
그 뒤 오구왕은 영혼을 지키게 되었고,
그래서 우리는 망자가 좋은 곳으로 가라고 진오귀굿을 해주지.
하늘을 지키는 군대는 우림군이라고 하는데,
전쟁을 하지 않고 마를 이긴 오구대왕은 하늘군대를 이끌게 되었고, 지금도 잘

지키고 있지.
　그리고,
　다시 만난 가우리여신과 그렇게 애타게 기다리던 무장승 해치는
　깊게, 깊게 사랑을 했지.
　그리고 자미수를 낳은 거야.
　가우리여신은 자미수 씨앗을 자미원에 빙 둘러 심었어.
　순식간에 자라서 자미원의 울타리가 되었지.
　배롱나무라는 자미수는 미끄러워서 원숭이가 올라가지 못하는 나무야.
　남을 밀쳐내던 원숭이, 자기만 살겠다는 목숨은 생명의 자미원에 들어올 수 없도록 한 거야.
　그리고 가우리 여신과 무장승 해치는
　아름다운 생명들을 돌보며, 지금도 아름다운 사랑을 나누지.
　그토록 기다리며 알아볼 수 없었던 사랑!
　바로 지금 내 곁에, 알아보지 못하는 태초의 그 사랑이 있는 거야.
　하염없이 기다려, 이제 먼 길을 돌아 다시 만난 사랑!

9

염라를 죽인 신들은 자신들의 죄를 증거인멸하기 위해
바닷물을 끌어올려 그 죽인 자리를 씻어내기로 했어.

오천다리를 들어 올리던 태양신의 큰 아들 만우에게 작은 물고기 하나가 얘기했지.

저 좀 살려주세요! 누가 저를 잡아먹으려고 해요!

만우는 물고기를 구해 어항에다 있게 했어.

하루가 지나자 물고기가 어항이 비좁을 만큼 커졌지. 그래서 더 큰 그릇으로 옮겨줬지.

그랬더니 또 하루 만에 비좁을 만큼 자란 거야. 그래서 연못에 넣어줬지. 그랬더니, 하루 만에 연못도 비좁을 정도로 커진 거야. 더 큰 연못으로, 더 큰 호수로 옮겨줬어.

근데 넌 왜 자꾸 커지냐. 언제까지 커지는 거야?

만우가 묻자 물고기가 대답했어.

큰 배를 만드세요. 나는 혹등고래로 커져서 큰물이 질 때에, 배를 끌어야 하기 때문에 자꾸 크는 거에요.

우주유지의 신이 물고기로 변해서 자꾸자꾸 컸던 거야.

마고의 천인들인 황궁, 청궁, 백소, 흑소씨가 겨드랑이를 열어 인간을 낳았고 번성했거든.

신들이 바닷물을 끌어다가 염라를 죽인 자리를 씻어내자 지구엔 큰물이 졌어.

신들의 죄 때문에 큰 홍수가 난 거지.

노아의 방주가 이때일 거야. 아니면 마고가 실달대성을 씻어낼 때지.

이로부터 지계의 중심이 변해서 역수가 생긴 거지.

물고기는 홍수로 가라앉는 무(뮤)대륙의 사람들을 배에 실어, 죽지 않고 살게 해줬지.

무(뮤)대륙에는 철 성분이 많아 구리 빛인 청궁씨가 살고 있었는데, 몸에 푸른 점이 있는

우리 민족은 청궁씨와 무관하지 않아.

옛날 구리 적(고리짝)이란 말이 있지?

무(뮤)대륙이 가라앉기 전의 그 옛날을 말하는 거지.

신들의 죄로 홍수가 나고, 지유가 나오지 않게 되자

신들은 지구별을 떠나버렸지.

신이 지구별의 인간과 함께 하던 시대가 끝나버린 거야.

마고의 네 천인이 네 천녀와 합하여 각각 삼남삼녀를 낳았고

그 족속이 불어나 삼천이 되고, 점점 인구가 불어나

지유가 모자라게 되자, 백소씨족의 지소씨가 지유대신 포도를 먹게 되었어.

남의 생명을 죽이지 않는 천부(천부란 천리, 즉 천수지리에 부합한다는 뜻)의 도-마고의 법대로 살던 인간이, 그것에 역하는 일이 벌어진 거지.

그리고 온갖 것을 다 먹게 되면서 피가 탁해져 몸이 무거워졌고, 걸을 수밖에 없게 되었어. 걷고 뛰는 것만 되도록 퇴보한 거지.

인간이 자기 생명을 위해 남의 목숨을 취하자,

마고와 두 여신(삼신할머니)은 천수로 대성을 씻어내서 허달성 위로 옮겨버렸어.

삼신할머니는 인간생명의 주관자지.

천인을 낳고, 그 천인들로 하여금 인간생명을 낳게 했으니까.

그래서 '엄마 배에서 빨리 나가라고 엉덩이를 두드려'주는 거야.

인간의 길흉화복 모두를 주관하는 삼신할머니가

지구별과 우주사이의 통로를 타고 북두칠성 쪽으로 갔기 때문에

우리를 칠성자손이라고 하고,
죽으면 칠성판을 지고 가는 거야.
우리가 온 고향으로 가는 거지.
그게 엄마의 뱃속이고, 그 엄마를 낳은 인간 생명의 주관자 삼신할머니의 품으로.
그리고, 다시 생명을 얻어 인간으로 환생하는 거고.
지유가 말라버린 대성을 지키기 위해 스스로 복본의 서약-인간본성을 회복하겠다는 맹서를 하고 천인을 따라 인간이 흩어져 살게 됐지. 오늘날까지 살고 있어.
인간의 말과 글이 갈라진 이유야.

글을 마치고-

솔직히 력과 상관없이 살았다. 그리고 어떤 연유인지 력을 궁구하게 하셨고, 아무 준비 없이 결국 놀라운 력을 찾게 하셨다.

감사와 경탄.. 명확해지는 진리..

쉼 없이 나를 내려놓은 일을 매 순간 거듭한 어느 날,

삼십 여 년이 흐른, 어느 특별한 날을 준비하사, 위대한 배달겨레의 력, 하늘의 시간을 찾게 하시니, 이는 하늘이 살아 운행하시는 까닭인가..여길 뿐이다.

과문하여 잘못이 많을 것이다. 모두 다시 잘 바로잡히길 바란다.

다만, 한번 의심하지도 않고 모두 같은 방향으로 가니, 아무 생각 없이 그 방향으로 가는 그 흐름을 돌아보게 하고 싶었다. 가더라도 왜 가는지, 가는 방향이 맞는지 생각해보고 가시라고. 무리한 추론이 있다면 양해 바란다.

누구를 비난하려고 쓰지 않았으되, 결과적으로 비난한 꼴이 되어버렸다면 용서하시길.

그 모든 정보를 미리 연구하고 자료로 만들어주신 분들께 얼굴을 모르나 참 감사한다.

특히 숫양 걸이라는 표의자가 있다는 것을 알게 해주신 분께. 아무도 몰라도 끝까지 파헤치는 그 보이지 않는 많은 노력에.

수 십 년을 '각인선지정원심'을 간직하여 알게 하신 도인 진정선생께 특히 감사한다.

연배가 높으심에도 만나자마자 우주근원에 대해 거의 논쟁에 가까운 토론을 하고, '참셈' 법칙으로 천부경을 푸는데 근거가 되어주셔서 감사하다. 천부경을

푸느라 밤새 목에 핏대 세우며 함께 한 두 분께도. 그리고 달력에 그림을 쓰게 해준 몽구님께도 감사한다.

  특히 이 모든 걸 알게 하고, 쓰도록 나를 밀어붙이신 하느님과
'내가 이렇게 위대한 조상의 후예였구나!'를 알게 해주신 신라 박제상님의 〈부도지〉와 번역해서 읽을 수 있게 해주신 김은수님께.
  누가 하란 것도 아닌데, 노구에도 통일을 위해 현장에서 현역으로 뛰시는 통일선생님들께도. 생존하시는 독립지사어른들께도.
  생각만 하면 코끝이 시큰해지며 눈물이 맺히는, 평양에서 차가 사라지도록 손을 흔들던 북녘동포들께도. 당당하고 우리 겨레의 순수함을 그대로 간직한 북녘 통일일꾼들에게도.
  창밖으로 눈이 온다.
  내가 만든 영화가 미국의 범인을 잡아들여 사필귀정을 보인, 그 보이지 않는 어떤 힘에게도! 19년이란 오랜 시간을 참 애쓰고 억울했을 그 유족께도. 참 착한 사진 속 청년께도.
  바쁜 중에도 감수를 해주신 장 의균 선생님과 정 찬휴 선생님, 이 돌 작가님께도.
  지혜를 더해준 오 미연선배께도. 13이란 단초를 주신 단목선생님께도.
  하도 전쟁난다는 소리가 많아 내 딴에는 전쟁을 막아보고자, 이글을 썼다. 물론 이상하게 여기시겠지만.
  인간이 할 일은 오직 증리고, 인간이 증리를 하면 하늘이 기뻐히시지 않을까. 혹시 증리한 인간이 바라면, 그래도 하늘이 전쟁을 멈춰주시지 않을까 하여.
  불을 끄는 건 물이다!
  결국 어찌어찌 애써서 금강산 샘물까지 들여오고 나서야 전쟁에 대한 나의 불안은 멎었다. 그럼에도 아직 통일은 요원해보이니, 또 궁구할 따름이다.
  바른 력으로 천수를 바로잡아 남북을 '화'합하게, 인류를 '화'합하게 하는 통일이 되어지길!
  물론 이 글을 읽느라 애쓰신 당신께도 감사드린다!

천수를 바로 잡는 우리 고유력을 같이 쓰자. 그리고 같이 드시자, 통일떡!

2022년(2021)　　　**4355년(4354)**　　　5920년(5919)
　　　　　　　　　(단군건국기원)　　　　(환웅기원)

정한달 (正月, 설달, 섣달)

해	달	화성	수성	목성	금성	토성
마고력 → 서양력 → 음력 → 절기,명절 →	설(元旦) 11.22 음10.18 소설부여영고→	**1** 11.23	**2** 11.24	**3** 11.25	**4** 11.26	**5** 11.27
6 11.28	**7** 11.29	**8** 11.30	**9** 12.1	**10** 12.2	**11** 12.3	**12** 12.4 음11.1
13 12.5	**14** 12.6	**15** 12.7 대설	**16** 12.8	**17** 12.9	**18** 12.10	**19** 12.11
20 12.12	**21** 12.13	**22** 12.14	**23** 12.15	**24** 12.16	**25** 12.17	**26** 12.18 음11.15 정월대보름 →부여 영고
27 12.19	**28** 12.20					

2022년   **4355년**   5920년
                        (단군건국기원)   (환웅기원)

1 (동지달)

해	달	화성	수성	목성	금성	토성
마고력 → 서양력 → 음력 → 절기,명절 →		**1** 12.21 음11.18	**2** 12.22 음11.19 동지	**3** 12.23	**4** 12.24	**5** 12.25 성탄절
6 12.26	7 12.27	8 12.28	9 12.29	**10** 12.30	**11** 12.31	**12** 1.1 음11.29 신정
13 1.2	**14** 1.3 음12.1	**15** 1.4	**16** 1.5 소한	**17** 1.6	**18** 1.7	**19** 1.8
20 1.9	**21** 1.10	**22** 1.11	**23** 1.12	**24** 1.13	**25** 1.14	**26** 1.15
27 1.16	**28** 1.17 음12.15					

2022년　　　　**4355년**　　　　5920년
　　　　　　　(단군건국기원)　　　(환웅기원)

2

해	달	화성	수성	목성	금성	토성
마고력 → 서양력 → 음력 → 절기,명절 →		**1** 1.18 음12.16	**2** 1.19	**3** 1.20 대한	**4** 1.21	**5** 1.22
6 1.23	**7** 1.24	**8** 1.25	**9** 1.26	**10** 1.27	**11** 1.28	**12** 1.29
13 1.30	**14** 1.31	**15** 2.1 음1.1 설날	**16** 2.2	**17** 2.3	**18** 2.4 입춘	**19** 2.5
20 2.6	**21** 2.7	**22** 2.8	**23** 2.9	**24** 2.10	**25** 2.11	**26** 2.12
27 2.13	**28** 2.14					

2022년(2021)   **4355년(4354)**   5920년(5919)
(단군건국기원)   (환웅기원)

3

해	달	화성	수성	목성	금성	토성
마고력 → 서양력 → 음력 → 절기,명절 →		**1** 2.15 음1.15	**2** 2.16	**3** 2.17	**4** 2.18	**5** 2.19 우수
6 2.20	**7** 2.21	**8** 2.22	**9** 2.23	**10** 2.24	**11** 2.25	**12** 2.26
13 2.27	**14** 2.28	**15** 3.1 삼일절	**16** 3.2	**17** 3.3 음2.1 삼월삼짓날	**18** 3.4	**19** 3.5 경칩
20 3.6	**21** 3.7	**22** 3.8	**23** 3.9 제20대통일 대통령선거	**24** 3.10	**25** 3.11	**26** 3.12
27 3.13	**28** 3.14					

2022년(2021)　　　**4355년(4354)**　　　5920년(5919)
　　　　　　　　　　(단군건국기원)　　　　(환웅기원)

4

해	달	화성	수성	목성	금성	토성
마고력 → 서양력 → 음력 → 절기,명절 →		**1** 3.15 음2.13	**2** 3.16	**3** 3.17 음2.15	**4** 3.18	**5** 3.19
6 3.20	**7** 3.21 춘분	**8** 3.22	**9** 3.23	**10** 3.24	**11** 3.25	**12** 3.26
13 3.27	**14** 3.28	**15** 3.29	**16** 3.30	**17** 3.31	**18** 4.1 음3.1	**19** 4.2
20 4.3	**21** 4.4	**22** 4.5 청명 식목일	**23** 4.6 한식	**24** 4.7	**25** 4.8	**26** 4.9
27 4.10	**28** 4.11					

2022년(2021)   **4355년(4354)**   5920년(5919)
(단군건국기원)   (환웅기원)

5

해	달	화성	수성	목성	금성	토성
마고력 → 서양력 → 음력 → 절기,명절 →		**1** 4.12 음3.12	**2** 4.13	**3** 4.14	**4** 4.15 음3.15 어천절	**5** 4.16 단오→ 본 어천절
6 4.17	**7** 4.18	**8** 4.19	**9** 4.20 곡우	**10** 4.21	**11** 4.22	**12** 4.23 음3.23.병오 →단오
13 4.24	**14** 4.25	**15** 4.26	**16** 4.27	**17** 4.28	**18** 4.29	**19** 4.30
20 5.1 음4.1	**21** 5.2	**22** 5.3	**23** 5.4	**24** 5.5 어린이날 입하	**25** 5.6	**26** 5.7
27 5.8 음4.8 부처님오신날 어버이날	**28** 5.9					

2022년(2021)　　　　**4355년(4354)**　　　　5920년(5919)
　　　　　　　　　　　(단군건국기원)　　　　　(환웅기원)

6

해	달	화성	수성	목성	금성	토성
마고력 → 서양력 → 음력 → 절기,명절 →		**1** 5.10 음4.10	**2** 5.11	**3** 5.12	**4** 5.13	**5** 5.14
6 5.15 음4.15 스승의 날	**7** 5.16	**8** 5.17	**9** 5.18	**10** 5.19	**11** 5.20	**12** 5.21 소만
13 5.22	**14** 5.23	**15** 5.24 물맞이날, 유두절	**16** 5.25	**17** 5.26	**18** 5.27	**19** 5.28
20 5.29	**21** 5.30 음5.1	**22** 5.31	**23** 6.1 2022통일지방 선거	**24** 6.2	**25** 6.3	**26** 6.4
27 6.5	**28** 6.6 현충일 망종					

2022년(2021)   **4355년(4354)**   5920년(5919)
(단군건국기원)   (환웅기원)

7

해	달	화성	수성	목성	금성	토성
마고력 → 서양력 → 음력 → 절기,명절 →		**1** 6.7 음5.9	**2** 6.8	**3** 6.9	**4** 6.10	**5** 6.11
6 6.12	**7** 6.13 음5.15 칠월칠석	**8** 6.14	**9** 6.15	**10** 6.16	**11** 6.17	**12** 6.18
13 6.19	**14** 6.20	**15** 6.21 하지 백중	**16** 6.22	**17** 6.23	**18** 6.24	**19** 6.25
20 6.26	**21** 6.27	**22** 6.28	**23** 6.29 음6.1	**24** 6.30	**25** 7.1	**26** 7.2
27 7.3	**28** 7.4					

2022년(2021)   **4355년(4354)**   5920년(5919)
　　　　　　　(단군건국기원)　　　(환웅기원)

8

해	달	화성	수성	목성	금성	토성
마고력 → 서양력 → 음력 → 절기,명절 →		**1** 7.5 음6.7	**2** 7.6	**3** 7.7 소서	**4** 7.8	**5** 7.9
6 7.10	**7** 7.11	**8** 7.12	**9** 7.13 음6.15	**10** 7.14	**11** 7.15	**12** 7.16 음6.18.경오 초복
13 7.17 제헌절	**14** 7.18	**15** 7.19	**16** 7.20	**17** 7.21	**18** 7.22	**19** 7.23 대서
20 7.24	**21** 7.25	**22** 7.26 음6.28.경진 중복	**23** 7.27	**24** 7.28	**25** 7.29 음7.1	**26** 7.30
27 7.31	**28** 8.1					

2022년(2021)   **4355년(4354)**   5920년(5919)
(단군건국기원)   (환웅기원)

9

해	달	화성	수성	목성	금성	토성
마고력 → 서양력 → 음력 → 절기,명절 →		**1** 8.2 음7.5	**2** 8.3	**3** 8.4 음 칠월칠석	**4** 8.5	**5** 8.6
6 8.7 입추	**7** 8.8	**8** 8.9	**9** 8.10	**10** 8.11	**11** 8.12 음7.15	**12** 8.13
13 8.14	**14** 8.15 광복절 말복	**15** 8.16	**16** 8.17	**17** 8.18	**18** 8.19	**19** 8.20
20 8.21	**21** 8.22	**22** 8.23 처서	**23** 8.24	**24** 8.25	**25** 8.26	**26** 8.27 음8.1
27 8.28	**28** 8.29					

2022년(2021)　　　　　**4355년(4354)**　　　　　5920년(5919)
　　　　　　　　　　　(단군건국기원)　　　　　　(환웅기원)

10

해	달	화성	수성	목성	금성	토성
마고력 → 서양력 → 음력 → 절기,명절 →		**1** 8.30 음8.4	**2** 8.31	**3** 9.1 개천, 고구려 동맹→	**4** 9.2	**5** 9.3
6 9.4	**7** 9.5	**8** 9.6	**9** 9.7	**10** 9.8 백로	**11** 9.9	**12** 9.10 음.8.15 추석 →고구려 동맹
13 9.11	**14** 9.12 대체휴일	**15** 9.13	**16** 9.14	**17** 9.15	**18** 9.16	**19** 9.17
20 9.18	**21** 9.19	**22** 9.20	**23** 9.21	**24** 9.22	**25** 9.23 추분	**26** 9.24
27 9.25	**28** 9.26 음9.1					

2022년(2021)   4355년(4354)   5920년(5919)
(단군건국기원)   (환웅기원)

11

해	달	화성	수성	목성	금성	토성
마고력 → 서양력 → 음력 → 절기,명절 →		**1** 9.27 음9.2	**2** 9.28	**3** 9.29	**4** 9.30	**5** 10.1
6 10.2	**7** 10.3 개천절	**8** 10.4 음9.9 구월귀일	**9** 10.5	**10** 10.6	**11** 10.7	**12** 10.8 한로
13 10.9 한글날	**14** 10.10 음9.15 대체휴일	**15** 10.11	**16** 10.12	**17** 10.13	**18** 10.14	**19** 10.15
20 10.16	**21** 10.17	**22** 10.18	**23** 10.19	**24** 10.20	**25** 10.21	**26** 10.22
27 10.23 상강	**28** 10.24					

2022년(2021)　　　　**4355년(4354)**　　　　5920년(5919)
　　　　　　　　　　　(단군건국기원)　　　　　(환웅기원)

12

해	달	화성	수성	목성	금성	토성
마고력 → 서양력 → 음력 → 절기,명절 →		**1** 10.25 음10.1	**2** 10.26	**3** 10.27	**4** 10.28	**5** 10.29
6 10.30	**7** 10.31	**8** 11.1	**9** 11.2	**10** 11.3	**11** 11.4	**12** 11.5
13 11.6	**14** 11.7 입동	**15** 11.8 음10.15	**16** 11.9	**17** 11.10	**18** 11.11	**19** 11.12
20 11.13	**21** 11.14	**22** 11.15	**23** 11.16	**24** 11.17	**25** 11.18	**26** 11.19
27 11.20	**28** 11.21					

2022년(2023)   **4355년(4356)**   5920년(5921)
(단군건국기원)   (환웅기원)

정한달 (正月, 설달, 섣달)

해	달	화성	수성	목성	금성	토성
마고력 → 서양력 → 음력 → 절기,명절 →		**설(元旦)** 11.22 음10.29 소설 부여 영고→	**1** 11.23	**2** 11.24 음11.1	**3** 11.25	**4** 11.26
5 11.27	**6** 11.28	**7** 11.29	**8** 11.30	**9** 12.1	**10** 12.2	**11** 12.3
12 12.4	**13** 12.5	**14** 12.6	**15** 12.7	**16** 12.8 음11.15 → 부여 영고	**17** 12.9	**18** 12.10
19 12.11	**20** 12.12	**21** 12.13	**22** 12.14	**23** 12.15	**24** 12.16	**25** 12.17
26 12.18	**27** 12.19	**28** 12.20				

우리겨레 반만년 고유력 **마고력**

1판 2쇄 발행　　단기 4355년(2022) 7월 15일

글　　　이정희
펴낸이　이어자
펴낸곳　단국문화원
디자인　청기획
인쇄　　대원애드컴

등록일　　2011. 11. 22.
등록번호　제101-91-28992
주소　　　서울시 종로구 자하문로15길 19, 3층
전화　　　02- 3210-1003　/ 010-5786-3038
팩스　　　02-763-0815
전자메일　49318@hanmail.net